U0832396

齐文字编

孫剛 編纂

海峽出版發行集團 | 福建人民出版社
THE STRAITS PUBLISHING & DISTRIBUTING GROUP | FUJIAN PEOPLE'S PUBLISHING HOUSE

目錄

前　言

文字材料的時空問題即斷代和分域問題，是古文字研究中很重要的一個方面。研究青銅器銘文首先要對銅器進行斷代、分域。對於東周文字而言，尤其是戰國文字，分域問題更顯得重要。李學勤先生《戰國題銘概述》[一]是分域研究方面的一篇重要論文，他將戰國文字材料按國別分為齊、燕、三晉、楚、秦五系。我們所討論的齊系文字，即是在這一標準下劃分出來的，只不過我們所涉及的時間跨度為整個東周時期而已。我們所謂的齊系文字是指進入春秋中葉以後，齊魯兩國以及在其政治、文化影響下的郳、薛、滕、莒、邳、淳于等國，逐漸形成的具有鮮明齊地特點的文字體系。齊系文字材料，種類豐富，包括銅器銘文、兵器銘文、璽印、貨幣、陶文等。其中陶文材料異常豐富。已公佈的陶文材料中，齊系陶文佔有很大的比重。隨著戰國文字的發展，齊系文字研究也日漸深入，除針對某一銘刻進行研究的單篇論文外，僅專著就有數種之多，例如：江淑惠先生《齊國彝銘彙考》（臺灣大學碩士學位論文，1984）、徐在國先生《論晚周齊系文字特點》（吉林大學碩士學位論文，1992）、劉偉傑先生《齊國金文研究》（山東大學碩士學位論文，2004）、孫光英先生《齊系文字形體演變研究》（北京師範大學碩士學位論文，2006）。

齊文字材料及相關問題

一、銅器銘文

銅器銘文材料總數達200件之多，以齊、魯兩國器物為主，兼及杞、邿、曹、滕、薛、郳、莒、費、郚、邳等國。器物類別豐富，主要包括簠、敦、壺、鉌、釜、鐘、鎛、鼎、匜、盤、簋等。這些材料主要著錄於《小校經閣金文拓本》、《周金文存》、《三代吉金文存》、《殷周金文集成》、《近出殷周金文集錄》、《新收殷周青銅器銘文暨器影彙編》、《小邾國遺珍》等書及《考古》、《文物》等刊物。

郭沫若先生《兩周金文辭大系圖錄考釋》、馬承源先生《商周青銅器銘文選》、楊樹達先生《積微居金文說》、江淑惠先生《齊國彝銘彙考》等書對齊系銅器銘文進行了集中的研究。徐中舒先生《陳侯四器考釋》[二]

對十年陳侯午敦、十四年陳侯午敦、及陳侯因𬿎敦等器進行了考察，考定上述器物中的『十年』、『十四年』分別為公元前 365 年、前 361 年，諸器為戰國田齊的標準器。馬承源、于省吾、黄盛璋、張頷等先生針對陳喜壺銘文真偽及文字考釋等問題，進行了熱烈地討論。陳夢家、楊寬兩位先生分別撰文對陳璋圓壺、陳璋方壺進行研究。陳劍、董珊兩位先生撰有《郾王職壺銘文研究》〔三〕一文，改舊釋『亳』為『勬（勝）』，令人信服。朱曉雪女士《陳璋壺及郾王職壺綜合研究》（吉林大學碩士學位論文，2007）對陳璋壺、郾王職壺銘文所涉及的歷史問題進行了專門研究。張政烺、李家浩、孫鑑泉等先後撰文對《庚壺》〔四〕的銘文釋讀及其時代問題進行了研究。李學勤先生、陳劍先生等對《公典盤》銘文中所存在的問題進行了研究，陳劍先生改舊釋『于』為『丂』。吳良寶先生結合新出土的竹簡材料，改釋邾訧鼎銘文中的『討』為『訧』。邱光明先生在《試論戰國容量制度》一文中，對齊國量制問題進行了研究。陳劍先生在《釋㞋》一文中對傳世耳杯（《集錄》1047 號）中的『[illegible]』字進行了討論。齊系金文材料中，還有少量雜器，何琳儀先生《節可忌豆小記》、黄盛璋先生《戰國祈室銅位銘文破譯與相關問題新探》等文對此類問題進行了研究。符節類銘文數量較少，李家浩先生《貴將軍虎節與辟大夫虎節》一文對此類銘文進行了研究。梁方建先生《齊國金文及其史料價值》〔五〕一文對齊系金文的史料價值進行了探討。

齊系銘文研究中，除個別字難以隸定、結構不明歸入附錄外，還有一些問題，如：左關鉌自銘為『鉌』，與該字結構有關的形體還有數例（詳見李學勤先生《釋東周器名卮及有關文字》〔六〕）。除該字的釋讀存在爭議之外，其所反映的有關量制等問題也值得進一步研究。齊國金文中有自己獨特的月名，除『冰月』（吳式芬認為即十一月）可與《晏子春秋》『當臈冰月之間而寒』、『冰月服之』相對照以外，其他月名與周秦月名的對照關係，還有待進一步研究。

二、兵器銘文

齊系兵器數量有限，共計 170 餘件。齊、魯、滕、淳于、莒、郳、曹等國均有兵器傳世，本書所收材料主要著錄於《殷周金文集成》、《近出殷周金文集錄》、《新收殷周青銅器銘文暨器影彙編》及相關論文集、期刊等。

齊兵器銘文多為鑄款，字體厚重，器形較單一。春秋時期戈銘較少，至戰國時期，在字形、銘辭格式與內容等方面才形成了自己的特色。齊兵所記監造者或器主主要有齊國陳氏、貴族和各小國的君主、貴族。陳侯因咨（𬿎）戈為齊國君主所造。陳子皮戈、陳胎戈、陳御寇戈等為陳氏貴族所造。高子戈、子禾子左戟、羊子戈、國楚戈等為齊國其他貴族所造。淳于公戈、滕侯耆戈、滕侯昊戈等分別為淳于國君主、滕國君主所監造之器。叔孫殺戈、滕司徒戈、曹公子沱戈、郳大司馬戈等分別是魯、滕、曹、郳等國的貴族、公卿、公族所造諸器。另有數量較多的兵器，並不標明監造者或器主，這類兵器銘文內容主要以地名為主。有如下一些格式：

（一）只記録地名，如：郾戈、平陸戈、中都戈、阿武戈等。

（二）地名後加『戈』或『造戈（戟）』，如：高密戈、武城戈、陵右造戟等。

（三）地名後加『左』或『右』加『戈』者，有只綴加『左』、『右』者，如：陽左、鄆左、城陽左；有又綴以『戈』者，如：平阿左戈、汶陽右戟、平陸左戟。

（四）地名加『左』或『右』加『𢊁』者，如：郳右𢊁、曹右𢊁等。

（五）地名加『徒』或『散』加『戈（戟）』者，如：武城徒戈、平阿左造徒戟、陳御寇散戈。

以上是齊兵器銘文的主要格式，另外還有兩種比較典型的格式，即：地名加『某某里』加『戈』和地名加監造官加冶工名字這兩種形式。前者如：平陽高馬里戈、成陽辛城里戈，後者如：齊城造車戟、郎左戈等。但這兩種格式的兵器數量並不多，後一種格式很可能是受到三晉兵器的監造制度的影響而出現的。

齊系兵器研究集大成之作當推黃盛璋先生《燕齊兵器研究》一文。該文對齊系兵器進行了系統的整理與研究，對其中所涉及的歷史地理等問題進行了考證。由於當時《集成》尚未出版，該文中所標明的著録今天查找起來有些不便，在文字釋讀、材料國別的判斷等方面也存在一些問題。此外，何琳儀、施謝捷、徐在國、于中航、董珊〔七〕等先生也先後撰文對齊系兵器銘文進行了個別的研究。井中偉先生《先秦時期青銅戈・戟研究》（吉林大學博士學位論文，2006）一文，對齊系兵器從形制上進行了分期研究，對齊系兵器銘文的格式劃分也很細致。朱力偉先生《東周與秦兵器銘文中所見的地名》（吉林大學碩士學位論文，2003），對齊系兵器中的部分地名進行了考定。

三、璽印文字

齊系璽印多種印譜都有著録。前人印譜如高慶齡《齊魯古印攈》、郭申堂《續齊魯古印攈》、孫文楷《齊魯古印粹》、劉仲山《擷華齋古印譜》及今人賴非主編的《山東新出土古璽印》等。羅福頤先生主編的《古璽彙編》中也著録了大量的齊璽，施謝捷先生《古璽彙考》中公佈了很多私人所藏璽印，其中也有部分齊璽。

齊系璽印大致包括官璽、私璽、單字璽、吉語璽等幾類。齊官璽印面以白文為主，通常是方形，有少數呈圓形

（《璽彙》0172）或曲尺形（《璽彙》3737、《璽彙》0328），印面邊長2.3至2.5釐米不等。少數印面中間向外突起，如《璽彙》0198、0200，亦有作兩端突起者，如陶正璽（《彙考》67頁）。印面佈局或規整或錯落，並不統一。多數印面沒有界欄，為數不多的璽印上面有明顯的界欄。大致包括：田字格，如《璽彙》0152、5540、5555、《彙考》57頁；兩欄，如《璽彙》0047、0025、0034、0040、0195、5561；三欄，如《璽彙》0150。其中兩欄較多，私璽中這種情況也較為普遍。官璽中保留了大量職官資料，主要有司馬（《璽彙》0023、0028、0035、0064等）、司徒（《彙考》40頁）、司寇（《璽彙》0220）、司工（空）（《彙考》61頁）等。部分璽印印文標示了該璽所有者的特定身份或該璽的用途，《璽彙》0147、0148、0150、0157等即是工師所用璽，《彙考》50頁為齊陶正所使用璽。《璽彙》0098、《彙考》50頁分別是睪郱大夫、苹大夫所用之璽。有些璽印反映了該璽的特定用途，如《璽彙》0253、0313、0319、0327、1597分別是平阿、齊等地或國君所屬倉廩用璽。《璽彙》0355、3999、3992當是鄭、高堂、東野等地集市所用之璽。《璽彙》0172、0173當為行人關、䝅關等關隘所用璽。總之，這些材料對古代工官制度的研究是彌足珍貴的。

文字的準確識讀，是進行相關研究的基礎。吳振武先生《〈古璽文編〉校訂》及《〈古璽彙編〉釋文訂補及分類修訂》、湯餘惠先生《略論戰國文字形體研究中的幾個問題》、何琳儀先生《戰國古文字典》、劉釗先生《古文字構形學》、施謝捷先生《古璽彙考》等著作對齊璽有所討論。黃賓虹《陶璽文字合證》將陶文和璽印文字進行了對比研究。朱德熙先生《戰國陶文和璽印文字中的『者』字》、裘錫圭先生《戰國文字中的『市』》、吳振武先生《戰國『亩（廩）』字考察》等文都結合陶文、璽印等對某字進行了專門考釋。肖毅先生《釋虍》一文對齊系文字中的『虍』形進行了專門考察。施謝捷先生《古璽雙名雜考十則》〔八〕、吳良寶先生《古璽複姓統計及相關比較》〔九〕對齊私璽中的雙名和複姓問題進行了研究。齊璽中還有為數不多的吉語璽和單字璽，吉語璽如：誙事璽（《璽彙》258、2531）、誙事得志璽（《璽彙》4889）；單字璽如：信璽（《璽彙》3125）、㿻璽（《璽彙》5275）等。

四、貨幣文字

宋・鄭樵《通志》一書在介紹古代貨幣使用情況時說『齊人、莒人謂之刀』，這是符合歷史事實的。齊國貨幣除了『刀』以外，還有圓錢，少數幣範上也保留了一些文字材料。宋・洪遵《泉志》中就已經有了關於圓錢的記載，這是現今所見關於齊幣的最早記錄。清代畢沅、阮元等人亦有相關著錄。阮元《山左金石志》收齊刀

22枚，初尚齡《吉金所見錄》收齊刀42枚。翁樹培《古泉彙考》、李佑賢《古泉彙》等也有所著錄。新中國成立後出版的《中國錢幣大辭典·先秦編》、《中國歷代貨幣大系·先秦卷》都是貨幣著錄的集大成之作。《齊幣圖釋》一書專門收集齊系貨幣，並就齊幣研究的歷史，貨幣的種類及相關問題進行了總結。鄭家相先生《中國古代貨幣發展史》、王毓銓先生《中國古代貨幣起源和發展》、黃錫全先生《先秦貨幣研究》及吳良寶先生《東周金屬貨幣研究》等是貨幣研究方面的專著。商承祚先生《先秦貨幣文編》、朱活先生《古幣文編》、吳良寶先生《先秦貨幣文字編》等是研究貨幣文字的重要工具書。

齊刀面文主要有『齊夻𦙶』、『齊之夻𦙶』、『齊之𦙶』、『節墨夻𦙶』、『安陽之夻𦙶』、『齊□邦𨛶夻𦙶』等幾種。齊大刀除面文外，又多有背文如『辟邦』、『安邦』、『夻昌』、『日』、『中』、『吉』、『生』等。圓錢均為方穿，面文有『賹𦙶』、『賹四𦙶』、『賹六𦙶』等三種。另燕樂毅伐齊期間，齊地鑄有所謂『齊明刀』，齊明刀面文『明』字作方折形，與燕明刀作圓弧形迴別。齊明刀面文主要有數字、干支記號及『平陽』、『莒』等，背文多為『齊𦙶』、『齊𦙶共金』、『鄺』等。

齊幣文字考釋方面也有很多重要的成果。王獻唐先生《臨淄封泥目錄》、裘錫圭先生《戰國文字中的『市』》釋齊大刀面文『夻』為『大』字，吳振武先生《戰國貨幣銘文中的『刀』》一文，釋『𦙶』為『刀』字異體。李家浩先生對莒邦刀的問題進行了討論。裘錫圭先生《戰國貨幣考（十二篇）》釋齊明刀背文『鄺』為『莒』。裘錫圭先生、李家浩先生改舊釋『安陽』為『平陽』，汪慶正先生考釋出刀幣中的『冶』字。此外，湯餘惠先生《略論戰國文字形體研究中的幾個問題》、朱活先生《古錢新探》、李學勤先生《論博山刀》等文對齊幣的研究也多有貢獻。

齊幣文研究中還有很多問題，除一些面文奇詭難識之外，對某些字的考釋也存在分歧。如『齊□邦𨛶（夻）𦙶（刀）』面文中第二個字主要有如下幾種形體：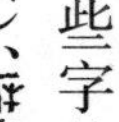（先秦編405）、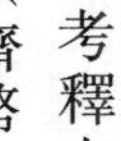（齊幣271）、（錢典856）。《臨淄縣志·金石志（上）》首先釋為『返』字，何琳儀先生亦主張釋『返』，又進一步進行了論證，認為是齊襄王復國的紀念幣。裘錫圭先生據《說文》『斥』之形體，讀此字為開拓之『拓』，黃錫全先生、王輝先生持有同樣的觀點。相較而言，裘先生的觀點似更合理一些，今暫入附錄，以待學者進一步研究。

五、陶文

陶文是製陶者印刻在陶器上的文字，齊陶文一般都是由璽印按制而成，多為陰文且多具有邊框，呈長方形或正方形，字數多寡不一。清末著名的金石學家陳介祺是第一個鑒定和收藏陶文的學者，輯有《簠齋藏陶》一書。劉鶚《鐵雲藏陶》是第一部正式出版的陶文著錄書。李學勤先生《山東陶文的發現和著錄》一文對山東出土陶文的著錄流傳情況有詳細的論述。高明先生《古陶文彙編》、王恩田先生《陶文圖錄》是兩部陶文著錄方面的集大成之作。《陶文圖錄》一書是至今為止收錄陶文最全、體例最完備的著作。此前已刊或未刊陶文中的精品以及新出土的陶文，大體已薈萃於此。陶文文字研究方面的工具書主要有顧廷龍先生《古陶文孴錄》、金祥恒先生《陶文编》、王恩田先生《古陶文字典》及高明、葛英會先生《古陶文字徵》等。

齊陶文辭例最簡單者僅書姓名，如：曹不忏（《圖錄》2.738.4）、王角（《陶彙》3.802）、疾目（《陶彙》3.701）。另有如下幾種主要格式：

（一）立事歲類，如：陳向立事歲□之王釜（《圖錄》2.1.1）、內郭陳夲立事左里敀亳豆（《圖錄》2.3.2）、平陵陳得（得）立事歲郗公（《圖錄》2.6.3），此類陶文也有省去『立事歲』者，如：華門陳棱再左里敀亳釜（《圖錄》2.10.1）。

（二）某里敀，如：左里敀（《圖錄》2.24.3）、南□左敀（《圖錄》2.23.3）。

（三）『公』或『王』加量器名稱，如：公豆（《圖錄》2.36.2）、公區（《圖錄》2.37.1）、公釜（《圖錄》2.41.3、《圖錄》2.41.4）、王豆（《圖錄》2.43.2）、王區（《圖錄》2.43.4）、王釜（《圖錄》2.46.2）、王枡（《圖錄》2.47.1）。

（四）某〓某里某，如：繇〓陶里耳（《圖錄》2.91.1）、繇杏陶里□（迲？）疾（《圖錄》2.100.2）。這種格式中也有省減者，如：杏陶里悏（《圖錄》2.131.3）、杏匋里貞（《圖錄》2.130.1）、北里何（《圖錄》2.268.1）、西酷里陳何（《圖錄》2.564.3）。孫敬明先生《齊陶新探》一文對此有詳細分類，在《齊國陶文分期芻議》一文中，他還對齊國陶器進行了類型學上的研究，進而對其上面戳印的陶文進行分期。

對齊陶文進行研究和考釋是從清末古文字學家吳大澂開始的。吳氏著有《簠齋古陶文考釋》、《讀陶文記》、《古陶文釋》、《讀古陶文記》等，但僅有《讀古陶文記》出版過，其考釋的成果亦收入《說文古籀補》及丁佛言《說文古籀補補》一書中。此後，顧廷龍、周季木等對古陶文也有精闢的見解，李學勤、朱德熙、裘錫圭、吳振武、劉釗等幾位先生對齊陶文也都進行過研究。朱德熙先生《戰國文字資料裏所見的『廏』》、裘錫圭先生《戰國文字中的『市』》、吳振武先生《戰國亩（廩）字考察》等文分別對『敀』、『坤』、『廩』等字進行了考釋。

劉釗先生在《古文字構形學》一書中對陶文中的一些字亦有所討論。湯餘惠先生《略論戰國文字形體研究中的幾個問題》對『親』、『創』『豆』等字進行了考釋。周寶宏先生《古陶文形體研究》一書對 1994 年以前的陶文研究情況進行了總結，並對高明先生、葛英會先生所編《古陶文字徵》一書進行了校議。陳偉武先生、楊澤生先生對《古陶文字徵》中存在的問題也進行過研究。盡管如此，齊陶文中還有很多問題沒有解決。這一方面由於底層陶工書寫遊移性較大，導致有些字過度省減，異體較多；另一方面，上下文例對詞義的限定並不強所致。如：璽印、陶文中經常出現如下一種形體『』。吳大澂先生釋『署』、顧廷龍先生和金祥恒先生釋『遷』、周進先生疑為『鄙』、方濬益先生釋『鄉』、李學勤先生釋『巷』〔十〕、陳劍和趙超兩位先生讀為『州』〔十一〕等。從辭例分析來看，這個形體處於齊行政制度『里』上一級。這個問題的解決對探討齊地行政制度至關重要，由於釋字分歧較大，且多無可靠依據今暫入附錄。此外，1983 年山東臨淄發現一件罕見的石磬，陰刻二字『樂』，末字吳振武先生釋為『官』（承蒙面告），當可信。

齊文字構形特點

徐在國先生《論晚周齊系文字特點》、孫光英先生《齊系文字形體演變研究》等文，何琳儀先生《戰國文字通論》等書對齊系文字構形特點進行過研究和總結。齊系文字構形特點主要包括簡化、繁化、異化等方面。

一、簡化

馬：（《彙考》37 頁） （《璽彙》0023）

為：（郳公華鐘《集成》01.245） （陳喜壺《集成》15.9700）

嘉：（洹子孟姜壺《集成》15.9729）

區：（《圖錄》2.44.1） （《彙考》57 頁鄙所從）

獻：（十四年陳侯午敦《集成》09.4646）

上列諸形體中，『馬』或省去軀幹四肢，或省去頭部；『嘉』省去『壴』形下部；『區』或省一『口』或省兩『口』；『獻』省去『虍』形。

二、繁化

（一）重復部分偏旁或部件

陸：（邾公釛鐘《集成》01.102）

吾：（《圖錄》3.530.5）

台：（《圖錄》2.50.1 貽所從）

（二）附加無義偏旁

加口形：

後：（《圖錄》3.338.1）

與：（陳侯因資敦《集成》09.4649）

大：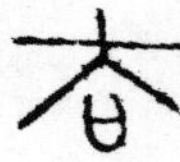（節墨之夻刀《貨系》2538）

加土形：

年：（魯伯俞父簠《集成》09.4566）

萬：（邾公華鐘《集成》01.245）

禹：（叔夷鎛《集成》01.285-6）

加曰形：

友：（邾友父匜《集成》16.10236）

（三）附加聲符

刀：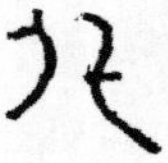（安昜之夻刀《貨系》2512）

保：（十年陳侯午敦《集成》09.4648）

墨：（節墨之杏刀《齊幣》60）

以上形體，『刀』字，吳振武先生認為是附加『乇』聲（《見戰國貨幣銘文中的『刀』》）；十年陳侯午敦中的『保』，當是附加『缶』聲；節墨之杏刀中的『墨』，何琳儀先生認為下面所從為『勹』（伏之初文），『實乃附加音符』〔十二〕。

三、異化

（一）偏旁混同

止—又

遄：（□遄造戈《周金文存》6.35）　（洹子孟姜壺《集成》15.9729）

造：（陳侯因咨戈《集成》17.11260）　（平阿左戟《集成》17.11158）

御：（鄺大史申鼎《集成》05.2732）　（洹子孟姜壺《集成》15.9729）

去—杏

迲：（《璽彙》1481）　杏：（《圖錄》2.29.1）

又—升

獬：（曩伯子𡨦父盨《集成》09.4443-2）　（曩伯子𡨦父盨《集成》09.4444-2）

束—東

曹：（曹右戈《集成》17.11070）　（《圖錄》2.738.4）

陳：（陳純釜《集成》16.10371）　（《璽彙》1462）

（二）形符互作

土—𩫏

城：（武成戈《集成》17.10900）（武城戈《集成》17.11024）

初：（郱公華鐘《集成》01.245）（郱大宰簠《集成》09.4623）

刀—刃

土—山

陽：（平陽高馬里戈《集成》17.11156）（成陽辛城里戈《集成》17.11155）

辵—疋

遺：（平陽高馬裏戈《集成》17.11156）（郜遺簋《集成》07.4040-1）

辵—彳

追：（郜遺簋《集成》07.4040-2）（陳肪簋蓋《集成》08.4190）

（三）方位互作

相：（《璽彙》0262）（《璽彙》3924）

和：（《璽彙》0177）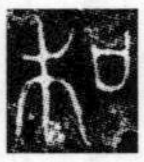（陳肪簋蓋《集成》08.4190）

桼：（《璽彙》3081）（《圖録》2.702.3）

以上針對齊文字構形中『簡化』、『繁化』、『異化』等現象進行了舉例性的説明。除此以外，還有一些其他的特點，如將『宀』寫作平頂形（宋、客、宰、宔等），『大』寫成平直的橫畫，『叀』下部寫成帶有圓點或短橫形體如『虍』、『火』形等，這些特點對於我們判斷齊系文字都是很有幫助的。

的豎筆。（參見馮勝君師《郭店簡與上博簡對比研究》263頁、267頁、282頁）齊文字中同一偏旁往往有多種異

〔一〕李學勤：《戰國題銘概述（上、中、下）》，《文物》1959年7、8、9期。

〔二〕徐中舒：《陳侯四器考釋》，《歷史語言研究所集刊》第三本第四分册，1933年。

〔三〕董珊、陳劍：《郾王職壺銘文研究》，《北京大學中國古文獻研究中心集刊》第三輯48—49頁，北京大學出版社，2002年。

〔四〕孫鑑泉：《庚壺桼釋》，《中國文字》新十四期，藝文印書館，1991年。

李家浩：《庚壺銘文及其年代》，《古文字研究》第十九輯，1992年。

張政烺：《庚壺釋文》，《出土文獻研究》126頁，文物出版社，1985年。

〔五〕梁方建：《齊國金文及其史料價值》，《東夷古國史研究》第二輯，191頁，三秦出版社，1990年。

〔六〕李學勤：《釋東周器名卮及有關文字》，《第四届國際中國古文字學研討會論文集》，香港中文大學，2003年；又，《中國古代文明研究》，330頁，華東師範大學出版社，2005年。

〔七〕何琳儀：《戰國兵器銘文選釋》，《考古與文物》1999年第5期。

施謝捷：《東周兵器銘文考釋（三則）》，《南京師範大學學報（社會科學版）》，2002年2期。

于中航：《鳭雚戟小考》，《文物》1994年4期。

徐在國：《兵器銘文考釋（七則）》，《古文字研究》第二十二輯，2000年。

董　珊：《新見戰國兵器七種》，《中國古文字研究》第一輯，吉林大學出版社，1999年。

〔八〕施謝捷：《古璽雙名雜考十則》，《中國古文字研究》第一輯，吉林大學出版社，1999年。

〔九〕吳良寶：《古璽複姓統計及相關比較》，《古籍整理研究學刊》，2002年4期。

〔十〕李學勤：《秦封泥與齊陶文中的『巷』字》，《陝西歷史博物館館刊》第八輯；又，《中國古代文明研究》，190頁，華東師範大學出版社，2005年。

〔十一〕董　珊：《戰國題銘與工官制度》180頁，北京大學博士學位論文，2002年。

〔十二〕何琳儀：《漫談戰國文字與齊系貨幣銘文釋讀》，《山東金融研究·錢幣專刊》（二），1998年；又，《古幣叢考》1頁，安徽大學出版社，2002年。

凡例

一　本書專收春秋戰國時期齊系文字，字形採自兵器、銅器、璽印、貨幣、陶文等器物銘文。

二　本書主體由正編、重文合文、附錄三部分組成。正編字頭按《說文解字》一書順序排列，異體字加方括號依次位於正字上方，不見《說文解字》的字，按偏旁部首附於相應各部之後，並在該字右上角標＊號以示區別；合文、重文部分專收合文、重文字形；附錄部分收錄構形不明、難以隸定的字形，以待研究。

三　本字編所收錄字形，儘量採用掃描錄入，為求體例統一，所收字形均作適當縮放處理，個別拓本字跡模糊者另附摹本。

四　字頭下各字形大致按兵器、銅器、璽印、陶文、貨幣的順序排列。每一字形下均附出處、辭例。出處字數較多的資料，一律使用簡稱。本書附有『引書簡稱表』以便對照。辭例部分釋文參考學術界有關研究成果，擇善而從，並用～代替相關字頭。

五　本書附有『材料來源表』，包括銅器、兵器、璽印、貨幣等材料來源情況。陶文資料數量較多且主要來源於《陶文圖錄》、《古陶文彙編》，故未單獨列表。『材料來源表』中刊於期刊的材料一般標明刊號及頁碼；兵器、銅器一般標明國別、時代。

六　檢字表中相同筆畫字的排列，以在本書中出現的先後為序。多次出現者，均標明相應頁碼。

七　本字編收錄資料截止於二〇〇九年四月。

引書簡稱表

簡稱	全稱	簡稱	全稱
集成	《殷周金文集成》	先秦編	《中國錢幣大辭典》第一卷《先秦編》
集錄	《近出殷周金文集錄》	齊幣	《齊幣圖釋》
新收	《新收殷周青銅器銘文暨器影彙編》	錢典	《古錢大辭典》
遺珍	《小邾國遺珍》	新典	《古錢新典》
遺珠	《歐洲所藏中國青銅器遺珠》	東亞	《東亞錢志》
綴遺	《綴遺齋彝器款識考釋》	貨系	《中國歷代貨幣大系》
小校	《小校經閣金文拓本》	起源圖版	《我國古代貨幣的起源和發展》
周金	《周金文存》	陶彙	《古陶文彙編》
銘文選	《商周青銅器銘文選》	圖錄	《陶文圖錄》
三代	《三代吉金文存》	古研	《古文字研究》
璽彙	《古璽彙編》		
彙考	《古璽彙考》		
珍秦齋	《珍秦齋藏印（戰國篇）》		

齊文字編卷一

一

	洹子孟姜壺 集成 15.9730 于上天子用璧玉備(佩)～嗣(笥)		洹子孟姜壺 集成 15.9730 鼓鐘～銉(肆)		彙考 60 頁 十三(四)年十～月市(師)紹

元

	陳逆簠 集成 09.4630 台乍(作)氒(厥)～配季姜之祥器		魯大司徒厚氏元鋪 集成 09.4691 魯大嗣(司)徒厚氏～乍(作)譱(膳)圃(鋪)
	䣄公劍 集成 18.11651 䣄公團自乍(作)～鐱(劍)		魯大司徒厚氏元鋪 集成 09.4690 魯大嗣(司)徒厚氏～乍(作)譱(膳)圃(鋪)
	魯大司徒元盂 集成 16.10316 魯大嗣(司)徒～乍(作)㱃(飲)盂	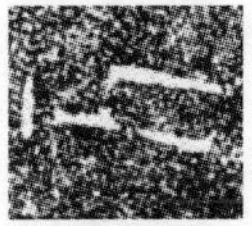	槼可忌豆 集錄 543 槼(節)可忌乍(作)氒(厥)～子中(仲)姞媵錞(敦)
	陳肪簋蓋 集成 08.4190 ～日丁亥		槼可忌豆 雪齋學術論文二集 72 頁圖二 槼(節)可忌乍(作)氒(厥)～子中(仲)姞媵錞(敦)
	邾公華鐘 集成 01.245 ～器其舊		齊明刀 考古 1973（1）背文 ～

天

洹子孟姜壺 集成 15.9730
聽命于～子

洹子孟姜壺 集成 15.9730
于上～子用璧玉備(佩)一嗣(笥)

司馬楙編鎛 山東金文集成 104-108 頁
嚴龔(恭)～命

庚壺 集成 15.9733 ～□□□□
受(授)女(汝)

齊明刀 考古 1973（1）
背文～

丕〔不〕

公典盤 集錄 1009
～(丕)用勿出

齊明刀 考古 1973（1）
背文～

吏

𪎈鎛 集成 01.271
是辝(台)可～(使)

洹子孟姜壺 集成 15.9729
余不其～

洹子孟姜壺 集成 15.9729
用御天子之～

紀侯壺 集成 15.9632
～(使)小臣以汲

𪎈鎛 集成 01.271
余四～是台(治)

𨟭大史申鼎 集成 05.2732
鄘审之孫簷(莒)大～(史)申

上

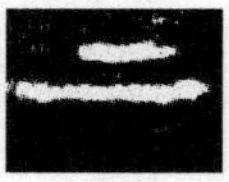

洹子孟姜壺 集成 15.9729 于～天子用
璧玉備(佩)一嗣(笥)

洹子孟姜壺 集成 15.9730 于～
天子用璧玉備(佩)一嗣(笥)

上曾大子鼎 集成 05. 2750
~曾大子般殷

璽彙 3679
公~棃

圖錄 3. 275. 5
~

圖錄 2. 404. 1
~炶里□

圖錄 2. 403. 1 丘齊□
~里王陞

齊□邦夻刀 齊幣 272
背文 ~

帝〔啻〕

陳侯因資敦 集成 09. 4649 僉(紹)緟(踵)
高且(祖)黄~(帝)

下

圖錄 3. 276. 5
~

圖錄 3. 276. 2
~

圖錄 3. 276. 6
~

圖錄 3. 275. 3
~

圖錄 3. 276. 1
~

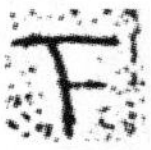
齊明刀 考古 1973 (1)
背文 ~

祥

陳逆簠 集成 09. 463 台(以)作氒(厥)
元配季姜之~器

福

國差𦉜 集成 16. 10361 侯氏
受~釁(眉)壽

璽彙 3753
旂~信鉨

〔⿱宀福〕

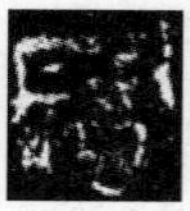

郳大宰鐘 集成 01.86
釁(眉)壽多～

祇

圖錄 2.700.3
東蔓圆(陽)～

神

陳肪簋蓋 集成 08.4190
龏(恭)富䰟(鬼)～

祭

十四年陳侯午敦 集成 09.4647
乍(作)皇妣孝大妃～器

十四年陳侯午敦 集成 09.4646
乍(作)皇妣孝大妃～器鋏錞(敦)

鄘侯少子簋 集成 08.4152 妳乍(作)
皇妣□君中(仲)妃～器八

陳侯因資敦 集成 09.4649
用作孝武趠公～器錞(敦)

郳公華鐘 集成 01.245
台(以)卹其～祀盟祀

圖錄 3.70.1
～

圖錄 3.67.2
～

圖錄 3.72.1
～

祀

郳公華鐘 集成 01.245
台(以)卹其祭祀盟～

郳公釛鐘 集成 01.102
用敬卹盟～

〔且〕〔桓〕〔禔〕〔昇〕〔禓〕〔𥙀〕

祖

拍敦　集成09.4644　拍乍(作)朕配

平姬𦎫宮~𢑴

拍敦　集成09.4644

繼母㫒用~

郜伯祀鼎　集成05.2602　郜白(伯)

~乍(作)譱(膳)鼎

司馬楙編鎛　山東金文集成104-108頁

用克肇謹洗(先)王明(盟)~

𦅫鎛　集成01.271　于

皇~又成惠弔(叔)

邾公孫班鎛　集成01.140

用喜于其先~

司馬楙編鎛　山東金文集成104-108頁

用享于皇~吝(文)考

叔夷鎛　集成01.285-1

余經乃先~

陳逆簋　集成07.4096

乍(作)爲皇~大宗簋

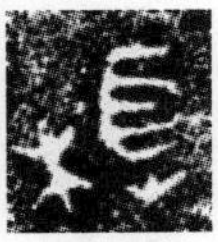

陳逆簠　集成09.4629

皇~

陳侯因資敦　集成09.4649　𨸏(紹)緟(踵)

高~黄帝　　且下重出

祉（𥘵）	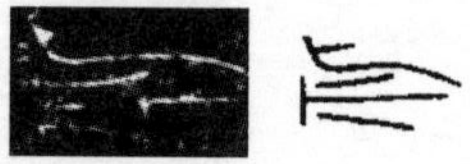 𬽡鎛 集成 01.271 皇～（妣）聖姜	
祈（旂）	 邳伯罍 集成 16.10007 用～釁（眉）壽無彊（疆）	 𬽡鎛 集成 01.217 用～侯氏永命萬年
	 𬽡鎛 集成 01.217 用～壽老（考）母（毋）死	 齊大宰歸父盤 集成 16.10151 台（以）～釁（眉）壽
𩂣	 庚壺 集成 15.9733 執者獻于～（靈）公之所	
三	 叔夷鎛 集成 01.285-1 余命女（汝）政于朕～軍	 璽彙 0291 奠（鄭）昜（陽）陳得～
	 璽彙 0290 陳榑～立事歲右稟（廩）釜	 齊明刀 考古 1973（1）背文 ～
王	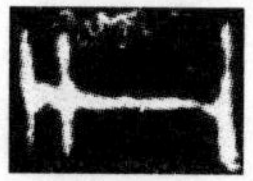 邾叔之伯鐘 集成 01.87 隹（唯）～六月初吉壬午	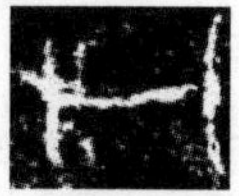 邾公牼鐘 集成 01.149 隹（唯）～正月初吉
	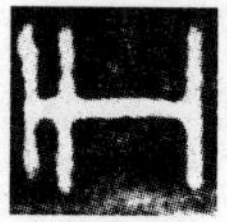 邾公華鐘 集成 01.245 隹（唯）～正月初吉乙亥	 邾公孫班鎛 集成 01.140 隹（唯）～正月

皇

員甫人匜 集成 16.10261
余～寚(?)戲孫

夆叔匜 集成 16.10282
隹(唯)～正月初吉丁亥

陳肪簋蓋 集成 08.4190
隹(唯)～五月

邾公牼鐘 集成 01.150
隹(唯)～正月初吉

陳璋方壺 集成 15.9703
隹(唯)～五年

齊大宰歸父盤 集成 16.10151
隹(唯)～八月丁亥

璽彙 0063
～口右司馬鉨

璽彙 1468
陳～

璽彙 5587
～慶忌

璽彙 0482
～瓶信鉨

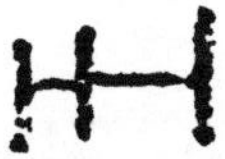
圖錄 2.13.2
平棱陳得不口～釜

圖錄 2.42.2
～豆

圖錄 2.1.1
陳向立事歲口之～釜

圖錄 2.46.3
～枡(升)

圖錄 2.50.1
口邦賊里～口貽

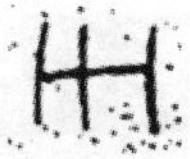
齊明刀 考古 1973（1）
背文 ～

皇口(宛?)戈 集成 17.10982
～口(宛?)左

皇口(宛?)戈 集成 17.10983
～口(宛?)左

皇□(宛?)戈 集成 17.10984
~□(宛?)左

陳侯因資敦 集成 09.4649
揚~考

十四年陳侯午敦 集成 09.4647
乍(作)~妣孝大妃祭器

陳侯因資敦 集成 09.4649
~考孝武趄公

邾公華鐘 集成 01.245
台(以)乍(祚)其~且(祖)皇考

邾公華鐘 集成 01.245
台(以)乍(祚)其皇且(祖)~考

邾叔之伯鐘 集成 01.87
以乍(祚)其皇且(祖)~考

皇□(宛?)右鶴嘴斧形器 集成 18.11836
~□(宛?)右

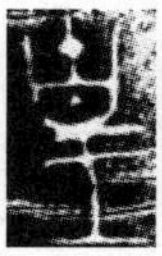
陳眆簋蓋 集成 08.4190
用追孝於我~皀(考)

㜎鎛 集成 01.271
~祉(妣)聖姜

禾簋 集成 07.3939 禾肇(肇)
乍(作)~母懿龏(恭)孟姬饙彝

鑄叔皮父簋 集成 08.4127
子子孫孫寶~萬年永用

齊陳曼簠 集成 09.4596
乍(作)~考獻弔(叔)饙廏(盤)

魯仲齊鼎 集成 05.2639 魯中(仲)齊肇
乍(作)~考𩰫(肆)鼎

酅侯少子簋 集成 08.4152
㚸乍(作)~妣□君中(仲)妃祭器八

十四年陳侯午敦 集成 09.4646
乍(作)~妣孝大妃祭器鈇錞(敦)

〔㞷〕

玉 璗* 頊*

魯司徒仲齊盨 集成 09. 4440 魯嗣(司)徒中(仲)齊肇(肇)乍(作)~考白(伯)走父餴盨簋

子皇母簠 遺珍 50 頁 子~母乍(作)餴匼(簠)

魯司徒仲齊匜 集成 16. 10275 魯嗣(司)徒中(仲)齊肇(肇)乍(作)~考白(伯)走父寶它(匜)

司馬楙編鎛 山東金文集成 104-108 頁 曰古朕~祖悼(?)公

司馬楙編鎛 山東金文集成 104-108 頁 用亯(享)于~祖吝(文)考

齊鮑氏鐘 集成 01. 412-2 用亯(享)㠯(以)孝于台(予)~且(祖)文考

陳逆簋 集成 07. 4096 乍(作)爲~祖大宗簋 假借為皇 㞷下重出

陳逆簠 集成 09. 4630 ~(皇)祖㞷(皇)母

璽彙 3234 ~郢

璽彙 0635 王~

洹子孟姜壺 集成 15. 9730 于上天子用璧~備(佩)一嗣(笥)

洹子孟姜壺 集成 15. 9730 于南宮子用璧二備(佩)~二嗣(笥)

圖錄 3. 484. 1 ~

壁

洹子孟姜壺　集成 15.9730　于上天子用～玉備(佩)一嗣(笥)

洹子孟姜壺　集成 15.9730　于大嗣(司)命用～兩壺八鼎

洹子孟姜壺　集成 15.9730　于南宮子用～二備(佩)玉二嗣(笥)

瑗

圖錄 3.77.1

～

圖錄 3.635.5

～

璋

陳璋方壺　銘文選 2.865　陳～內(入)伐匽(燕)勳(勝)邦之隻(獲)

陳璋方壺　集成 16.9975　陳～內(入)伐匽(燕)勳(勝)邦之隻(獲)

子備璋戈　集錄 1140

子備～戈

璽彙 0232

～郇□逃(遂)信鉨

圖錄 2.115.1

陳□東匋(陶)里～

班

邾公孫班鎛　集成 01.140

鼄(邾)公孫～擇其吉金

玭*

圖錄 3.523.2

～

璦*（瑗）	 陶彙 3.284 中蒦圜匋～	 陶彙 3.739 □～
气	 洹子孟姜壺　集成 15.9730 洹子孟姜用～嘉命	
士	 郘公䥫鐘　集成 01.151 台(以)喜者(諸)～	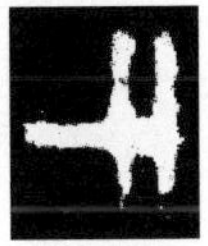 郘公華鐘　集成 01.245 台(以)宴～庶子
	 魯士㝃父簠　集成 09.4519 魯～ 㝃父乍(作)飤匡(簠)永寶用	 庚壺　集成 15.9733 孚(俘)其～女
	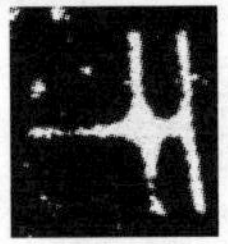 正叔之士□俞簠(器)　遺珍 43 頁 正叔之～□俞	 璽彙 3235 甘～吉鉨
	 齊夻刀　先秦編 402 背文　～	 齊夻刀　先秦編 402 背文　～
	 齊夻刀　先秦編 402 背文　～	
中	 中都戈　集成 17.10906 ～都	 䣄叔之仲子平鐘　集成 01.172 篖(莒)弔(叔)之～(仲)子平自乍(作)鑄其游鐘
	 陳肪簋蓋　集成 08.4190 余陳～(仲)𠭯孫	 䣄叔之仲子平鐘　集成 01.174 ～(仲)平譱(善)發歔(且)考(孝)

 走馬薛仲赤簋　集成 09.4556　走馬薛 ～(仲)赤自乍(作)其匿(簠)	 魯仲齊甗　集成 03.939 魯～(仲)齊乍(作)旅獻(甗)	
 魯司徒仲齊盤　集成 16.10116　魯嗣(司) 徒～(仲)齊肈(肇)乍(作)般(盤)	 魯司徒仲齊匜　集成 16.10275　魯嗣(司)徒～(仲) 齊肈(肇)乍(作)皇考白(伯)走父寶它(匜)	
 鮑子鼎　中國歷史文物 2009（2）51 頁 ～(仲)匋始(姒)返(及)子思	 □仲簠　集成 09.4534　□～(仲) 乍(作)甫㚸朕(媵)匿(簠)	
 滕侯蘇盨　集成 09.4428　朕(滕)侯穌(蘇)乍 (作)㕣文考朕(滕)～(仲)旅盨	 魯仲齊鼎　集成 05.2639　魯～(仲)齊 肈乍(作)皇考䵼(肆)鼎	
 齊明刀考古 1973（1） 背文　□～	 齊明刀　考古 1973（1） 背文　□～	 齊明刀　考古 1973（1） 背文　□～
 齊明刀範　齊幣 424 幣型背文　～	 齊明刀範　齊幣 424 幣型背文　～	 齊明刀範　齊幣 425 幣型背文　～
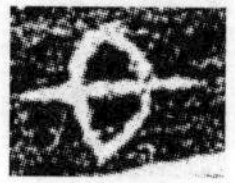 齊明刀範　齊幣 425 幣型背文　～	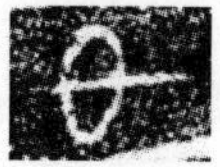 齊明刀範　齊幣 425 幣型背文　～	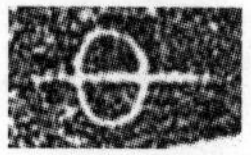 齊明刀範　齊幣 426 幣型背文　～
 齊明刀　考古 1973(1) 背文　～	 齊明刀　考古 1973（1） 背文　～	 齊明刀　考古 1973（1） 背文　～

中	 齊明刀　考古1973（1） 背文　口～	 璽彙2709 ～辛信鉨	 璽彙4090 奎～登
	 圖錄2.164.1 ～蒦圆里匋(陶)漸	 圖錄2.167.1 ～蒦圆里司末	
	 鄦侯少子簋　集成08.4152　妳乍(作) 皇妣口君～(仲)妃祭器八	 璽彙0047 左～庫司馬	 圖錄2.653.4 繇口～里人戛
	 叔夷鎛　集成01.285-2 慎～于罰	 子禾子釜　集成16.10374 ～刑厚(厥)遂贖以〔金〕鈞	
	 齊㕣刀　先秦編402 背文　～	 齊㕣刀　先秦編402 背文　～	 齊㕣刀　先秦編401 背文　～
	 節墨之㕣刀　先秦編396 背文　～	 節墨之㕣刀　先秦編396 背文　～	
屯	 叔夷鎛　集成01.285-4 余用登～(純)厚乃命	 齊明刀　錢典1194 背文　莒～	 璽彙3690 僅～賓鉨
每	 杞伯每亡鼎　集成04.2494-1　杞 白(伯)～亡乍(作)殺(邾)婞寶鼎	 杞伯每亡鼎　集成04.2494-2　杞 白(伯)～亡乍(作)殺(邾)婞寶鼎	

艸

 杞伯每亡鼎 集成 04.2495 杞白(伯)～亡乍(作)殺(邾)婞寶鼎	 杞伯每亡鼎 集成 05.2642 杞白(伯)～亡乍(作)殺(邾)婞寶鼎	
 杞伯每亡簋 集成 07.3897 杞白(伯)～亡乍(作)鼄(邾)婞寶鼎	 杞伯每亡簋 集成 07.3898-1 杞白(伯)～亡乍(作)鼄(邾)婞寶鼎	
 杞伯每亡簋 集成 07.3898-2 杞白(伯)～亡乍(作)鼄(邾)婞寶鼎	 杞伯每亡簋 集成 07.3899-1 杞白(伯)～亡乍(作)鼄(邾)婞寶鼎	
 杞伯每亡簋 集成 07.3899-2 杞白(伯)～亡乍(作)鼄(邾)婞寶鼎	 杞伯每亡簋 集成 07.3900 杞白(伯)～亡乍(作)鼄(邾)婞寶鼎	
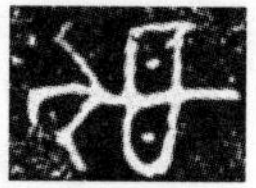 杞伯每亡簋 集成 07.3901 杞白(伯)～亡乍(作)鼄(邾)婞寶鼎	 杞伯每亡簋 集成 07.3902 杞白(伯)～亡乍(作)鼄(邾)婞寶鼎	
 杞伯每亡壺(蓋) 集成 15.9687 杞白(伯)～亡乍(作)鼄(邾)婞寶鼎	 杞伯每亡壺(蓋) 集成 15.9688 杞白(伯)～亡乍(作)鼄(邾)婞寶鼎 省作母	
 圖錄 3.481.4 ～	 圖錄 3.481.5 ～	 圖錄 3.481.6 ～
 圖錄 2.330.1 楚郭口關里～	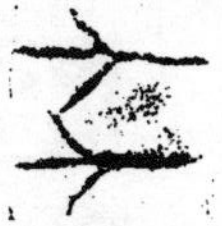 圖錄 3.516.1 ～	 圖錄 3.517.6 ～

芈	 圖録 3.516.2 ～	 圖録 3.516.6 ～	 圖録 2.249.4 蒦圆匋(陶)里人～
	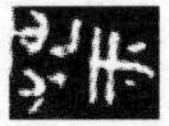 彙考 50 頁 ～大夫之鉨		
蘆〔蘆〕	 陶彙 3.282 蒦圆匋(陶)里人～		
薛〔胯〕	 薛侯匜 集成 16.10263 ～侯乍(作) 弔(叔)妊襄朕(媵)它(匜)	 走馬薛仲赤簠 集成 09.4556 走馬 ～中(仲)赤自乍(作)其匠(簠)	
	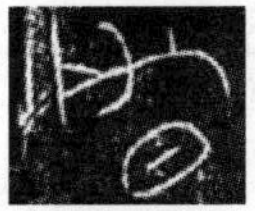 薛子仲安簠 集成 09.4546 ～子 中(仲)安乍(作)旅𠷎(簠)	 薛子仲安簠 集成 09.4547 ～子 中(仲)安乍(作)旅𠷎(簠)	
	 薛侯盤 集成 16.10133 ～侯乍(作) 弔(叔)妊襄朕(媵)般(盤)	  薛侯壺 考古學報 1991 年 4 期 ～侯行壺	
	 圖録 2.279.1 中里～		
莿〔莢〕	 圖録 2.291.4 ～□圆□豆	 圖録 2.291.3 ～□圆□豆	

荊

圖錄 3.603.3
～

芻

璽彙 0234
卑(裨)醬匠～信鉩

璽彙 3213
～商

彙考 312 頁
公孫～鉩

璽彙 0570
王～

折

洹子孟姜壺 集成 15.9729
～(誓)于大嗣(司)命

洹子孟姜壺 集成 15.9730
～(誓)于大嗣(司)命

〔範〕范

圖錄 3.103.1
～

圖錄 3.103.6
～

圖錄 3.99.5
～

圖錄 3.101.2
～

圖錄 3.102.1
～

〔旾〕春

璽彙 2415
杜～信鉩

芋

圖錄 3.277.5
～

圖錄 3.277.6
～

〔茆〕茆

工城戈 集成 17.11211
工城佐阱□昌～(茆)戈

⿱艹公*	 璽彙 3676 公～壽		
藘*	 璽彙 2196 郊～		
荌*	 圖錄 3. 351. 3 ～		
⿱艹邑*	 彙考58頁 不～坊(市)鉨	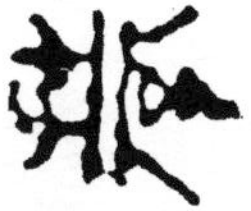 圖錄 2. 32. 3 不～坊(市)鉨	 圖錄 2. 32. 2 不～坊(市)鉨
	 圖錄 2. 32. 1 不～坊(市)鉨		
荳*	 璽彙 0277 ～丘事人鉨		
茈*	 璽彙 3142 ～暘		
⿱艹夏*	 圖錄 2. 301. 4 王毀～里得	 圖錄 3. 461. 1 ～	 圖錄 3. 461. 6 ～

字頭	字形及出處		
	 圖錄 2.368.1 楚郭□～里賞	 圖錄 3.461.2 ～	 璽彙 3755 荆(刑)～糧鉩
莪*	 莪造戈 集成 17.10962 ～造戈		
萁	 彙考 42 頁 陳華句～ 稟(廩)□亳釜		
葬〔𦵯〕	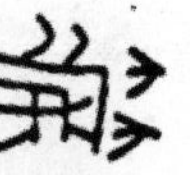 A 正 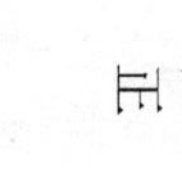 B 背	磚文 于省吾教授百年誕辰紀念文集 207 頁 夜之母之～(葬它(地))	

齊文字編卷二

少

魯少司寇盤　集成 16.10154

魯～嗣（司）寇封孫□

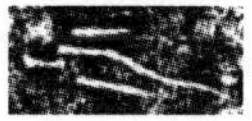

鄘侯少子簋　集成 08.4152

鄘（莒）侯～子析

陳逆簠　集成 09.4630

～子陳逆

八

洹子孟姜壺　集成 15.9730

于大嗣（司）命用璧兩壺～鼎

厶（私）之十杯　集錄 1047

冢（重）一益（鎰）三十～展

齊大宰歸父盤　集成 16.10151

隹（唯）王～月丁亥

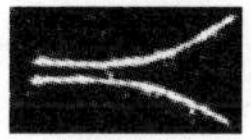

鄘侯少子簋　集成 08.4152　妳乍（作）

皇妣□君中（仲）妃祭器～

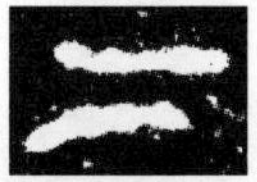

亳庭戈　集成 17.11085

亳庭～族戈

齊明刀　考古 1973（1）

背文　～

分

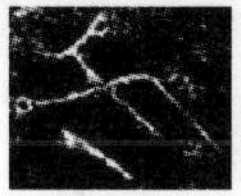

邾公牼鐘　集成 01.149

～器是寺（持）

圖錄 2.180.1

東蒦圆匋（陶）～□

尒	 圖錄 2.180.2 東𨳮𨜍匋(陶)～□	 圖錄 2.264.1 𨳮𨜍魚里～圭	 齊明刀 齊幣 359 背文 ～
	 齊明刀 齊幣 361 背文 ～		
	 陳尒徒戈 文物 1993（4） 94 頁圖一 3 陳～徒戈	 圖錄 3.219.3 ～	
曾	 上曾大子鼎 集成 05.2750 上～大子般殷		
尚	 陳侯因資敦 集成 09.4649 世萬子孫永為典～	 璽彙 0328 ～佫(路)鉨	 璽彙 3328 墉～
公	 陶彙 3.673 右設□□～畢里季𦘔	 圖錄 2.48.2 右設□□～畢里季𦘔	
	 𦎫于公戈 集成 17.11124 𦎫于～之𦎫豫造	 𦎫于公劍 金文總集 10.7678 𦎫于～乍(作)	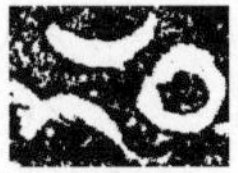 大𡍮公戟 集成 17.11051 大𡍮～戕(戟)
	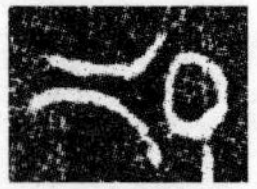 陳侯因資敦 集成 09.4649 皇考孝武桓～	 陳侯因資敦 集成 09.4649 用作孝武桓～祭器錞(敦)	

	邾公牼鐘　集成 01.150 鼄(邾)～牼擇氒(厥)吉金	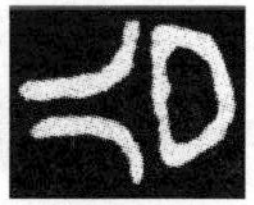	邾公華鐘　集成 01.245 鼄(邾)～華擇氒(厥)吉金		
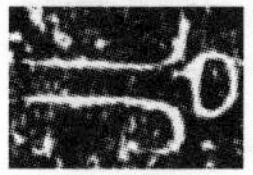	邾公孫班鎛　集成 01.140 鼄(邾)～孫班擇其吉金	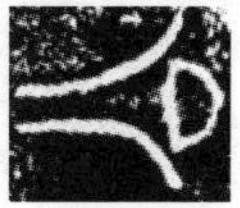	邾公託鐘　集成 01.102　陸𩣡(終)之孫 邾～託乍(作)氒(厥)禾(龢)鍾(鐘)		
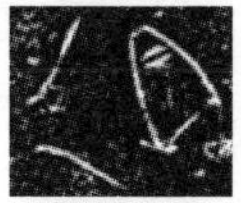	公孫𦺅壺　集成 15.9709 ～孫𦺅立事歲		鑄公簠蓋　三代 10.17.3　鑄～ 乍(作)孟妊車母朕(媵)𠤳(簠)		
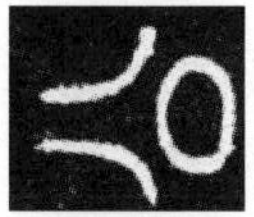	鑄公簠蓋　集成 09.4574 鑄～乍 (作)孟妊車母朕(媵)𠤳(簠)		郾公劍　集成 18.11651 郾～圃自乍(作)元鐱(劍)		
	邾公華鐘　集成 01.245 哉(載)～釁(眉)壽		圖錄 3.1.2 □～ 之廩□□豆		
	圖錄 3.212.4 ～		圖錄 3.420.1 ～		圖錄 3.420.3 ～
	圖錄 3.420.4 ～		圖錄 3.421.3～		圖錄 3.209.1 ～
	圖錄 3.210.2 ～		圖錄 3.210.3 ～		圖錄 3.212.1 ～

余

 圖錄 3.212.3 ～	 圖錄 3.212.6 ～	 圖錄 3.638.4 ～
 齊明刀 齊幣 381 背文 ～	 齊夻刀 貨系 2660 背文 ～	 齊明刀 齊幣 356 背文 ～
 鄘公孫朝子鎛 集錄 004 鄘(莒)～孫淖子造器	 璽彙 0266 ～石不夏鉨	 璽彙 3676 ～忎壽
 璽彙 5643 ～信	 圖錄 2.405.2 丘齊辛里～孫□	 圖錄 2.555.2 東酷里～孫□
 圖錄 2.176.1 東蒦圆里～孫黜		
 陳余戈 集成 17.11035 陳～造戈	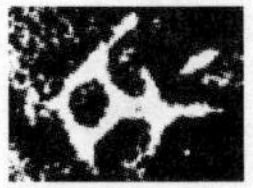 陳逆簠 集成 09.4630 ～陳桓之裔孫	
 邾公華鐘 集成 01.245 ～畢 龔(恭)威(畏)忌思(淑)穆	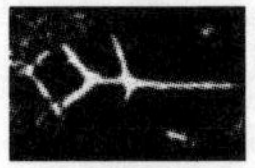 陳肪簋蓋 集成 08.4190 ～陳中(仲)逆孫	
 陳逆簠 集成 09.4630 ～寅事齊侯	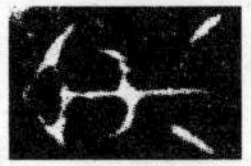 邾公牼鐘 集成 01.149 ～畢龔(恭)威(畏)忌	

綸鎛 集成 01.217
~彌心畏誋(忌)

洹子孟姜壺 集成 15.9729
~不其事

郳公牼鐘 集成 01.152
奄(郳)公~擇戽(厥)吉金

璽彙 2193
弨~

圖錄 3.406.6
~

圖錄 3.406.5
~

圖錄 3.406.4
~

半

璽彙 1276
~眗

牛

璽彙 1219
~德

圖錄 2.167.1
中蒦圆里匋~

圖錄 2.167.2
中蒦圆里匋~

圖錄 3.318.4
~

圖錄 3.318.6
~

齊夻刀 東亞 6·7
背文~

牼

郳公牼鐘 集成 01.150
奄(郳)公~擇戽(厥)吉金

郳公牼鐘 集成 01.151
奄(郳)公~擇戽(厥)吉金

犀

子禾子釜 集成 16.10374
大辟戽(厥)遂贖以□~

犥*

犥蘿戟 文物 1994（3）52 頁
圖二 ~蘿造戟(戟)

牲*

圖錄 2. 351. 1
闞里馬~

圖錄 2. 351. 3
闞里馬~

圖錄 2. 351. 4
闞里馬~

告

圖錄 3. 521. 2
~

圖錄 3. 559. 1
~

告*

陳子皮戈 集成 17. 11126
陳子皮之~(造)戈 造之聲旁

口

圖錄 3. 275. 4
~

圖錄 2. 502. 1
~里五

味

圖錄 3. 521. 1
~

名

邾公華鐘 集成 01. 245
昚(慎)爲之~(銘)

吾

璽彙 4010
~丘卿

彙考 314
~丘鞫

圖錄 3. 530. 5
~

圖錄 2. 84. 3
蒦圆南里匋者帛~

君

 右伯君權 三代 18.32.2 右白(伯)～	 僉父瓶 遺珍 33 頁 霝父～ 僉父乍(作)其金瓶(瓶)
 鮑子鼎 中國歷史文物 2009（2） 51 頁 其壽～毋死	 邾君鐘 集成 01.050 鼄～求吉金
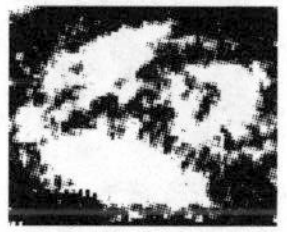 君子友戟 集成 17.11088 ～子友興造戟(戟)	 鄦侯少子簋 集成 08.4152 妳乍(作) 皇妣□～中(仲)妃(妫)祭器八
 邾公鈓鐘 集成 01.102 揚～霝(靈)君吕(以)萬年	 邾公鈓鐘 集成 01.102 揚君霝(靈)～吕(以)萬年
 璽彙 0327 ～之稟(廩)	 璽彙 0007 ～之信鉨  璽彙 3620 陘～
 彙考 31 頁 關城～夫人信鉨	 彙考 31 頁 盧成～鉨

命

 鎛鎛 集成 01.217 用 旂(祈)侯氏永～萬年	 鎛鎛 集成 01.271 用求丂(考)～彌生
 陳純釜 集成 16.10371 ～左關 帀(師)□敕宝(主)左關之釜	 子禾子釜 集成 16.10374 □□～□陳得

司馬楙編鎛 山東金文集成 104-108 頁
嚴龔(恭)天~

司馬楙編鎛 山東金文集成 104-108 頁
哀~(憐)鰥寡

洹子孟姜壺 集成 15.9729
聽~于天子

洹子孟姜壺 集成 15.9729
齊侯拜嘉~

洹子孟姜壺 集成 15.9729 齊侯
~大子乘□(遽?)來命宗白(伯)

洹子孟姜壺 集成 15.9730 于
大嗣(司)~用璧兩壺八鼎

齊大宰歸父盤 集成 16.10151
霝~難老

璽彙 3725
~魚敖家

〔令〕

陳逆簋 集成 07.4096 以貿永~
湏(眉)壽　令字重見

咨

陳侯因咨戈 集成 17.11260
陳侯因~造

召 〔與〕

君子友戟 集成 17.11088
君子友~造戟(戟)

哉

邾公華鐘 集成 01.245
~(載)公釁(眉)壽

台

陳逆簠 集成 09. 4630～乍(作)氒(厥)
元配季姜之祥器

十四年陳侯午敦 集成 09. 4646
～登台嘗

陳逆簠 集成 09. 4630
～享台□

十四年陳侯午敦 集成 09. 4646
～群諸侯獻金

十四年陳侯午敦 集成 09. 4647
～群諸侯獻金

十四年陳侯午敦 集成 09. 4647
～登台嘗

十四年陳侯午敦 集成 09. 4647
台登～嘗

十年陳侯午敦 集成 09. 4648
諸侯享～吉金

十年陳侯午敦 集成 09. 4648
台登～嘗

邾公牼鐘 集成 01. 151
～(以)宴大夫

邾公牼鐘 集成 01. 149
～(以)[樂]其身

邾公華鐘 集成 01. 245～(以)
乍(祚)其皇且(祖)皇考

陳侯因資敦 集成 09. 4649
～登台嘗

十四年陳侯午敦 集成 09. 4646
台登～嘗

十年陳侯午敦 集成 09. 4648
～登台嘗

陳侯因資敦 集成 09. 4649
台登～嘗

㕥*

 邾公華鐘　集成 01.245 ～(以)卹其祭祀盟祀	 陳喜壺　集成 15.9700 ～(以)寺(持)民叩
 邾公華鐘　集成 01.245 ～(以)宴士庶子	 簋大史申鼎　集成 05.2732 用迋(征)～(以)迮
 簋叔之仲子平鐘　集成 01.172 ～(以)濼(樂)其大酉(酋)	 簋叔之仲子平鐘　集成 01.175 ～(以)濼(樂)其大酉(酋)
 簋叔之仲子平鐘　集成 01.177 ～(以)濼(樂)其大酉(酋)	 齊鮑氏鐘　集成 01.142-2　用亯(享)㠯(以)孝 于～(予)皇且(祖)文考
 璽彙 4029 敦于～	

咸〔戓〕

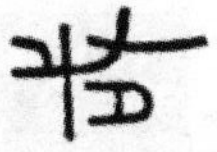 叔夷鎛　集成 01.285-6 ～有九州

右

 亡鹽戈　集成 17.10975 亡鹽～	 平阿右戈　周金文存 631 平阿～戈	 是立事歲戈　集成 17.11259 是立事歲闢～工戈
 陽右戈　集成 17.10945 陽～	 陳胎戈　集成 17.11127 陳胎之～庶鈛	 齊城右造刀　集成 18.11815 齊城～造車鍛冶賏

吉

 昌城右戈 集成 17.10998 昌城～	 安右矛 集成 18.11490 安平～	 陵右戟集成 17.11062 陵～造戟(戟)
 柴內右戈 文物 1994（2）52 頁圖 2 柴內～	 右戈 文史 2000（1）34 頁 ～	 曹右戈 集成 17.11070 曹～庭造戈
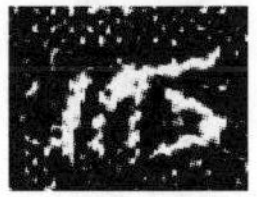 右庭之戈 中國歷史文物 2007（5）16 頁圖三 ～庭之戈		 璽彙 0031 ～閪(門)司馬
 璽彙 0032 ～閪(門)司馬	 璽彙 0033 ～閪(門)司馬鉩	 璽彙 0299 ～析正木
 璽彙 3700 ～成信鉩	 圖錄 2.22.4 ～鉩	
 陳逆簠 集成 09.4630 隹(唯)王口月初～丁亥	 陳逆簠 集成 09.4630 擇氒(厥)～金	
 邾叔之伯鐘 集成 01.87 擇氒(厥)～金	 十年陳侯午敦 集成 09.4648 諸侯享以～金	
 邾君鐘 集成 01.50 鼄(邾)君求～金	 邾叔之伯鐘 集成 01.087 隹(唯)王六〔月〕初～壬午	

邾公牼鐘 集成 01.150
隹(唯)王正月初～

邾公牼鐘 集成 01.151
隹(唯)王正月初～

邾公牼鐘 集成 01.150
鼄(邾)公牼擇氒(厥)～金

邾公牼鐘 集成 01.151
鼄(邾)公牼擇氒(厥)～金

邾公華鐘 集成 01.245
鼄(邾)公華擇氒(厥)～金

邾公孫班鎛 集成 01.140
鼄(邾)公孫班擇其～金

鄘叔之仲子平鐘 集成 01.173
隹(唯)正月初～庚午

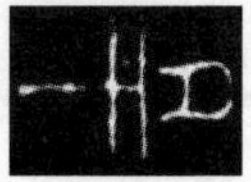
𦅫鎛 集成 01.217
隹(唯)王五月初～丁亥

邾公華鐘 集成 01.245
隹(唯)王正月初～乙亥

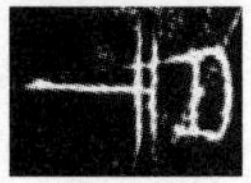
鄘大史申鼎 集成 05.2732
隹(唯)正月初～辛亥

拍敦 集成 09.4644
隹(唯)正月～日乙丑

齊鮑氏鐘 集成 01.142
隹(唯)正月初～丁亥

夆叔盤 集成 16.10163
隹(唯)王正月初～丁亥

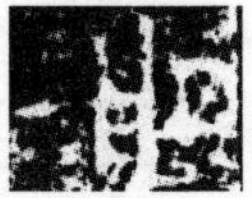
邾公牼鐘 集成 01.152
隹(唯)王正月初～

陳侯因資敦 集成 09.4649
諸侯寅薦～金

璽彙 1457
陳～

璽彙 3235
甘土～鉨

	 璽彙 5683 皁口～鉨	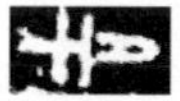 珍秦齋藏印(戰國篇)34 淳于～	 圖錄 2.56.1 繇口上口里郈～
	 齊𠙵刀 先秦編 401 背文 ～	 齊𠙵刀 貨系 2640 背文 ～	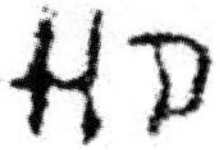 齊𠙵刀 齊幣 113 背文 ～
	 齊𠙵刀 先秦編 401 背文 ～	 節墨之𠙵刀 貨系 2530 背文 ～	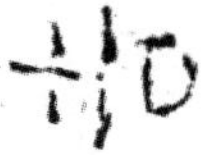 節墨之𠙵刀 先秦編 396 背文 ～
	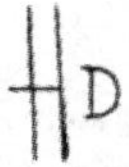 節墨之𠙵刀 齊幣 49 背文 ～	 節墨之𠙵刀 先秦編 396 背文 ～	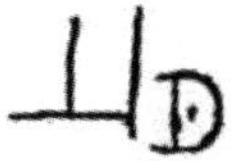 節墨之𠙵刀 貨系 2529 背文 ～
周	 璽彙 3028 ～虎	 齊𠙵刀 貨系 2659 背文 ～	
唐（啺）	 叔夷鎛 集成 01.285-5 虩虩(赫赫)成～(湯)	 璽彙 0147 ～棠攻(工)帀鉨	 璽彙 3142 ～疕 《說文》：，古文唐从口、昜。
吃	 圖錄 3.504.6 ～		
吁	 吁戈 集成 17.11032 口～		

哀		司馬楙編鎛　山東金文集成 104-108 頁 ～命(憐)鰥寡	
⿰口巠*		璽彙 3620 ～君	
⿰口束*		圖錄 3. 143. 4 ～	 圖錄 3. 144. 1 ～
		圖錄 3. 144. 4 ～	
咤*		璽彙 1148 高～□鉨	
哴*		鄘叔之仲子平鐘　集成 01. 172 聖智龔(恭)～(良)	 鄘叔之仲子平鐘　集成 01. 175 聖智龔(恭)～(良)
		鄘叔之仲子平鐘　集成 01. 177 聖智龔(恭)～(良)	
⿰口⿱亞日*		圖錄 2. 261. 3 匋里匋～	 圖錄 2. 261. 4 匋里匋～
嚊*		圖錄　3. 656. 4 ～	 圖錄 3. 325. 5 ～

字	字形	出處	字形	出處
毀		薛侯盤 集成 16.10133 薛侯乍(作)弔(叔)妊～朕(媵)般(盤)		薛侯匜 集成 16.10263 薛侯乍(作)弔(叔)妊～朕(媵)它(匜)
		叔夷鎛 集成 01.285-6 其配～公之妣		璽彙 5294 ～(襄)
喪		洹子孟姜壺 集成 15.9729 齊侯女靁□～其□		洹子孟姜壺 集成 15.9729 洹子孟姜～
		洹子孟姜壺 集成 15.9730 洹子孟姜～		
嚴	 	司馬楙編鎛 山東金文集成 104-108 頁 ～龔(恭)天命		
走		走馬薛仲赤簠 集成 09.4556 ～馬薛中(仲)赤自乍(作)其匠(簠) 从定		魯司徒仲齊匜 集成 16.10275 魯嗣(司)徒中(仲)齊肈(肇)乍(作)皇考白(伯)～父寶它(匜)
		魯司徒仲齊盨 集成 09.4441 魯嗣(司)徒中(仲)齊肈(肇)乍(作)皇考白(伯)～父饎盨簋		
趣	 	鄦侯少子簋 集成 08.4152 盦(合)～(取)吉金		

趫		齊趫父鬲　集成 03.685 齊～父乍(作)孟姬寶鬲	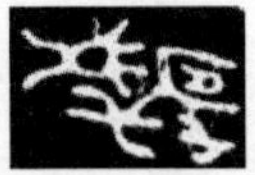	齊趫父鬲　集成 03.686 齊～父乍(作)孟姬寶鬲
趄		陳逆簠　集成 09.4630 余陳～之裔孫		陳侯因資敦　集成 09.4649 皇考孝武～公
		陳侯因資敦　集成 09.4649 用作孝武～公祭器錞(敦)		陳侯因資敦　集成 09.4649 屎(纘)銅(嗣)趄文
趞*		齊不趞鬲　金文總集 02.1478　齊 不～乍(作)厍白(伯)障(尊)鬲		
止		莒大叔平瓠壺　山東金文集成 634 頁 子子孫孫永保用～(之)		圖錄 3.456.1 ～亓
		圖錄 3.456.2 ～亓		圖錄 3.568.6 ～
歨		璽彙 3666 ～亡(無)鐵(斁)		璽彙 3560 ～傣
歸		歸父敦　集成 09.4640　魯子中(仲) 之子～父爲其謄(膳)臺(敦)	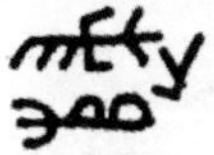	庚壺　集成 15.9733 ～獻〔于〕口公之所

登

齊大宰歸父盤 集成 16.10151 齊大宰～父弁爲忌(己)沬般(盤)

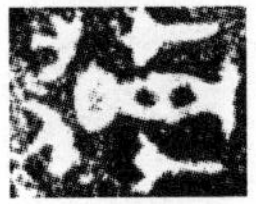
十四年陳侯午敦 集成 09.4646 台～台嘗 《說文》：籀文登從収

十四年陳侯午敦 集成 09.4647 台～台嘗

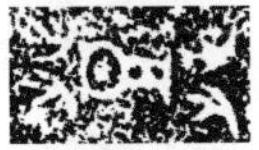
十年陳侯午敦 集成 09.4648 台～台嘗

陳侯因資敦 集成 09.4649 台～台嘗

叔夷鎛 集成 01.285-4 余用～屯(純)厚乃命

璽彙 3722 □～信鉨

璽彙 4090 致中～

圖錄 3.548.4 ～

癹

璽彙 3709 ⿰余阝(徐)～信鉨

歲

是立事歲戈 集成 17.11259 是立事～闢右工戈

陳璋方壺 銘文選 2.865 奠(鄭)昜陳得再立事～

陳純釜 集成 16.10371 陳猶立事～

陳喜壺 集成 15.9700 陳喜再立事～

國差𦉜 集成 16.10361 國差立事～

陳璋圓壺 集成 16.9975 奠(鄭)昜陳得再立事～

此

司馬楙編鎛 山東金文集成104-108頁
隹(唯)正孟~十月庚午

子禾子釜 集成16.10374
□□立事~

鄴公孫朝子鎛 集錄004
陳𤞷立事~

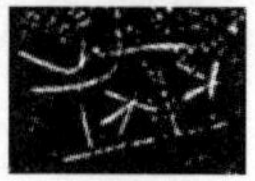
公孫窹壺 集成15.9709
公孫窹立事~

璽彙0289
陳窒立事~安邑亳釜

圖錄2.16.4
陳□立事~廩釜

圖錄2.646.1
陳窒立事~安邑亳釜

圖錄 2.8.2
王孫陳棱立事~左里敀亳區

鄬叔之仲子平鐘 集成01.177
其受~賁(眉)壽

鄬叔之仲子平鐘 集成01.173
其受~賁(眉)壽

圖錄3.385.3
~

正

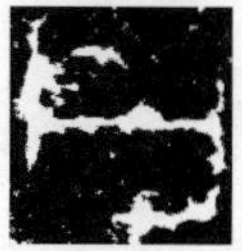
邾公牼鐘 集成01.149
隹(唯)王~月初吉

邾公牼鐘 集成01.151
隹(唯)王~月初吉

邾公孫班鎛 集成01.140
隹(唯)王~月

邳伯罍 集成16.10007
隹(唯)~月初吉丁亥

鄬叔之仲子平鐘 集成01.173
隹(唯)~月初吉庚午

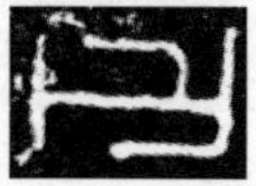
鄬大史申鼎 集成05.2732
隹(唯)~月初吉辛亥

夆叔匜 集成 16. 10282
隹(唯)王～月初吉丁亥

齊鮑氏鐘 集成 01. 142
隹(唯)～月初吉丁亥

陳侯因資敦 集成 09. 4649
隹～六月癸未

正叔之士□俞簠(器) 遺珍 43 頁
～叔之士□俞乍(作)旅匿(簠)

鄀公華鐘 集成 01. 245
隹(唯)王～月初吉乙亥

鄀公鈓鐘 集成 01. 102
用樂我嘉賓及我～卿

禾簋 集成 07. 3939
隹(唯)～月己亥

拍敦 集成 09. 4644
隹(唯)～月吉日乙丑

璽彙 0298
左桁～木

璽彙 0299
右桁～木

璽彙 3940
～孫□鍴

璽彙 2195
郚～里

璽彙 3737
左～鍴

璽彙 3939
～孫□鍴

彙考 46 頁
～木之鍴

圖錄 2. 494. 4
豆里～

圖錄 3. 150. 1
～

圖錄 3. 150. 4
～

陶彙 9. 47
左桁～木

圖錄 3. 150. 3
～

乏

圖録 3. 151. 2
～

齊夻刀 貨系 2647
背文 ～

齊夻刀 貨系 2648
背文 ～

圖録 2. 52. 2
～□

齊夻刀 貨系 2649
背文 ～

齊夻刀 貨系 2650
背文 ～

是

是立事歲戈 集成 17. 11259
～立事歲闖右工戈

陳逆簋 集成 07. 4096
子孫～保

邾公牼鐘 集成 01. 149
分器～寺(持)

邾公孫班鎛 集成 01. 140
□□～□

邾公華鐘 集成 01. 245
鼄(邾)邦～保

邾公牼鐘 集成 01. 151
分器～寺(持)

鄘大史申鼎 集成 05. 2732
子孫～若

公典盤 集録 1009
室家～保

𬘡鎛 集成 01. 271
余四事～台(治)

𬘡鎛 集成 01. 271
～辝(台)可事(使)

𨓆〔𧗿〕

庚壺 集成 15. 9733
庚～(率)百乘舟入鄘(莒)

徒

仕斤徒戈 集成 17. 11049
仕斤～戈

仕斤徒戈 集成
17. 11050 仕斤～戈

武城戈 集成 17. 11024
武城～戈

〔往〕

平阿左戟　集成 17. 11158
平阿左造～戟(戟)

左徒戈　集成 17. 10971
左～戈

魯大司徒元盂　集成 16. 10316
魯大嗣(司)～元乍(作)歙(飲)盂

魯大司徒厚氏元鋪　集成 09. 4689
魯大嗣(司)～厚氏元乍(作)譱(膳)匿(鋪)

魯大司徒厚氏元鋪　集成 09. 4690
魯大嗣(司)～厚氏元乍(作)譱(膳)匿(鋪)

圖錄 3. 5. 2
ム司～

彙考 40 頁
左司～信鉨

璽彙 0019
鋊司～市

魯司徒仲齊盤　集成 16. 10116　魯嗣(司)～
中(仲)齊肈(肇)乍(作)般(盤)　反書

魯司徒仲齊匜　集成 16. 10275　魯嗣(司)～
中(仲)齊肈(肇)乍(作)皇考白(伯)走父寶匜

魯司徒仲齊盨　集成 09. 4440　魯嗣(司)～中
(仲)齊肈(肇)乍(作)皇考白(伯)走父餴盨簋

魯司徒仲齊盨　集成 09. 4441　魯嗣(司)～中
(仲)齊肈(肇)乍(作)皇考白(伯)走父餴盨簋

迋

鄦大史申鼎　集成 05. 2732
用～(征)台(以)迮

曩伯子宼父盨　集成 09. 4444
曩白(伯)子宼父乍(作)其～(征)盨

曩伯子宼父盨　集成 09. 4445
曩白(伯)子宼父乍(作)其～(征)盨

曩伯子宼父盨　集成 09. 4443
㠯(以)～(征)㠯(以)行

造

曩伯子㝨父盨 集成 09.4444
㠯(以)～(征)㠯(以)行

平阿左戟 集成 17.11158
平阿左～徒戕(戟)

陳侯因咨戈 集成 17.11260
陳侯因咨～

陳卿聖孟戈 集成 17.11128
陳卿聖孟～戈

陳余戈 集成 17.11035
陳余～戈

齊城右造戟 集成 18.11815
齊城右～車戕(戟)冶腈

十年陳侯午敦 集成 09.4648
用乍(作)平壽～器辜(敦)

陳侯因資戈 集成 17.11129
陳侯因資之～

子禾子左戟 集成 17.11130
子禾子左～戕(戟)

鄺大史申鼎 集成 05.2732
乍(作)其～鼎十

高密造戈 集成 17.11023
高密～戈

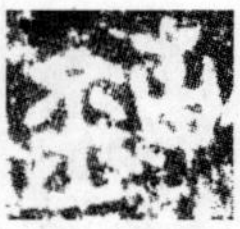
陳侯因資戈 集成 17.11081
陳侯因資～

陵右戟 集成 17.11062
陵右～戕(戟)

陳卯造戈 集成 17.11034
陳卯～戈

〔鋯〕〔⿰女告〕

曹公子沱戈　集成 17.11120
曹公子沱之～(造)戈

滕侯耆戈　集成 17.11078
滕侯耆之～

〔窖〕

陳麗子戈　集成 17.11082
陳麗子～戈

鄺公孫朝子鐘　集錄 009
鄺(莒)公孫淖子～器

圖錄 3.354.1
～

〔艁〕

羊子戈　集成 17.11090
羊子之～戈

羊角戈　集成 17.11210
羊角之新～散戈

辜于公戈　集成 17.11125
辜于公之臺豫～

郑大司馬戈　集成 17.11206
郑大司馬之～戈

辜于公戈　集成 17.11124
辜于公之臺豫～

滕侯昊戈　集成 17.11018
滕侯昊之～

陰平劍　集成 18.11609
陰平左庫之～

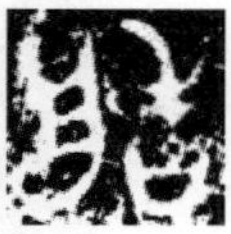
梟之造戈　集成 17.11006
梟之～

〔⿰告攵〕

戜造戈　集成 17.10962
戜～戈

曹右戈　集成 17.11070
曹右庢～戈

〔嬉〕

滕侯吳戈 集成 17.11123
滕侯吳之～戠(戟)

〔鄗〕

齊城造戈 集成 17.10989
齊城～

〔造〕

□遄造戈 周金文存 6.35
□遄～戈

遄

□遄造戈 周金文存 6.35
□～造戈

洹子孟姜壺 集成 15.9729
女(汝)受□～傳□御

洹子孟姜壺 集成 15.9730
女(汝)受□～傳□御

适

璽彙 5677□
～

圖錄 3.336.1
～

圖錄 3.337.1
～

圖錄 3.337.2
～

圖錄 3.337.3
～

逆

陳逆簋 集成 07.4096
陳氏裔孫～

陳逆簠 集成 09.4630
少子陳～

徙（遲）

璽彙 0202
~（徙）盟之鉨

璽彙 0198 昜（陽）都
邑聖~（徙）盟之鉨

《說文》：古文徙。

璽彙 0322 洛□~（徙）盟
金鉨 反書

彙考 55 頁
~（徙）盟之鉨

璽彙 0200
~（徙）盟之鉨

遺

郬造遺鼎 集成 04.2422 郬
艁（造）~（遺）乍（作）寶鼎

郬遺簋 集成 07.4040-1
郬~乍（作）寶簋

郬遺簋 集成 07.4040-2
郬~乍（作）寶簋

違

圖錄 3.602.3
~

達

鄘鎛 集成 01.217
侯氏從~之

叔夷鎛 集成 01.285
~而（爾）朋

圖錄 3.353.3
~

圖錄 3.353.1
~

圖錄 3.352.2
~

圖錄 3.352.1
~

連

璽彙 1952
郗~旮（期）

彙考 250 頁
宋~信鉨

璽彙 0250
□~旮（期）鉨

圖錄 3.521.4
~

遂 〔⿺辶光〕

子禾子釜 集成 16. 10374
中刑氒(厥)~贖以〔金〕鈞

子禾子釜 集成 16. 10374
大辟氒(厥)~贖以□犀

黝鎛 集成 01. 271
大~(遂)大宰

璽彙 0232
璋□鄗~(遂)信鉨

璽彙 3233
郲~(遂)鉨

璽彙 0155 □昜(陽)
~(遂)帀(師)鉨

璽彙 0282
右~文㝬信鉨

追

陳肪簋蓋 集成 08. 4190
用~孝於我皇毁(考)

郜遣簋 集成 07. 4040-2
用~孝于其父母

逖 〔逷〕

圖錄 3. 460. 3
~

《說文》：古文逖。

遼

魯大宰原父簋 集成 07. 3987 魯大
宰~(原)父乍(作)季姬牙賸(媵)簋

逌*

圖錄 2. 196. 4
蒦圆匋里人~

圖錄 2. 659. 1
蒦圆匋里人~

逳*

璽彙 3087
臧(莊)~信鉨

璽彙 3563
羊~

圖錄 2. 206. 1
蒦圆匋(陶)里人~

迭*	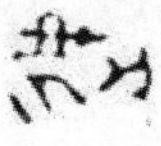	璽彙 0177 讎相～關		
遘*		圖錄 2.406.4 □□辛里～□□		
迪*		璽彙 3080 非～		
遨*		圖錄 3.504.1 ～		
迄*		圖錄 3.485.5 ～		
		圖錄 2.206.2 蒦易匋(陶)里人～	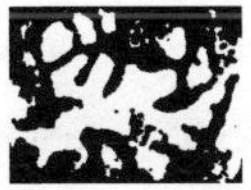	圖錄 3.352.5 ～
		圖錄 2.207.1 蒦圆匋(陶)里人～		圖錄 2.5.3 王孫□～左亳釜
		圖錄 2.237.2 蒦圆匋(陶)里人～		圖錄 3.352.4 ～

⿺辶匋*

叔夷鎛 集成01.285-3 余命女(汝)嗣(司)辝(台)鄱～

叔夷鐘 銘文選八四八 余命女(汝)嗣(司)辝(台)鄱～

⿺辶齊*

叔夷鎛 集成01.285-6 是小心龏(恭)～

洹子孟姜壺 集成15.9729 爾其～(躋)受御

洹子孟姜壺 集成15.9730 齊侯既～(濟)

迖*

齊陳曼簠 集成09.4595 齊陳曼不敢～(逐)康

齊陳曼簠 集成09.4596 齊陳曼不敢～(逐)康

⿺辶及*

公典盤 集錄1009 ～(及)寺公典

鮑子鼎 中國歷史文物2009（2）51頁 中(仲)匋始(姒)～(及)子思

迲*

璽彙1433 宋～(去)疾

璽彙1481 陳～(去)疾信鉨

迮*

鄭大史申鼎 集成05.2732 用迮(征)台(以)～

迷*

璽彙1945 郤～

璽彙2184 弜(強)～

逘*	 璽彙 3080 非～		
⿺辶取*	 璽彙 3222 才～	 圖錄 2.133.1 大匋(陶)里～	 圖錄 2.409.3 平日里～
	 圖錄 3.457.1 ～	 圖錄 2.440.4 豆里～	
逷*	 璽彙 4012 閱丘～		
遡*	 圖錄 3.227.1 ～	 圖錄 3.227.4 ～	
迬*	 圖錄 3.540.4 ～		
遊*	 陶彙 3.265 大蒦圆里～		
迱*	 圖錄 3.507.1 ～	 圖錄 3.507.4 ～	 圖錄 3.507.6 ～

逨*	 圖錄 2.2.1 陳～立事	
[illegible]*	 圖錄 2.408.1 丘齊辛里王汩兹～	 圖錄 2.405.2 丘齊辛里公孫～□
[illegible]*	 圖錄 2.229.4 蒦圆匋(陶)里人～	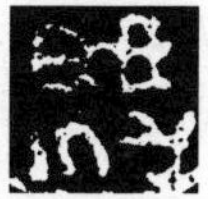 圖錄 2.230.1 蒦圆匋(陶)里人～
[illegible]*	 圖錄 3.522.1 ～	
迊*	 彙考 45 頁 右稟(廩)～貨𨫸鉨	
遖*	 璽彙 0240 ～公子信鉨	
[illegible]*	 圖錄 3.649.1 ～	 圖錄 3.649.2 ～
逘*	 祈室銅柱 周金文存 6.132 竣戠～	

德

叔夷鎛　集成 01. 285-2
肅成朕(師)旟之政～

齊陳曼簠　集成 09. 4596
肇(肇)堇(勤)經～

往

圖錄 3. 458. 6
～

圖錄 3. 459. 2
～

退

子禾子釜　集成 16. 10374
而台(以)……□～

後

後生戈　文史 2000（1）
32 頁　～生戈

圖錄 3. 338. 1
～

圖錄 3. 338. 4
～

得

滕大宰得匜　集錄 1011
滕大宰～之御盌(匜)

圖錄 3. 56. 6
～

子禾子釜　集成 16. 10374
□□命□陳～

璽彙 0291　奠(鄭)
昜(陽)陳～三

圖錄 2. 13. 3　平棱
陳～不□王釜

圖錄 2. 482. 2
豆里～　㝵下重出

齊明刀　貨系 3790
背文　筥冶～

齊明刀　齊幣 346
背文　筥冶～

御

滕大宰得匜　集錄 1011
滕大宰得之～盌(匜)

子禾子釜　集成 16. 10374
子禾子□(屯？)冶內者～□

	 陳御寇戈　集成 17.11083 陳～寇散口	 洹子孟姜壺　集成 15.9729 女(汝)受□遄傳□～
	 洹子孟姜壺　集成 15.9730 女(汝)受□遄傳□～	 洹子孟姜壺　集成 15.9729 爾其遵(躋)受～
	 洹子孟姜壺　集成 15.9730 用～爾事	 洹子孟姜壺　集成 15.9730 用～天子之事
	 鄘大史申鼎　集成 05.2732 台(以)～賓客	 邾伯御戎鼎　集成 04.2525　鼄(邾)白(伯) ～戎乍(作)滕(媵)姬寶鼎
	 璽彙 3127 ～棱	
⿰彳各*	 璽彙 0328 尚～(路)鉨	
⿰彳焉*	 璽彙 1219 牛～	
建	 武城戈　集成 17.11025 武城～鈛	 建陽戈　集成 17.10918 ～昜

延	  䳔公劍 集成 18.11651 ~匋(寶)用之	 璽彙 0634 王~	
行	 㠱伯子宊父盨 集成 09.4445 㠯(以)RI(征)㠯(以)~	 齊侯子行匜 集成 16.10233 齊侯子~乍(作)其寶它(匜)	
	 璽彙 0173 ~人關	 圖錄 2.704.6 ~	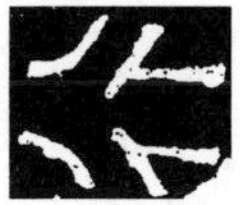 圖錄 3.510.2 ~
	 圖錄 2.706.2 ~	 節墨之大刀 齊幣 45 背文 大~	 齊大刀 貨系 2622 背文 ~
	 齊大刀 貨系 2623 背文 ~	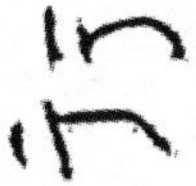 齊大刀 貨系 2600 背文 ~	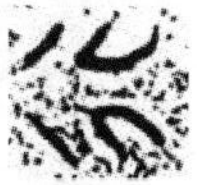 齊明刀 考古 1973(1) 背文 ~
	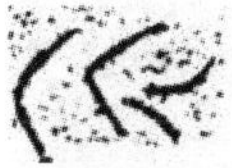 齊明刀 考古 1973 (1) 背文 ~	 齊明刀 考古 1973(1) 背文 ~	 齊明刀 考古 1973(1) 背文 ~
齒	 璽彙 1468 陳~	 璽彙 2239 郾~信鉩	 圖錄 3.548.6 □~
牙	 魯大宰原父簋 集成 07.3987 魯大 宰遵(原)父乍(作)季姬~賸(媵)簋	 辟大夫虎符 集成 18.12107 填(營) 丘~(與)塿絲辟(嬖)大夫信節	

〔辵〕路	 偏將軍虎節 歷史博物館館刊 1993（2） 填(營)丘～(與)㯻紡弁(偏)將軍信節		
	 璽彙 0148 ～右攻(工)帀		
杲	 杲之造戈 集成 17. 11006 ～之造		
龢	 郘君鐘 集成 01. 50 用自乍(作)其～鐘鈴	 邾公牼鐘 集成 01. 149 自乍(作)～鍾(鐘)	 邾公牼鐘 集成 01. 151 鑄辝～鍾(鐘)二鍺(堵)
	 邾公華鐘 集成 01. 245 用鑄氒(厥)～鍾(鐘)	 邾公華鐘 集成 01. 245 鑄其～鍾(鐘)	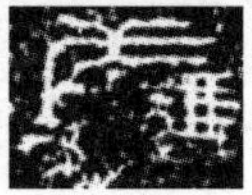 邾公孫班鎛 集成 01. 140 爲其～鎛
	 上曾大子鼎 集成 05. 2750 既～無測	 叔夷鎛 集成 01. 285-2 戮～(和)三軍徒旃 雩(與)氒(厥)行師	

齊文字編卷三

器

陳逆簠 集成 09. 463
台作𠂤(厥)元配季姜之祥~

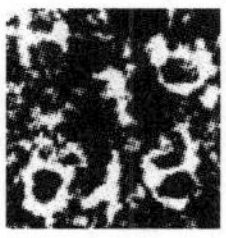

邾公牼鐘 集成 01. 152
分~是寺(持)

十四年陳侯午敦 集成 09. 4647
乍(作)皇妣孝大妃祭~

十年陳侯午敦 集成 09. 4648
用乍(作)平壽造~辜(敦)

鄦侯少子簋 集成 08. 4152 妳乍(作)
皇妣□君中(仲)妃(姒)祭~八

十四年陳侯午敦 集成 09. 4646
乍(作)皇妣孝大妃祭~鍨錞(敦)

陳侯因資敦 集成 09. 4649
用作孝武超公祭~錞(敦)

邾公華鐘 集成 01. 245
元~其舊

圖錄 3. 3. 1
邵公氏之畬~

干

圖錄 3. 2. 1
□~

㪅*	 璽彙 3598 ～憑	 璽彙 0242 ～隻信鉨	
合	 圖録 2. 560. 4 東酷里炎～丘□		
商	 庚壺 集成 15. 9733 ～(賞) 之台(以)邑嗣(司)衣裘車馬	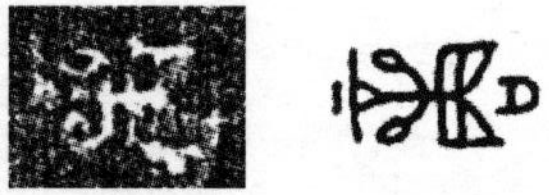 庚壺 集成 15. 9733 ～(賞)之以兵虢車馬	
	 璽彙 3213 㝅～	 璽彙 3746 夆～信鉨	
句	 璽彙 0644 王～觳	 圖録 3. 18. 1 工～	 圖録 3. 18. 3 工～
	 圖録 3. 480. 6 左～	 圖録 2. 7. 2～華門陳棱 再鄗廩坸亳釜𨦬	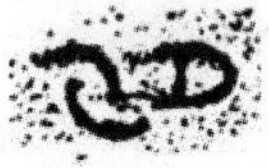 齊明刀 考古 1973(1) 背文 ～
丩	 圖録 2. 112. 1 繇□大匋(陶)里～	 圖録 2. 112. 2 繇□大匋(陶)里～	 齊明刀 考古 1973(1) 背文 ～
	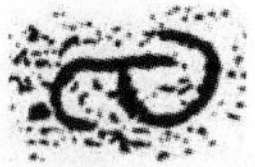 齊明刀 考古 1973(1) 背文 ～		

古		司馬楙鎛　山東金文集成 104-108 頁 曰～朕皇祖悼（？）公		圖錄 3. 585. 6 ～
十		十四年陳侯午敦　集成 09. 4646 隹(唯)～又四年		𬴃鎛　集成 01. 217　侯氏易(賜) 之邑百又九～又九邑
		𨙵大史申鼎　集成 05. 2732 乍(作)其造鼎～		𨙵公孫朝子鎛　集錄 004 ～月己丑
		司馬楙鎛　山東金文集成 104-108 頁 隹(唯)正孟歲～月庚午		彙考 60 頁　～亖(四)年 十一月帀(師)紹
		齊之大刀　貨系 2506 背文　～		安陽之大刀　齊幣 111 背文　～
		齊明刀范背范刻文 齊幣 427　～		齊明刀　齊幣 362 背文　～
千		彙考 67 頁 ～		齊明刀　考古 1973(1) 背文　～万
	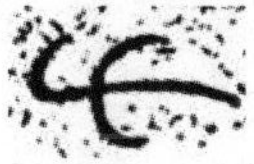	齊明刀　考古 1973(1) 背文　～		齊明刀　考古 1973(1) 背文　～

世〔丗〕

齊明刀 考古1973(1)
背文 ~万

齊明刀 考古1973(1)
背文 ~

齊明刀 考古1973(1)
背文 ~

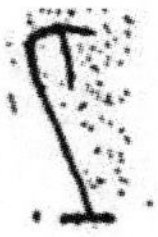
齊明刀 考古1973(1)
背文 ~

十四年陳侯午敦 集成09.4646
永~毋忘

十四年陳侯午敦 集成09.4647
永~毋忘

十年陳侯午敦 集成09.4648
永~毋忘

陳侯因資敦 集成09.4649
~萬子孫永為典尚

言

言□左戈 集成17.10985
~□左戈

談

圖錄2.229.3
蒦圆匋(陶)里人~

圖錄2.228.2
蒦圆匋(陶)里人~

圖錄2.229.1
蒦圆匋(陶)里人~

讎

圖錄2.178.1
東蒦圆~

圖錄2.178.2
東蒦圆~

閭	 圖錄 2.13.1 ～門外陳得 平陵縣𦅫豆㒸戚□倉		
謹	 司馬楙編鎛 山東金文集成 104-108 頁 用克肇～洗(先)王明(盟)祀		 陶彙 3.953 ～
信	  辟大夫虎符 集成 18.12107 填(營)丘 牙(與)塿絲辟(嬖)大夫～節		
	 偏將軍虎節 歷史博物館館刊 1993(2) 填(營)丘牙(與)塿絲弁(偏)將軍～節		
	 璽彙 3715 敢□～鉩	 璽彙 5537 禾～君鉩	 璽彙 0249 □□～鉩
	 璽彙 3125 ～	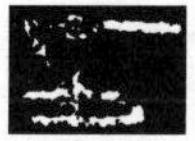 圖錄 2.702.1 □□～鉩	 璽彙 0234 卑(裨)牆匠芻～鉩
	 彙考 37 頁 左司馬閵(門)鈅～鉩	 璽彙 0062 平昜(陽) ～司馬鉩	 璽彙 0282 右逬文佘～鉩
	 璽彙 0482 王[illegible]～鉩	 璽彙 0248 戴昉～鉩	 璽彙 0650 王閒～鉩

	 璽彙 5557 口之～鉨	 璽彙 5643 公～	 璽彙 0235 宴(晏)睇(市)～鉨
	 璽彙 0232 璋口郁迣(遂)～鉨	 圖錄 3.596.2 ～	
諅	 䰜鎛 集成 01.217 余彌心畏～(忌)	 圖錄 3.539.5 ～	 圖錄 3.539.6 ～
諱	 叔夷鎛 集成 01.285-2 左右母(毋)～		
諫	 叔夷鎛 集成 01.285-2 ～罰朕庶民		
註	 圖錄 2.157.1 豯口大匋(陶)里～	 圖錄 2.157.2 豯口大匋(陶)里～	
諆	 鄦叔之仲子平鐘 集成 01.174 萬年無～(期)	 鄦叔之仲子平鐘 集成 01.175 萬年無～(期)	
訦	 邾訦鼎 集成 04.2426 鼄(邾)～爲其鼎		

訆*

璽彙 0194
□～設鉩

詩*

陳喜壺 集成 15.9700
～(賓)客

誙*

璽彙 2530
～事

璽彙 2531
～事

璽彙 4889
～事咠志

圖錄 2.115.1
繇□大匋(陶)里～

訾*

圖錄 3.438.2
～

圖錄 3.439.1
～

圖錄 3.441.2
～

圖錄 3.441.1
～

譁*

圖錄 2.551.3
孟常匋里～

譱

鄺叔之仲子平鐘 集成 01.174
中(仲)平～(善)發虘(且)考(孝)

鄺叔之仲子平鐘 集成 01.178
中(仲)平～(善)發虘(且)考(孝)

鄺叔之仲子平鐘 集成 01.180
中(仲)平～(善)發虘(且)考(孝)

魯大左司徒元鼎 集成 05.2592 魯
大左嗣(司)徒元乍(作)～(膳)鼎

魯大司徒厚氏元鋪 集成 09.4689 魯大
嗣(司)徒厚氏元乍(作)～(膳)匬(鋪)

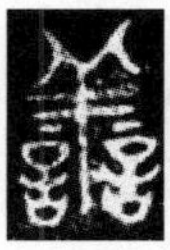
魯大司徒厚氏元鋪 集成 09.4689 魯大
嗣(司)徒厚氏元乍(作)～(膳)匬(鋪)

奉　僕　對　童　章　音

郜伯祀鼎　集成 05. 2602
郜白(伯)祀乍(作)～(膳)鼎

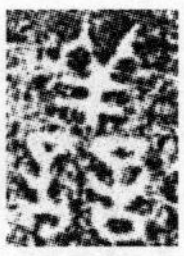
歸父敦　集成 09. 4640　魯子中(仲)之子
歸父爲其～(膳)辜(敦)

畢仲□簠　遺珍 48 頁　畢中(仲)□
乍(作)為其□～(膳)匿(簠)

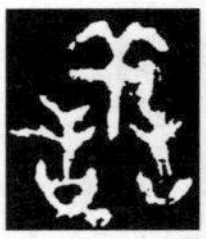
圖錄 2. 426. 3
高閔(間)里～

鄦叔之仲子平鐘　集成 01. 174
乃為之～

圖錄 2. 562. 1
酷里人匋(陶)者□～

圖錄 2. 287. 2
鹿□東里～

璽彙 1278
～瞿

叔夷鎛　集成 01. 285-3　弗敢不～
虩(揚)朕辟皇君之易(賜)休命

叔夷鎛　集成 01. 285-3　余易(賜)
女(汝)馬車戎兵釐～三百又五十家

諸僕故匜　文史 2000(1)30 頁
者(諸)～故乍(作)它(匜)

彙考 295 頁
辛～

彙考 295 頁
辛～

𢍰	 陳逆簠 集成 09.4630 ~台(厥)吉金	 邾叔之伯鐘 集成 01.087 ~台(厥)吉金
	 邾公牼鐘 集成 01.151 鼄(邾)公牼~台(厥)吉金	 邾公牼鐘 集成 01.150 鼄(邾)公牼~台(厥)吉金
	 邾公牼鐘 集成 01.150 鼄(邾)公牼~台(厥)吉金	 邾公華鐘 集成 01.245 鼄(邾)公華~台(厥)吉金
	  庚壺 集成 15.9733 ~(擇)其吉金	 上曾大子鼎 集成 05.2750 乃~(擇)吉金自乍(作)뾳(肆)彝
	 陳昉簋蓋 集成 08.4190 㢑(選)~(擇)吉金乍(作)茲寶簋	 圖錄 3.165.2 巨~
	 圖錄 3.164.3 巨~	
戒	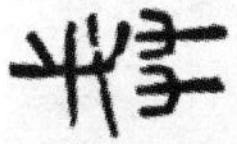 叔夷鎛 集成 01.285-2 尸(夷)不敢弗憼~	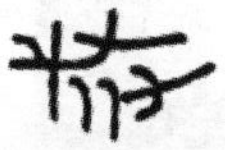 叔夷鎛 集成 01.285-4 女(汝)台(以)専(輔)~公家
兵	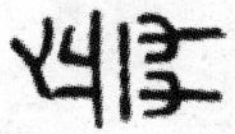 叔夷鎛 集成 01.285-5 余易(賜) 女(汝)車馬戎~釐僕三百又五十家	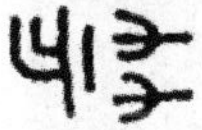 庚壺 集成 15.9733 商(賞)之以~甲車馬

龏	 郝公牼鐘　集成 01.149 余畢～(恭)威(畏)忌	 郝公牼鐘　集成 01.151 余畢～(恭)威(畏)忌
	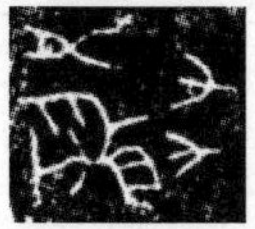 𨞾叔之仲子平鐘　集成 01.172 聖智～(恭)哴(良)	 𨞾叔之仲子平鐘　集成 01.175 聖智～(恭)哴(良)
	 郝公華鐘　集成 01.245 余畢～(恭)威(畏)忌忎(淑)穆	 郝大宰簠　集成 09.4623 余口～(恭)孔惠
	 禾簋　集成 07.3939　禾肇(肇) 乍(作)皇母懿～(恭)孟姬饙彝	 陳眆簋蓋　集成 08.4190 ～(恭)寅(寅)禩(鬼)神
	 陳侯因資敦　集成 09.4649 ～(恭)戢	
異	 圖錄 2.750.3 ～里得	 圖錄 2.751.3 ～里得
舁	  𬭚鎛　集成 01.217 ～鄩之民人都啚(鄙)　从口	 圖錄　2.99.3 繇口大匋里～
	 圖錄 2.435.1 高閭豆里人匋者曰～	 陶彙 3.816 𠂤～坊

興	 圖錄 3.49.2 ~  圖錄 3.49.3 ~  圖錄 3.53.2 ~	
	 圖錄 3.53.3 ~  圖錄 3.52.3 ~	
農〔辳〕	 圖錄 3.538.3 ~	
鞄〔[illegible]〕	 璽彙 3544 ~□ 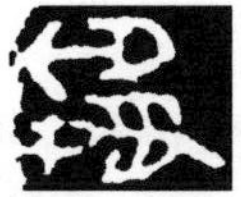 圖錄 2.285.4 ~里匋(陶)取	
〔[illegible]〕	  齊鮑氏鐘 集成 01.142 齊~(鮑)氏孫□擇其吉金	
〔[illegible]〕	 𨋰鎛 集成 01.271 齊辟~(鮑)弔(叔)之孫 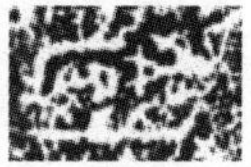 鮑子鼎 中國歷史文物 2009(2)51 頁 ~(鮑)子技(作)朕(媵)中(仲)匋始(姒)	
[illegible]	 璽彙 3634 ~态	
鞕〔[illegible]〕	 圖錄 3.521.5 ~  圖錄 3.596.3 ~	

輍*

璽彙 1661
鄀～信鉨

鬲

邾友父鬲 集成 03.717
鼄(邾)友父朕(媵)其子□嫜寶～

邾友父鬲 遺珍 30 頁
鼄(邾)友父朕(媵)其子□嫜寶～

魯姬鬲 集成 03.0593
魯姬乍(作)尊～永寶用

郳始鬲 集成 03.0596
郳始□母鑄其羞～

鎗頃戈 文物 1993(4)
94 頁圖一 ～

魯伯愈父鬲 集成 03.0690
魯白(伯)愈父乍(作)鼄(邾)姬□～

鑄子叔黑臣鬲 集成 03.735
肇(肇)乍(作)寶～

倪慶鬲 遺珍 41 頁
兒(倪)慶乍(作)秦妊羞～

叔夷鎛 集成 01.285-2
女(汝)雁(膺)～(歷)公家

齊趫父鬲 集成 03.0685
齊趫父乍(作)孟姬寶～

齊趫父鬲 集成 03.0686
齊趫父乍(作)孟姬寶～

〔釜〕鬴

陳純釜 集成 16.10371
節于斅～(釜)

子禾子釜 集成 16.10374
關人築桿戚～(釜)

子禾子釜 集成 16. 10374
丘關之～(釜)

陳純釜 集成 16. 10371 命左關
帀(師)□敕宔(主)左關之～

璽彙 0290 陳榑三
立事歲右稟(廩)～(釜)

璽彙 0289 陳窒立
事歲安邑亳～(釜)

彙考 43 頁
王～

彙考 42 頁
公～

彙考 42 頁
公～

陶彙 3. 748
公～

圖錄 2. 11. 1 陳棱再立事
左里段亳～

圖錄 2. 7. 2 句華門陳
棱再□廩坸亳～鋻

圖錄 2. 34. 4
公～

融〔䵒〕

郳公釔鐘 集成 01. 102 陸～(終)之孫
郳公釔乍(作)氒(厥)禾(龢)鍾

孚

庚壺 集成 15. 9733
～(俘)其士女

爲

郳公華鐘 集成 01. 245
昚(慎)～之名(銘)

郳公孫班鎛 集成 01. 140
～其龢鎛

郳訧鼎 集成 04. 2426
鼄(郳)訧～其鼎

鄦叔之仲子平鐘 集成 01. 172
乃～之音

		陳喜壺　集成 15.9700 ～左(佐)大族		者兒戈　古研二十三 98 頁 口弔(叔)之子者兒～其口戈
		陳逆簋　集成 07.4096 乍(作)～皇祖大宗簋		陳侯因資敦　集成 09.4649 世萬子孫永～典尚
		齊大宰歸父盤　集成 16.10151 齊大宰歸父口～㠱(己)沬盤		闖丘為鵑造戈　集成 17.11073 闖丘～鵑造戈
		歸父敦　集成 09.4640　魯子中(仲)之子 歸父～其饍(膳)辜(敦)		公典盤　集錄 1009 ～其盥般(盤)
		圖錄 2.544.3 夆子西里人～口		
執		叔夷鎛　集成 01.285-8 卑(俾)百斯男而～斯字		
琞*		叔夷鎛　集成 01.285-2 女(汝)～袋(勞)朕行師		
鬭〔鬭〕		庚壺　集成 15.9733 殺其～者		

又

十四年陳侯午敦 集成 09. 4646
隹(唯)十~四年

十四年陳侯午敦 集成 09. 4647
隹(唯)十~四年

十四年陳侯午敦 集成 09. 4646
保~齊邦

十四年陳侯午敦 集成 09. 4647
保~齊邦

𨝨鎛 集成 01. 271
𩁹弔(叔)~成勞于齊邦

𨝨鎛 集成 01. 271 侯氏
易(賜)之邑二百又九十~九邑

父

郳友父鬲 集成 03. 717
鼄(郳)友~朕(賸)其子□媵寶鬲

郳友父鬲 遺珍 30 頁
鼄(郳)友~朕(賸)其子□媵寶鬲

僉父瓶 遺珍 32 頁 霝~君僉父
乍(作)其金瓶(瓶)

僉父瓶 遺珍 32 頁 霝父君僉~
乍(作)其金瓶(瓶)

魯伯俞父簠 集成 09. 4568 魯
白(伯)俞~乍(作)姬□匿(簠)

費奴父鼎 集成 05. 2589 弗(費)奴~
乍(作)孟姒守贉(媵)鼑(鼎)

曩伯子宼父盨 集成 09. 4444 曩(紀)
白(伯)子宼~乍(作)其延(征)盨

曼

齊陳曼簠 集成 09. 4595
齊陳~不敢逸(逐)康

齊陳曼簠 集成 09. 4596
齊陳~不敢逸(逐)康

𠭊（𪗆）	 鄦叔之仲子平鐘 集成01.174 中(仲)平譱(善)發～(且)考(孝)	 鄦叔之仲子平鐘 集成01.179 中(仲)平譱(善)發～(且)考(孝)	
	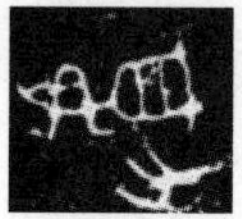 曩甫人匜 集成16.10261 余王寬(蒐)～孫	 璽彙0174 武(武)關～	 圖錄2.51.2 ～
	 揖芬集 345頁 圖七-1 ～牛□	 圖錄2.52.1 ～丘□武昌里	 圖錄2.281.1 ～里乘
	 圖錄2.283.1 ～里尘	 圖錄2.652.1 ～丘□	
及	 邾公託鐘 集成01.102 用樂我嘉賓～我正卿	 齊鮑氏鐘 集成01.412-2 ～我□□	
秉	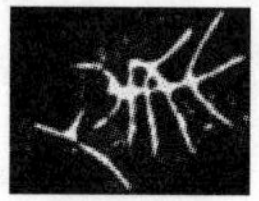 國差罎 集成16.10361 攻(工)帀(師)何鑄西臺寶罎四～		
取	 圖錄2.285.4 鞄里匋(陶)～	 圖錄 2.135.4 大蒦圆里匋～	 圖錄3.532.5 ～
友	 邾友父鬲 集成03.717 鼄(邾)～父朕(媵)其子□嫌寶鬲		

卑		郑友父匜 集成 16.10236 ～父朕(媵)其子賓□□寶用		郑友父鬲 遺珍 30 頁 鼄(邾)～父朕(媵)其子□媾寶鬲		
	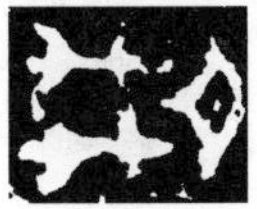	圖錄 3.273.5 ～	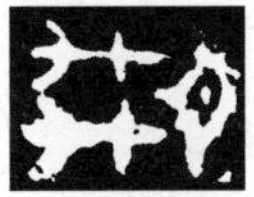	圖錄 3.273.6 ～		
		叔夷鎛 集成 01.285-8 ～(譬)若鍾(鐘)鼓		國差鑰 集成 16.10361 ～(俾)旨～(俾)瀞		
		齊鮑氏鐘 集成 01.142 ～(俾)鳴攸好		司馬楙鎛鎛 山東金文集成 104-108 頁 ～(俾)乍(作)司馬于滕		
事		璽彙 3677 ～□貼		璽彙 5683 ～武吉鉨		璽彙 0234～(律)𨫢(將) 匠芻信鉨
		是立事歲戈 集成 17.11259 是立～歲闢右工戈		子禾子釜 集成 16.10374 關人□□亓(其)～		
		公孫𥫱壺 集成 15.9709 公孫𥫱立～歲		陳逆簠 集成 09.4630 余寅～齊侯		
		陳純釜 集成 16.10371 陳猶立～歲		國差鑰 集成 16.10361 國差立～歲		

豎

 子禾子釜 集成 16.10374 □□立～歲	  陳喜壺 集成 15.9700 陳喜再立～歲	
 鄦公孫朝子鎛 集錄 004 陳𤆍立～歲	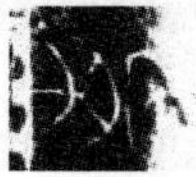  陳璋方壺 銘文選 2.865 奠(鄭)昜陳得再立～歲	
 璽彙 0277 壹丘～人鉨	 璽彙 2530 誙～	 璽彙 2531 誙～
 璽彙 3590 甘～(土)賁	 璽彙 3760 鑄～	 璽彙 4889 誙～昇志
 璽彙 0289 陳窒 立～歲安邑亳釜	 璽彙 0290 陳榑三 立～歲右稟(廩)釜	 璽彙 4572 ～鉨
 圖錄 2.654.1 陳□立～左釜	 圖錄 2.6.3 平陵 陳得立～歲郗公	
 圖錄 3.530.6 ～		

臣

 紀侯壺 集成 15.9632 事(使)小～以汲	 璽彙 3826 司馬～	 圖錄 3.285.3 ～

〔臧〕 臧

圖錄 3.284.1
～

圖錄 3.284.4
～

圖錄 3.286.3
～

圖錄 3.286.6
～

陳璋圓壺 集成 16.9975
大～鈘□

陳璋方壺 銘文選 2.865
大～□□

曩伯子𡨦父盨 集成 09.4444-2
慶其允～(藏)

曩伯子𡨦父盨 集成 09.4443-2
慶其㠯(以)～(藏)

璽彙 1464
陳～(臧)

璽彙 3934
～(臧)孫黑鉨

璽彙 0652
王～信鉨

璽彙 2219
郘～

圖錄 3.185.1
～

圖錄 3.185.3
～

圖錄 2.258.1
匋(陶)里人～之豆

歐

璽彙 1466
陳～

殺*

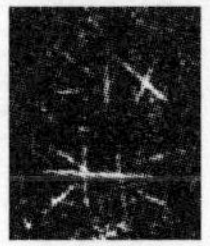
叔孫戈 集成 17.11040
叔孫～戈

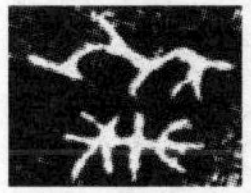
杞伯每亡鼎 集成 04.2494-1
杞白(伯)每亡乍(作)～(邾)媾寶鼎

殺		庚壺 集成 15.9733 ～其毀(鬬)者		圖錄 3.293.2 ～
寺		邾公牼鐘 集成 01.149 分器是～(持)	 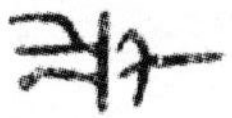	陳喜壺 集成 15.9700 台(以)～(持)民叩
		邾公牼鐘 集成 01.151 分器是～(持)		上曾大子鼎 集成 05.2750 父母嘉～(之)
		公典盤 集錄 1009 ～(邿)子姜首	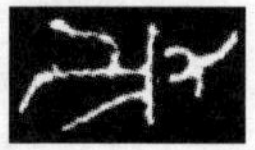	公典盤 集錄 1009 没(及)～(邿)公典
將		偏將軍虎節 歷史博物館館刊 1993(2) 填(營)丘牙(與)塿紡弁(偏)～軍信節		
尋		尋仲盤 集成 16.10135 ～中(仲) 賸(媵)中(仲)女〔呂〕子寶般(盤)		尋仲匜 集成 16.10266 ～中(仲)賸(媵) 中(仲)女呂子寶它(匜)
専		者兒戈 古研二十三 98 頁 ～邑		叔夷鎛 集成 01.285-1 余既～乃心
		叔夷鎛 集成 01.285-4 女(汝)～余于艱卹		

皮	 陳子皮戈　集成 17.11126 陳子～之造戈	 圖録 3.493.5 ～	 圖録 3.483.2 ～
攴	 齊鮑氏鐘　集成 01.142 卑(俾)鳴～好		
啓	 圖録 3.91.2 ～	 圖録 3.94.4 ～	 圖録 3.94.6 ～
敏〔勄〕	 叔夷鎛　集成 01.285-3 女(汝)肇(肇)～(敏)于戎攻(功)		
故	 諸僕故匜　文史 2000(1)30 頁 者(諸)僕～乍(作)它(匜)		
政	 叔夷鎛　集成 01.285-1 宦執而(爾)～事	 𬹼鎛　集成 01.271 箭(肅)箭(肅)義(儀)～	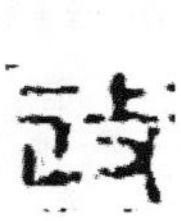 璽彙 3479 □疆～鈢
敷	 璽彙 3122 ～里	 圖録 3.263.1 ～	 圖録 3.263.2 ～
敵	 璽彙 3626 坤(市)～		

敵〔啇攴〕	 叔夷鎛 集成 01.285-4 爲女(汝)～寮		
敓	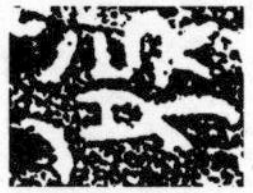 圖錄 3.28.5 郛～	 圖錄 3.377.5 ～	 圖錄 3.378.3 ～
	 圖錄 3.374.1 ～	 圖錄 3.374.2 ～	 圖錄 3.375.3 ～
數	 璽彙 0306 □瞜～信鉩		
攸	 璽彙 1946 郛～		
敦	 陳純釜集成 16.10371 ～者曰陳純	 璽彙 4033 ～于絧信	
寇	 陳御寇戈 集成 17.11083 陳御～散戟	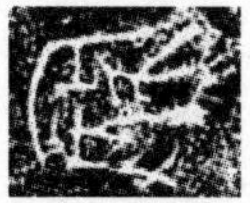  魯少司寇盤 集成 16.10154 魯少嗣(司)～封孫□	
	 鑄司寇鼎 新收 1917 鑄嗣(司)～尢 肈乍(作)爛(肆)貞(鼎)		

鼓		叔夷鎛 集成 01.285-8 卑(譬)若鍾(鐘)～		洹子孟姜壺 集成 15.9729 ～鐘一銉(肆)		
		洹子孟姜壺 集成 15.9730 ～鐘一銉(肆)	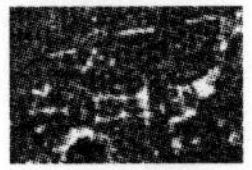 	庚壺 集成 15.9733 衰(崔)子執～		
攻		叔夷鎛 集成 01.285-3 女(汝)肇(肇)勄(敏)于戎～(功)	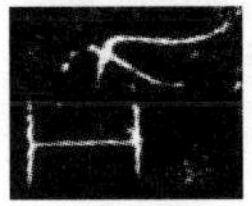	𬇙鎛 集成 01.271 余爲大～(工)㠯		
	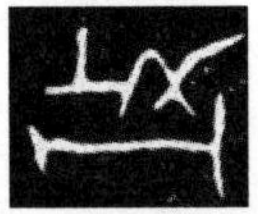	國差𦉜 集成 16.10361 ～(工)帀(師)何鑄西𩫖寶𦉜四秉		璽彙 0147 喝棠～(工)帀鉨		璽彙 0148 路右～(工)帀
		璽彙 0157 左～(工)帀(師)戠(職) 桼(漆)帀(師)鉨		彙考 57 頁 郾～(工)帀(師)鉨		
攺		璽彙 5644 ～□		璽彙 1509 ～生睞		
敱*		叔夷鎛 集成 01.285 ～氒(厥)龗(靈)師		叔夷鐘 銘文選八四八 ～氒(厥)龗(靈)師		
敯*	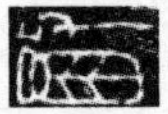	璽彙 0630 王 ～	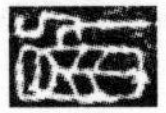	璽彙 0631 王～		

敋*

圖錄 2.173.2
蒦圆中里人～旨

圖錄 2.173.3
蒦圆中里人～旨

圖錄 2.660.4
中蒦圆里司馬～旨

豉*

圖錄 3.263.2
～

散*

彙考 49 頁
右桁～(措)木

戰*

璽彙 3706
□～□鉩

璽彙 5502
～

璽彙 0195
～□左段

璽彙 5706
～坓輔匕

敊*

僉父瓶 遺珍 32 頁 霝父君
僉父乍(作)其金～(瓶)

僉父瓶 遺珍 33 頁 霝父君
僉父乍(作)其金～(瓶)

敡*

璽彙 4026
敦于～

敕*

陳純釜 集成 16.10371
命左關市(師)□～宔(主)左關之釜

𢿋*

陳純釜 集成 16.10371
～月戊寅

卜

璽彙 1265
～尋(得)信鉨

圖錄 3.631.1
～

節墨夻刀 貨系 2562
背文 ～

節墨夻刀 貨系 2563
背文 ～

節墨之夻刀 貨系 2516
背文 ～

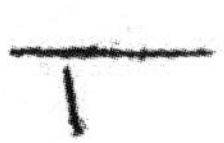
節墨之夻刀 貨系 2517
背文 ～

齊之夻刀 先秦編 404
背文 ～

安昜之夻刀 貨系 2508
背文 ～

齊口邦夻刀 先秦編 406
背文 ～

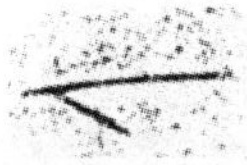
齊夻刀 齊幣 34
背文 ～

齊夻刀 貨系 2591
背文 ～

貞

邾來隹鬲 集成 03.0670
鼄(邾)來隹乍(作)～(鼎) 通鼎

鄺大史申鼎 集成 05.2732
乍(作)其造～(鼎)十

魯大左司徒元鼎 集成 05.2592 魯
大左嗣(司)徒元乍(作)譱(膳)～(鼎)

魯仲齊鼎 集成 05.2639 魯中(仲)齊
肈乍(作)皇考鬻(肆)～(鼎)

杞伯每亡鼎 集成 04.2494 杞白(伯)
每亡乍(作)殺(邾)嫊寶～(鼎)

杞伯每亡鼎 集成 04.2495 杞白(伯)
每亡乍(作)殺(邾)嫊寶～(鼎)

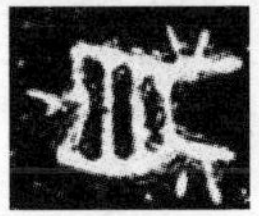
杞伯每亡鼎 集成 05.2642 杞白(伯)
每亡乍(作)殺(邾)嫊寶～(鼎)

鑄子叔黑叵鼎 集成 05.2587
肈(肇)乍(作)寶～(鼎)

占 卟* 用

郙伯祀鼎 集成 05. 2602
郙白(伯)祀乍(作)譱(膳)~(鼎)

費奴父鼎 集成 05. 2589 弗(費)奴父
乍(作)孟姒守賸(媵)~(鼎)

圖錄 2. 127. 4
繇□大匋(陶)里~

圖錄 2. 130. 1
大匋(陶)里~

圖錄 2. 167. 3
中蒦圆匋(陶)里~

圖錄 2. 81. 3
蒦圆南里人不~

圖錄 3. 22. 5
~

陳侯因資敦 集成 09. 4649
~乍(作)孝武超公祭器錞(敦)

郑君鐘 集成 01. 50
~自乍(作)其龢鐘鈴

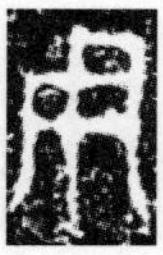
郑叔之伯鐘 集成 01. 87
~□其龢鍾(鐘)

郑叔之伯鐘 集成 01. 87
~旂(祈)釁(眉)壽無疆

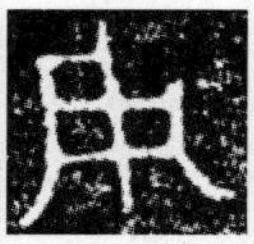
郑叔之伯鐘 集成 01. 87
永保~享

郑公華鐘 集成 01. 245
~鑄卑(厥)龢鍾(鐘)

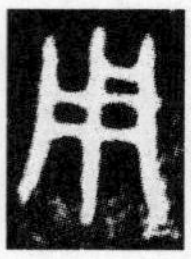
郑公華鐘 集成 01. 245
子子孫孫永保~亯(享)

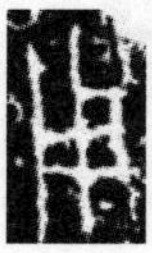
郑公孫班鎛 集成 01. 140
~喜于其□祖

甫

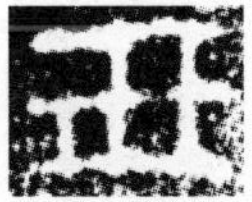	郑訧鼎 集成04.2426 子子孫孫永寶～		郑來隹鬲 集成03.0670 其～萬年覺(眉)壽無彊(疆)
	鄺叔之仲子平鐘 集成01.175 子子孫孫永保～之		走馬薛仲赤簠 集成09.4556 子子孫孫永保～言(享)
	薛子仲安簠 集成09.4546 其子子孫孫永寶～言(享)		拍敦 集成09.4644 繼母星～祀
	洹子孟姜壺 集成15.9730 于 大嗣(司)命～璧兩壺八鼎		魯大司徒厚氏元鋪 集成09.4690 子子孫孫永寶～之
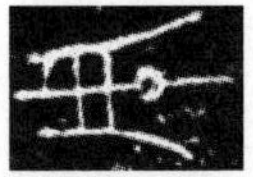	邾公釓鐘 集成01.102 ～敬卹盟祀	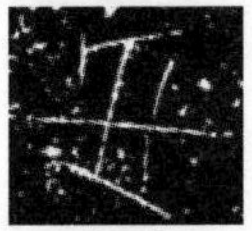	公孫窹壺 集成15.9709 子子孫孫羕(永)保～之
	子禾子釜 集成16.10374 □關人不～命		圖錄3.319.3 ～
	㠱甫人匜 集成16.10261 㠱～人余		□仲簠 集成09.4534 □中(仲) 乍(作)～妃朕(媵)匡(簠)

文

	彙考67頁 ～陽昜(陽)里 王不□・千		

爾

洹子孟姜壺 集成 15.9730
期則～期

洹子孟姜壺 集成 15.9729
期則～期

洹子孟姜壺 集成 15.9729
～其遵(躋)受御

洹子孟姜壺 集成 15.9729
無用從(縱)～大樂

齊文字編卷四

目	 圖錄 2.463.3 豆里疾～	 圖錄 2.463.3 豆里疾～	 陶彙 3.701 疾～
眔	 叔夷鎛 集成 01.285-3 女(汝)康能乃又(有)事～乃敽(敵)寮		
相	 璽彙 0262 莌～賡鉨	 璽彙 3924 公孫～如鉨	  庚壺 集成 15.9733 賸～乘駐(牡)□
瞍*	 璽彙 0306 □～斁信鉨		
眸*	 圖錄 2.662.2 蒦圆南里人～	 圖錄 2.272.1 蒦圆南里人～	 圖錄 2.74.1 蒦圆南里人～
	 陶彙 3.136 蒦圆南里～		

㽙*

圖錄 2. 211. 1
蒦圚匋(陶)里人～

圖錄 2. 211. 2
蒦圚匋(陶)里人～

䏿*

彙考 66 頁
蒦圚匋(陶)里～

自

邾君鐘 集成 01. 050
用～乍(作)其龢鐘鈴

邾公牼鐘 集成 01. 149
～乍(作)龢鍾(鐘)

走馬薛仲赤簠 集成 09. 4556 走馬
薛中(仲)赤～乍(作)其匿(簠)

鄦叔之仲子平鐘 集成 01. 174 篖(莒)
弔(叔)之中(仲)子平～乍(作)鑄其游鐘

䳓公劍 集成 18. 11651 䳓公圃
～乍(作)元鐱(劍)

邾公子害簠 遺珍 67 頁
鼄(邾)公子害～乍(作)匿(簠)

上曾大子鼎 集成 05. 2750
乃擇吉金～乍(作)䵼(肆)彝

魯

叔夷鎛 集成 01. 285-8
其萬福屯(純)～

魯大司徒元盂 集成 16. 10316
～大嗣(司)徒元乍(作)歛(飲)盂

魯大司徒厚氏元鋪 集成 09. 4690 ～大
嗣(司)徒厚氏元乍(作)譱(膳)匿(鋪)

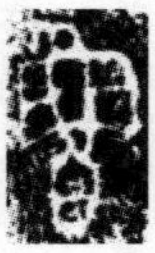
魯姬鬲 集成 03. 0593
～姬乍(作)尊(尊)鬲永寶用

魯伯愈父鬲 集成 03.690 ~白(伯)愈父乍(作)鼄(邾)姬□朕(媵)羞鬲

魯仲齊甗 集成 03.939 ~中(仲)齊乍(作)旅獻(甗)

魯伯俞父簠 集成 09.4568 ~白(伯)俞父乍(作)姬□匿(簠)

魯伯大父作季姬簋 集成 07.3974 ~白(伯)大父乍(作)季姬□賸(媵)簋

魯大宰原父簋 集成 07.3987 ~大宰遼(原)父乍(作)季姬牙賸(媵)簋

魯伯大父作仲姬俞簋 集成 07.3989 ~白(伯)大父乍(作)中(仲)姬俞賸(媵)簋

魯伯厚父盤 集成 16.10086 ~白(伯)厚父乍(作)中(仲)姬俞賸(媵)般(盤)

魯伯大父作孟姬姜簋 集成 07.3988 ~白(伯)大父乍(作)孟□姜賸(媵)簋

魯士孠父簠 集成 09.4517 ~士孠父乍(作)飤匿(簠)永寶用

魯司徒仲齊盤 集成 16.10116 ~嗣(司)徒中(仲)齊肇(肇)乍(作)般(盤)

魯司徒仲齊匜 集成 16.10275~嗣(司)徒中(仲)齊肇(肇)乍(作)皇考白(伯)走父寶它(匜)

魯侯鼎 文物 1986(4)13頁 ~侯乍(作)姬翏朕(媵)鼎

魯大司徒子仲伯匜 集成 16.10277 ~大嗣(司)徒子中(仲)白(伯)其庶女□孟姬賸(媵)它(匜)

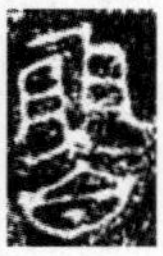
魯少司寇盤 集成 16.10154 ~少嗣(司)寇封孫□

魯仲齊鼎 集成 05.2639 ~中(仲)齊肇(肇)乍(作)皇考䵼(肆)鼒(鼎)

圖錄 3.277.4 ~

者

十四年陳侯午敦 集成 09. 4646
台(以)群~(諸)侯獻(獻)金

十四年陳侯午敦 集成 09. 4647
台(以)群~(諸)侯獻(獻)金

陳侯因資敦 集成 09. 4649
淖(朝)睧(問)~(諸)侯

陳侯因資敦 集成 09. 4649
~侯寅薦吉金

陳純釜集成 集成 16. 10371
敦~曰陳純

子禾子釜 集成 16. 10374
子禾子□(屯?)冶內~御□

邾公牼鐘 集成 01. 151
台(以)喜~(諸)士

邾公牼鐘 集成 01. 152
台(以)喜~(諸)士

魯伯者父盤 集成 16. 10087 魯白(伯)
~父乍(作)孟姬嫞朕(媵)般(盤)

諸僕故匜 文史 2000(1)30 頁
~(諸)僕故乍(作)它(匜)

庚壺 集成 15. 9733
執~獻(獻)于霝(靈)公之所

庚壺 集成 15. 9733
殺其毀(鬭)~

者兒戈 古研二十三 98 頁
□弔(叔)之子~兒為其□戈

祈室銅柱 周金文存 6. 132
~司西

彙考 61 頁
平~(都)司工(空)

圖錄 3. 482. 2
~

圖錄 3. 482. 3
~

百　智

圖錄 3.482.1～

圖錄 2.61.3
蒦圆南里匋(陶)～□

璽彙 0153
鞅(射)～市(師)鉩

圖錄 2.137.2
大蒦昜匋～乙

圖錄 2.144.4
大蒦昜里匋(陶)～

圖錄 2.561.2
酷里人匋(陶)～朐

圖錄 2.561.1
酷里人匋(陶)～朐

鄦叔之仲子平鐘 集成 01.175
聖～弊(恭)哴(良)

鄦叔之仲子平鐘 集成 01.177
聖～弊(恭)哴(良)

庚壺 集成 15.9733
庚逹(率)～乘舟入鄘(莒)

(lines) 䶒鎛 集成 01.217 侯氏易(賜)
之邑～又九十又九邑

齊杏刀 貨系 2651
背文 一～

齊杏刀 齊幣 153
背文 一～

齊杏刀 齊幣 154
背文 一～

齊杏刀 齊幣 155
背文 一～

齊明刀 考古 1973(1)
背文～

齊杏刀 先秦編 402
背文 一～

齊杏刀 貨系 2652
背文 一～

圖錄 3.22.1
～羊

圖錄 3.22.3
～羊

頙	 圖錄 3.295.4 ～	 圖錄 3.295.5 ～	 圖錄 2.160.1 繇□東匋里～	 圖錄 2.553.3 東酷里鄒～
翏	 魯侯鼎 文物 1986(4)13 頁 魯侯乍(作)姬～朕(媵)鼎	 魯侯簠 文物 1986(4)14 頁 魯侯乍(作)姬～朕(媵)害(簠)		
⿰工羽	 璽彙 0259 右𢊁(盧)濵□～鉨	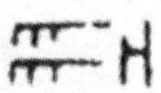 山東新出土古璽印 16 右𢊁(盧)濵□～鉨		
隹	 十四年陳侯午敦 集成 09.4646 ～(唯)十又四年	 陳侯因資敦 集成 09.4649 ～(唯)正六月癸未		
	 邾叔之伯鐘 集成 01.87 ～(唯)王六月初吉壬午	 邾公牼鐘 集成 01.149 ～(唯)王正月初吉		
	 邾公牼鐘 集成 01.151 ～(唯)王正月初吉	 邾公牼鐘 集成 01.150 ～(唯)王正月初吉		
	 邾公華鐘 集成 01.245 ～(唯)王正月初吉乙亥	 邾公孫班鎛 集成 01.140 ～(唯)王正月		
	 邾來隹鬲 集成 03.670 鼄(邾)來～乍(作)鼑(鼎)	 鄦叔之仲子平鐘 集成 01.173 ～(唯)正月初吉庚午		

隻

	鄭大史申鼎 集成 05.2732 ～(唯)正月初吉辛亥		邳伯罍 集成 16.10007 ～(唯)正月初吉丁亥
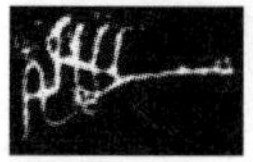	𨱇鎛 集成 01.217 ～(唯)王五月初吉丁亥		陳璋方壺 銘文選 2.865 ～(唯)王五年
	禾簋 集成 07.3939 ～(唯)正月己亥		拍敦 集成 09.4644 ～(唯)正月吉日乙丑
	齊鮑氏鐘 集成 01.142 ～(唯)正月初吉丁亥	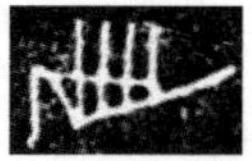	齊大宰歸父盤 集成 16.10151 ～(唯)王八月丁亥
	璽彙 3693 陳奔～鉨		
	陳璋方壺 銘文選 2.865 陳璋內(入) 伐匽(燕)勳(勝)邦之～(獲)		陳璋圓壺 集成 16.9975 陳璋內(入) 伐匽(燕)勳(勝)邦之～(獲)
	鮑子鼎 中國歷史文物 2009(2)51 頁 其～(獲)口男子		璽彙 3914 公孫～
			彙考 311 頁 公孫～
	璽彙 0242 口～信鉨		圖錄 2.263.1 易里人～
	圖錄 2.263.2 易里人～		圖錄 2.425.3 塙閱～

	 圖錄 3.250.1 ～		
雁*	 叔夷鎛　集成 01.285-5 ～(膺)受君之易(賜)光	 叔夷鎛　集成 01.285-2 女(汝)～(膺)鬲(歷)公家	 璽彙 0580 王～
雝	 彙考 53 頁 ～丘闢鉩		
睢*	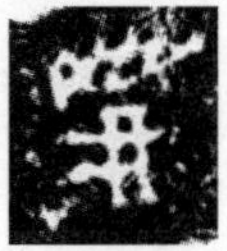 魯宰駟父鬲　集成 03.707　魯宰 駟父乍(作)姬～賸(媵)鬲		
蒦	 璽彙 2301 ～緦(紀)不	 圖錄 2.60.2 ～圆南里人僥	 圖錄 2.65.4 ～圆南里司
	 圖錄 2.75.4 ～圆南里賸	 圖錄 2.166.1 中～圆里維昜	 圖錄 2.176.1 東～圆里公孫緇
	 圖錄 2.85.3 ～圆南里人弖	 圖錄 2.176.3 東～圆里公孫緇	
雚	 㒀雚戟　文物 1994(3)52 頁圖二 㒀～造戟(戟)		

舊	 郑公華鐘　集成 01. 245 元器其～	 叔夷鎛　集成 01. 285-5 尸(夷)典其先～及其高祖	 圖錄 2. 114. 1 繇口大匋(陶)里～
羊	 羊角戈　集成 17. 11210 ～角之新艁(造)散戈	 璽彙 3563 ～逌	 璽彙 3638 ～公(叁)己
	 圖錄 3. 22. 1 百～	 圖錄 3. 22. 3 百～	
羣	 十四年陳侯午敦　集成 09. 4646 台(以)～者(諸)侯獻(獻)金		
羌	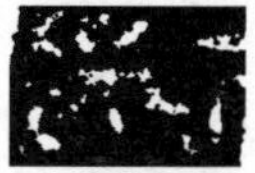 圖錄 3. 295. 6 ～		
鳳〔朋〕	 叔夷鎛　集成 01. 285-8 達而(爾)～剌		
鷄〔雞〕	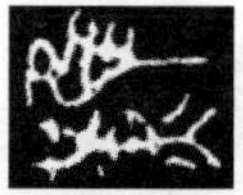 公典盤　集錄 1009 用浙(祈)釁(眉)壽～老	 齊大宰歸父盤　集成 16. 10151 霝命～老	
鳴	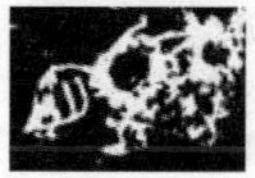 齊鮑氏鐘　集成 01. 142 𤰇(俾)～攴好		

鵖*

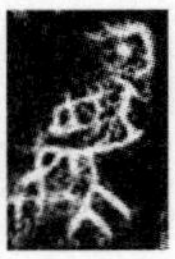

鵖戈 集成 17.10818
～

鵖公劍 集成 18.11651
～公團自乍(作)元鐱(劍)

烏〔於〕

陳純釜 集成 16.10371
～茲安陵

黭鎛 集成 01.217
枼(世)萬至～辝(台)孫子

陳肪簋蓋 集成 08.4190
用追孝～我皇𣪘(考)

庚壺 集成 15.9733
～□(莊?)公之身

圖錄 2.35.3
～陸(陵)市木罂

圖錄 2.627.2
城昜～

圖錄 2.627.4
城昜～

舄

璽彙 0260
虘□～鈢

畢

邾公牼鐘 集成 01.149
余～龏(恭)威(畏)忌

邾公華鐘 集成 01.245
余～龏(恭)威(畏)忌思(淑)穆

陳肪簋蓋 集成 08.4190
～龏愄(畏)忌

畢仲□簠 遺珍 48 頁
～中(仲)□乍(作)為其□譱(膳)匿(簠)

圖錄 2.48.1
右毁□□尚～里季餌

圖錄 2.48.2
右毁□□尚～里季餌

圖錄 2.48.3
右毁□□尚～里季餌

圖錄 2.48.4
右毁□□尚～里季餌

棄

陶彙 3.609
豆里～疾

圖錄 2.674.4
豆里～疾

再

陳璋方壺 集成 15.9703
奠(鄭)昜陳得～立事歲

陳璋圓壺 集成 16.9975
奠(鄭)昜陳得～立事歲

陳喜壺 集成 15.9700
陳喜～立事歲

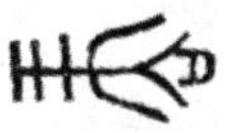
叔夷鎛 集成 01.285-5
尸(夷)用或敢～拜韻首

圖錄 2.9.1 華門……棱～左
……毁亳……

圖錄 2.11.1
陳棱～立事左里毁亳釜

圖錄 2.4.2
因者陳賫～……

爯

圖錄 2.326.2
楚郭□關里～

圖錄 2.326.4
楚郭□關里～

圖錄 3.561.1
～

	 圖錄 3.561.3 ～	 圖錄 3.561.4 ～
惠	  邾大宰簠 集成 09.4623 余□龏(恭)孔～	  邾大宰簠 集成 09.4624 余□龏(恭)孔～
玄	 邾公華鐘 集成 01.245 ～鏐赤鏞	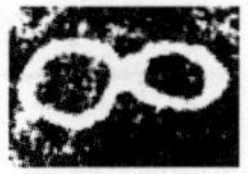 鄦叔之仲子平鐘 集成 01.172 ～鏐鋿鏞
	 邾公牼鐘 集成 01.149 ～鏐膚(鑪)吕(鋁)	 邾公牼鐘 集成 01.151 ～鏐膚(鑪)吕(鋁)
	 邾公牼鐘 集成 01.150 ～鏐膚(鑪)吕(鋁)	 齊明刀范刻文 齊幣 442 ～
纫*	 圖錄 3.274.1 ～	 圖錄 3.274.2 ～
兹	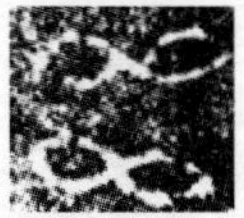 陳逆簠 集成 09.4630 鑄～賓笶(簠)	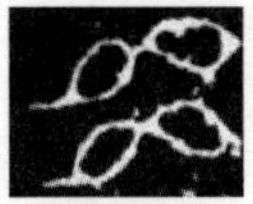 曩甫人匜 集成 16.10261 ～乍(作)寶它(匜)
	 陳純釜 集成 16.10371 於～安陵	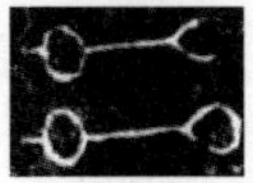 陳昉簋蓋 集成 08.4190 㞷(選)擇吉金乍(作)～寶簋

字頭				
		圖錄 2.408.1 丘齊辛里王汩～逐		圖錄 2.408.2 丘齊辛里王汩～逐
敖		璽彙 0643 王～豕		璽彙 3725 命魚～豕
爰		圖錄 3.218.1 ～		圖錄 3.218.2 ～
受		鄦叔之仲子平鐘　集成 01.175 其～此釁(眉)壽		鄦叔之仲子平鐘　集成 01.177 其～此釁(眉)壽
		國差𦉜　集成 16.10361 侯氏～福釁(眉)壽		洹子孟姜壺　集成 15.9729 爾其遵(躋)～御
		洹子孟姜壺　集成 15.9730 爾其遵(躋)～御	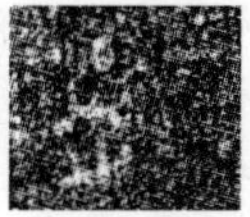 	庚壺　集成 15.9733 天口～(授)女(汝)
𠭥〔敢〕		叔夷鎛　集成 01.285-2 尸(夷)不～弗慜戒		魯伯敢匜　集成 16.10222 魯白(伯)～乍(作)寶它(匜)
		齊陳曼簠　集成 09.4595 齊陳曼不～汯(逐)康		齊陳曼簠　集成 09.4596 齊陳曼不～汯(逐)康

死	 璽彙 3715 ～口信鉨	 圖錄 2.430.1 塙閲不～	 圖錄 2.430.4 塙閲不～
	 圖錄 3.32.6 不～	 圖錄 3.524.2 ～	
	 鮑子鼎　中國歷史文物 2009 (2)51 頁　其壽君毋～	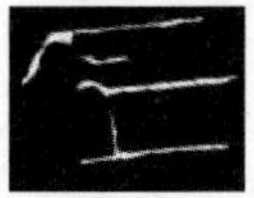  綸鎛　集成 01.271 用旛(祈)壽老(考)毋(毋)～	
胎	 陳胎戈　集成 17.11127 陳～之右牀鈛		
臚〔膚〕	 邾公牼鐘　集成 01.151 玄鏐～(鑪)呂(鋁)	 莒戟　集錄 1129 ～(莒)之造戟(戟)	
膏	 圖錄 2.212.1 蒦圆匋(陶)里人～	 圖錄 2.212.3 蒦圆匋(陶)里人～	 圖錄 2.212.4 蒦圆匋(陶)里人～
脽	 圖錄　3.310.1 ～	 圖錄 3.310.2 ～	 圖錄 3.310.3 ～
膢*	 璽彙 0623 王～		

字頭	字形	出處	字形	出處	字形	出處
隋〔⿱左月〕		圖錄 3.484.6 ～		圖錄 3.484.5 ～		
膳〔⿰善肉〕		齊侯作孟姜敦 集成 09.4645 齊侯 乍(作)朕(媵)寡□孟姜～辜(敦)				
胡		璽彙 3691 腐～安鉨				
胥		璽彙 3554 公乘～		璽彙 3587 戔～		璽彙 2177 郜～
⿰月貝		齊城右戟 集成 18.11815 齊城右造車戟(戟)冶～		郈左戟 文物 1995(7)77 頁圖 4 郈左告(造)戟(戟)冶～所□		
		齊城左戟 中國古文字研究 第一輯 206 頁圖 11 齊城左冶～□□造車戟(戟)		齊城左戟 中國古文字研究 第一輯 206 頁圖 12 齊城左冶～□□造車戟(戟)		
胾		璽彙 0248 ～昉信鉨		璽彙 3698 ～齊信鉨		
散〔⿱⺮⿰月攴〕		陳窒散戈 集成 17.11036 陳窒～鉞		陳窒車轄 集成 18.12023 陳窒～		

	 陳口散戈　集成 17.11033 陳口～戈	 陳散戈　集成 17.10963 陳～戈	
	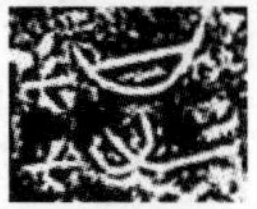 陳窒車轄　集成 18.12024 陳窒～	 羊角戈　集成 17.11210 羊角之新艁(造)～戈	
	 平阿右散戈　集成 17.11101 平阿右～鈛		
肥	 圖錄 3.486.1 ～		
脊*	 陳侯因脊戈　集成 17.11129 陳侯因～之造	 陳侯因脊敦　集成 09.4649 其惟因～	
	 陳侯因脊敦　集成 09.4649 陳侯因～	 圖錄 3.594.2 ～	 圖錄 3.594.3 ～
肯*	 璽彙 3225 ～□		
膊*	 璽彙 3689 □～		

⿰月章*	 璽彙 0344 ～□畯		
⿰月戢*	 圖錄 2.50.1 □邢～里王□貽	 圖錄 2.54.2 繇□～里	 圖錄 2.54.1 匋(陶)□～里
⿰月巽*	 璽彙 0575 王～		
脥*	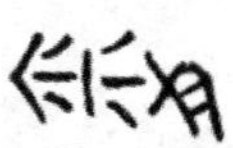 叔夷鎛 集成 01.285-3 余易(賜)女(汝)釐都～劑		
⿱埶肉*	 璽彙 3931 張孫～		
⿱此肉*	 璽彙 4013 閏(間)丘～	 圖錄 3.216.1 ～	
	 圖錄 3.216.3 ～	 圖錄 3.216.6 ～	
⿰月辛*	 彙考 61 頁 ～戠(職)箮鉨	 圖錄 2.292.4 ～之公豆	

⿰月匋*	 圖錄 3.595.1 ～	 圖錄 3.595.4 ～	
⿰月皐*	 圖錄 2.588.4 城圖～		
⿱自肉*	 圖錄 2.292.2 辛里～析		
⿰月差*	 圖錄 3.533.6 ～		
⿰月乏*	 圖錄 2.26.5 王～坤豆	 圖錄 2.26.6 王～坤豆	
⿰亻⿱寸月*	 圖錄 2.231.1 蒦圆匋(陶)里人～	 圖錄 2.231.3 蒦圆匋(陶)里人～	 陶彙 3.205 蒦圆匋(陶)里人～
脬*	 圖錄 2.538.1 絳子里～	 圖錄 2.538.2 絳子里～	
膄*	 璽彙 0656 王～信鉨		

膗*

圖錄 3.498.1
~□

圖錄 3.498.2
~

圖錄 3.498.4
~□

航*

圖錄 3.269.6
~

圖錄 3.270.1
~

圖錄 3.271.2
~

刀

圖錄 3.151.6
~

節墨之夻刀 貨系 2558
背文 ~

節墨之夻刀 貨系 2560
背文 ~

節墨之夻刀 貨系 2561
背文 一~

齊夻刀 貨系 2596
背文 ~

齊夻刀 齊幣 234
背文 ~

齊夻刀 齊幣 237
背文 ~

齊夻刀 齊幣 238
背文 ~

齊夻刀 齊幣 240
背文 ~

齊明刀 考古 1973・1
背文 ~

齊明刀 考古 1973・1
背文 ~

齊明刀 貨系 3793
背文 筥冶大~

齊明刀 貨系 3794
背文 筥冶齊~

齊明刀 考古 1973・1
背文 ~

齊明刀 考古 1973・1
背文 ~

齊明刀 考古 1973・1
背文~

齊明刀 考古 1973・1
背文 ~

〔刀乇〕

	齊明刀 考古1973·1 背文 ～		齊明刀 考古1973(1) 背文 ～		
	安昜之𠆭刀 貨系2512 ～ 刀字異體(增加乇聲)		安昜之𠆭刀 貨系2511 安昜之𠆭～		安昜之𠆭刀 齊幣93 安昜之𠆭～
	安昜之𠆭刀 貨系2508 安昜之𠆭～		節墨之𠆭刀 齊幣49 節墨之𠆭～		節墨之𠆭刀 齊幣69 節墨之𠆭～
	節墨之𠆭刀 齊幣54 節墨之𠆭～		節墨之𠆭刀 齊幣58 節墨之𠆭～		節墨之𠆭刀 齊幣60 節墨之𠆭～
	節墨之𠆭刀 齊幣62 節墨之𠆭～		節墨之𠆭刀 齊幣56 節墨之𠆭～		節墨之𠆭刀 齊幣43 節墨之𠆭～
	節墨𠆭刀 貨系2556 節墨𠆭～		節墨𠆭刀 貨系2569 節墨𠆭～		節墨之𠆭刀 貨系2518 節墨之𠆭～
	齊之𠆭刀 齊幣34 齊之𠆭～		齊𠆭刀 齊幣213 齊𠆭～		齊之𠆭刀 貨系2497 齊之𠆭～
	齊𠆭刀 齊幣149 齊𠆭～		齊𠆭刀 齊幣147 齊𠆭～	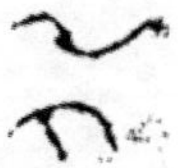	齊𠆭刀 齊幣187 齊𠆭～

	 齊夻刀 齊幣 207 齊夻～	 齊夻刀 齊幣 159 齊夻～	 齊夻刀 齊幣 215 齊夻～
	 齊夻刀 齊幣 129 齊夻～	 齊夻刀 齊幣 239 齊夻～	 齊夻刀 齊幣 237 齊夻～
	 齊夻刀 齊幣 259 齊夻～	 齊夻刀 貨系 2628 齊夻～	 齊夻刀 貨系 2598 背文 ～
	 齊□邦長夻刀 齊幣 286 齊□邦長夻～	 齊□邦長夻刀 齊幣 275 齊□邦長夻～	 齊□邦長夻刀 齊幣 271 齊□邦長夻～
	 圜錢 貨系 4097 賹～	 圜錢 貨系 4095 賹～	 圜錢 貨系 4098 賹四～
	 圜錢 貨系 4111 賹六～		
剴	 叔夷鎛 集成 01.285 外內～(愷)屖(悌)		
利	 上曾大子鼎 集成 05.2750 哀哀～錐	 圖錄 2.647.1 尾～	

字			
初	 郑大宰簠 集成 09. 4623 隹(唯)正月～吉	 郑叔之伯鐘 集成 01. 87 隹(唯)王六月～吉壬午	
	 郑公𨾔鐘 集成 01. 150 隹(唯)王正月～吉	 郑公𨾔鐘 集成 01. 151 隹(唯)王正月～吉	
	 郑公𨾔鐘 集成 01. 152 隹(唯)王正月～吉	 郑公華鐘 集成 01. 245 隹(唯)王正月～吉乙亥	
	 鼄叔之仲子平鐘 集成 01. 173 隹(唯)正月～吉庚午	 鼄大史申鼎 集成 05. 2732 隹(唯)正月～吉辛亥	
	 邛伯罍 集成 16. 10007 隹(唯)正月～吉丁亥	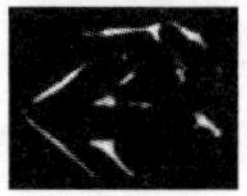 黏鎛 集成 01. 217 隹(唯)王五月～吉丁亥	
	 夆叔匜 集成 16. 10282 隹(唯)王正月～吉丁亥		
則	 子禾子釜 集成 16. 10374 ～寅……	 洹子孟姜壺 集成 15. 9730 期～爾期	 圖錄 3. 613. 2 ～
列	 圖錄 3. 534. 1 ～	 圖錄 3. 534. 2 ～	

割

曩伯子寍父盨 集成 09. 4443-1
~(匄)釁(眉)壽無彊(疆)

曩伯子寍父盨 集成 09. 4443-2
~(匄)釁(眉)壽無彊(疆)

曩伯子寍父盨 集成 09. 4444-2
~(匄)釁(眉)壽無彊(疆)

曩伯子寍父盨 集成 09. 4445-1
~(匄)釁(眉)壽無彊(疆)

制

子禾子釜 集成 16. 10374
而(爾)車人~之

罰

叔夷鐘 集成 01. 279
諫~朕庶民

刷

叔夷鎛 集成 01. 285-6
~伐頣(夏)后

耶

圖錄 3. 557. 1
夆~

剔

叔夷鎛 集成 01. 285-8
達而(爾)朋~

刨*

圖錄 3. 496. 4
~

圖錄 3. 496. 5
~

到*	 圖錄 3.533.4 ～	 圖錄 3.533.2 ～	 圖錄 3.533.3 ～
[illegible]*	 子[illegible]子戈 集成 17.10958 子～子		
[illegible]*	 叔夷鎛 集成 01.285-3 余易(賜)女(汝)釐都脒～		
刃（創）	 圖錄 3.346.1 ～	 圖錄 3.346.3 ～	 圖錄 3.348.3 ～
	 圖錄 3.348.1 ～	 圖錄 3.346.6 ～	
[illegible]*	 叔夷鎛 集成 01.285-8 龢～(協)而(爾)又(有)事		
角	 羊角戈 集成 17.11210 羊～之新䑰(造)散戈	 陶彙 3.802 王～	 圖錄 3.33.1 □～
	 圖錄 3.35.6 □～	 圖錄 3.392.4 ～	 圖錄 3.392.6 ～

觸〔隼〕

 圖錄 3.393.1 ～	 圖錄 3.393.4 ～	 圖錄 3.394.2 ～
 圖錄 3.394.5 ～	 圖錄 3.532.3 ～	
 圖錄 3.559.5 ～		

齊文字編卷五

節

 節節　集成 18.12086 ～	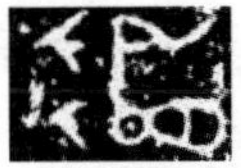 懋節　集成 18.12089 懋～	 陳純釜　集成 16.10371 ～于𣪘(廩)釜
 子禾子釜　集成 16.10374 關鉘～于稟(廩)料	  辟大夫虎符　集成 18.12107 填(營)丘牙(與)塿紡辟(嬖)大夫信～	
 偏將軍虎節　歷史博物館館刊 1993(2) 填(營)丘牙(與)塿紡弁(偏)將軍信～		 彙考 60 頁 ～墨之亓坊(市)工
 節墨之吝刀　先秦編 394 ～墨之吝刀	 節墨之吝刀　先秦編 394 ～墨之吝刀	 節墨之吝刀　先秦編 394 ～墨之吝刀
 節墨之吝刀　齊幣 48 ～墨之吝刀	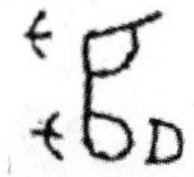 節墨之吝刀　齊幣 58 ～墨之吝刀	 節墨之吝刀　齊幣 40 ～墨之吝刀
 節墨之吝刀　齊幣 38 ～墨之吝刀	 節墨之吝刀　齊幣 54 ～墨之吝刀	 節墨之吝刀　齊幣 62 ～墨之吝刀

〔簷〕
筥　　笠

節墨之杏刀　貨系 2548
~墨之杏刀

節墨之杏刀　齊幣 69
~墨之杏刀

節墨之杏刀　齊幣 49
~墨之杏刀

節墨之杏刀　齊幣 82
~墨之杏刀

節墨之杏刀　錢典 980
~墨之杏刀

節墨杏刀　貨系 2556
~墨杏刀

節墨杏刀　貨系 2569
~墨杏刀

節墨杏刀　齊幣 288
~墨杏刀

節墨杏刀　齊幣 287
~墨杏刀

節墨杏刀　先秦編 391
~墨杏刀

節墨杏刀　先秦編 391
~墨杏刀

節墨杏刀　先秦編 391
~墨杏刀

節墨杏刀　先秦編 391
~墨杏刀

節墨杏刀　先秦編 391
~墨杏刀

節墨杏刀　先秦編 391
~墨杏刀

節墨杏刀　先秦編 392
~墨杏刀

節墨杏刀　先秦編 392
~墨杏刀

圖録 3.541.3
~

鄺叔之仲子平鐘　集成 01.180
~(莒)弔(叔)之中(仲)子平自乍(作)鑄其游鐘

〔⿰⿱⺮⿱呂皿阝〕

 ⿰⿱⺮⿱呂皿阝大史申鼎　集成 05.2732 鄬宋之孫～(莒)大史申	 ⿰⿱⺮⿱呂皿阝叔之仲子平鐘　集成 01.174 ～(莒)弔(叔)之中(仲)子平自乍(作)鑄其游鐘
 ⿰⿱⺮⿱呂皿阝公孫朝子鎛　集錄 004 ～(莒)公孫潮子造器	  ⿰⿱⺮⿱呂皿阝侯少子簋　集成 08.4152 ～(莒)侯少子析
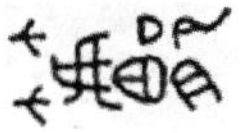 庚壺　集成　15.9733 庚達(率)百乘舟入～(莒)	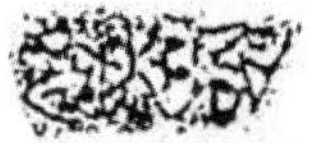 齊明刀　齊幣 346 背文　～(莒)冶得
 齊明刀　貨系 3789 背文　～(莒)冶□	 齊明刀　貨系 3792 背文　～(莒)冶得
 齊明刀　貨系 3793 背文　～(莒)冶大刀	 齊明刀　貨系 3794 背文　～(莒)冶齊刀
 齊明刀　貨系 3784 背文　～(莒)冶□	 齊明刀　貨系 3786 背文　～(莒)冶□
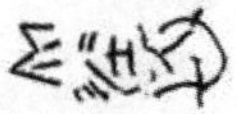 齊明刀　貨系 3785 背文　～(莒)冶□	 齊明刀　貨系 3790 背文　～(莒)冶得
 齊明刀　貨系 3791 背文　～(莒)冶得	

〔𣪘〕簋

陳逆簋 集成 07. 4096
乍(作)爲皇祖大宗～

陳肪簋蓋 集成 08. 4190
屖(選)擇吉金乍(作)兹寶～

陳肪簋蓋 集成 08. 4190
用追孝於我皇～(考)

滕侯蘇盨 集成 09. 4428 滕(滕)侯穌(蘇)
乍(作)氒(厥)文考滕(滕)中(仲)旅～

魯伯大父作季姬簋 集成 07. 3974
魯白(伯)大父乍(作)季姬□賸(媵)～

魯大宰原父簋 集成 07. 3987 魯大宰遵(原)父
乍(作)季姬牙賸(媵)～

鑄叔皮父簋 集成 08. 4127
乍(作)鑄弔(叔)皮父隮(尊)～

魯司徒仲齊盨 集成 09. 4440 魯𤔲(司)徒
中(仲)齊肇(肇)乍(作)皇考白(伯)走父饆盨～

郜遣簋 集成 07. 4040
郜遣乍(作)寶～

魯司徒仲齊盨 集成 09. 4441 魯𤔲(司)徒
中(仲)齊肇(肇)乍(作)皇考白(伯)走父饆盨～

杞伯每亡簋 集成 07. 3897
杞白(伯)每亡乍(作)鼄(邾)媄寶～

杞伯每亡簋 集成 07. 3899-1
杞白(伯)每亡乍(作)鼄(邾)媄寶～

杞伯每亡簋 集成 07. 3900
杞白(伯)每亡乍(作)鼄(邾)媄寶～

杞伯每亡簋 集成 07. 3901
杞白(伯)每亡乍(作)鼄(邾)媄寶～

魯伯大父作仲姬俞簋 集成 07. 3989
魯白(伯)大父乍(作)中(仲)姬俞賸(媵)～

簠〔匚〕

走馬薛仲赤簠　集成 09.4556
走馬薛中(仲)赤自乍(作)其～

□仲簠　集成 09.4534
□中(仲)乍(作)甫(?)朕(賸)～

圖錄 2.297.3
王卒左～□圆樻里尘

圖錄 2.24.1
左里～

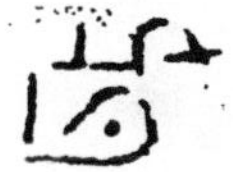
圖錄 2.11.1　陳棱
再立事左里～亳釜

圖錄 2.293.1
王卒左～□圆樻里尘

圖錄 2.304.1b
王卒左～昌里人五

圖錄 2.307.3
王～遵里得

圖錄 2.307.2
王～遵里得

圖錄 2.11.3
陳棱～亳□

圖錄 2.305.2
王～遵里得

圖錄 2.305.3
王～遵里得

璽彙 0345
～鉨

彙考 39 頁
司馬闘(門)～

璽彙 3705
佣～□鉨

彙考 59 頁
里～鋫

璽彙 0194
□□～鉨

璽彙 0881
長～

璽彙 1285
甘土～

璽彙 5539
司馬～鉨

璽彙 0034
司馬～鉨

璽彙 0035
司馬～鉨

璽彙 0038
左司馬～

璽彙 0040
右司馬～

〔匲〕 〔害〕 〔笑〕

魯伯俞父簠 集成 09.4568
魯白(伯)俞父乍(作)姬□~

鑄叔作嬴氏簠 集成 09.4560-2
鑄弔(叔)乍(作)嬴氏寶~

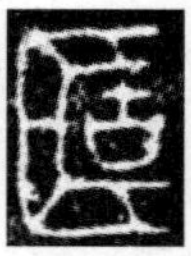
鑄子叔黑臣簠 集成 09.4570
肇(肇)乍(作)寶~

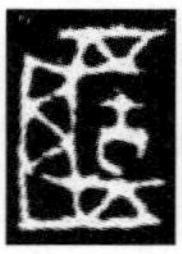
邾公子害簠 遺珍 67 頁
鼄(邾)公子害自乍(作)~

魯士厚父簠集成 09.4517
魯士□父乍(作)飤~永寶用

魯士厚父簠集成 09.4519
魯士□父乍(作)飤~永寶用

鑄公簠蓋 集成 09.4574
鑄公乍(作)孟妊車母朕(媵)~

鑄公簠 三代 10.17.3
鑄公乍(作)孟妊車母朕(媵)~

魯侯簠 文物 1986 年 04 期 14 頁
魯侯乍(作)姬翏朕(媵)~

薛子仲安簠 集成 09.4547
薛子中(仲)安乍(作)旅~

陳逆簠 集成 09.4630
鑄茲賨~

箵*

叔夷鐘 銘文選八四八 又(有)
共(恭)于~武鼃(靈)公之所

笭*

笭戈 集成 17.10820
~

⿱竹⿸户开*	 叔夷鎛 集成 01.285-1 ～(肅)成朕師旟之政德	  䩞鎛 集成 01.271 ～～(肅肅)義(儀)政
籐*〔⿱竹⿸广朕〕	 滕子戈 集成 17.10898 ～(滕)子	 璽彙 3112 ～(籐)□	 璽彙 5682 ～車右鉨
⿱竹目*	 璽彙 0156 清陸(陵)柿(市) 戠(職)～币(師)	 璽彙 0314 東奠戠(職)～	 彙考 61 頁 䏬(宰)戠(職)～鉨
⿱竹庚*	 璽彙 3106 ～辰	 璽彙 3107 ～貼
⿰木⿱竹⿰目阝*	 齊明刀 齊幣 347 背文 ～□□	 殘刀幣 貨系 2496 ～□□
⿱竹⿸厂目*	 齊明刀 文編 245 背文 ～冶□
⿱竹⿰目殳*	 齊明刀 錢典 1194 背文 ～冶屯
⿱竹⿰目阝*	 齊明刀 貨系 3795 背文 ～□□

箕〔其〕

陳侯因資敦　集成09.4649
～惟因資

邾叔之伯鐘　集成01.87
用□～龢鍾(鐘)

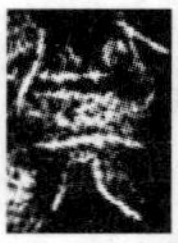
邾公牼鐘　集成01.149
台(以)樂～身

邾公華鐘　集成01.245
台(以)乍(作)～皇且(祖)皇考

薛子仲安簠　集成09.4546
～子子孫孫永寶用亯(享)

邾公華鐘　集成01.245
鑄～龢鍾(鐘)

邾公華鐘　集成01.245
～萬年無彊(疆)

邾公孫班鎛　集成01.140
鼄(邾)公孫班擇～吉金

邾叔之伯鐘　集成01.87
以乍(祚)～皇且(祖)皇考

洹子孟姜壺　集成15.9729
爾～𨘞(躋)受御

魯大宰原父簋　集成07.3987
～萬年釁(眉)壽永寶用

邾公孫班鎛　集成01.140
爲～龢鎛

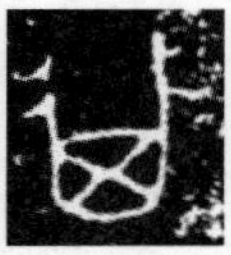
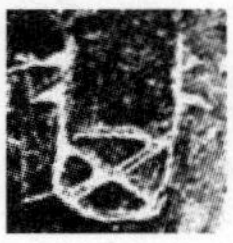
倪慶鬲　遺珍41頁
～永寶用

魯伯愈父鬲　集成03.0694
～永寶用

魯大司徒厚氏元鋪　集成09.4690
～釁(眉)壽萬年無疆

走馬薛仲赤簠　集成09.4556
走馬薛中(仲)赤自乍(乍)～匿(簠)

丌	 子禾子釜 集成 16.10374 關人□□～(其)吏	 子禾子釜 集成 16.10374 □□～(其)□	
	 璽彙 0253 會～(其)野鉨	 彙考 60 頁 節墨之～坤(市)工	
	 圖錄 3.25.4 ～毋(母)	 圖錄 3.111.1 丘～	 圖錄 3.113.6 丘～
	 圖錄 3.214.1 ～	 圖錄 3.214.5 ～	 圖錄 3.215.3 ～
	 圖錄 3.215.6 ～		
典	 陳侯因資敦 集成 09.4649 世萬子孫永為～尚	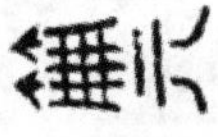 叔夷鎛 集成 01.285-5 尸(夷)～其先舊及其高祖	
	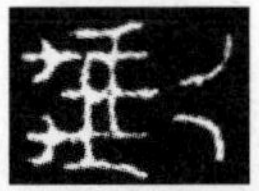 公典盤 集錄 1009 退(及)寺公～		
畀	 圖錄 3.41.2 ～日		

奠	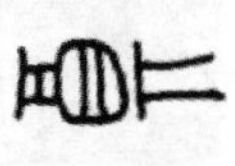 陳璋圓壺 集成 16.9975 ～(鄭)昜陳得再立事歲	  陳璋方壺 集成 15.9703 ～(鄭)昜陳得再立事歲	
	 璽彙 0291 ～(鄭)昜(陽)陳得三	 陶彙 3.19 ～(鄭)昜陳得三	 圖錄 2.58.1 ～
	 圖錄 2.113.4 繇口大匋(陶)里～	 臨淄商王墓地銅盒 文物 1997(6)17 頁 約(絢)～	
⿱可廾*	 圖錄 3.64.2 ～	 圖錄 3.64.4 ～	 圖錄 3.523.1 ～
⿱向廾*	 圖錄 3.479.5 ～		
左	 子禾子釜 集成 16.10374 ～關釜節于稟(廩)釜	 平阿左戈 集成 17.11001 平阿～	
	 平陽左庫戈 集成 17.11017 平陽～庫	 鄆左戈 集成 17.10932 鄆～	
	 平阿左戟 集成 17.11158 平阿～造徒戟	 子禾子左戟 集成 17.11130 子禾子～造𢦏(戟)	

	平陸左戟　集成 17.11056 平陸～找(戟)		左徒戈　集成 17.10971 ～徒戈
	鄅左冶戈　集錄 1116 鄅～冶		邸左庢戈　集成 17.10969 邸～庢
	左稟戈　集成 17.10930 ～稟(廩)	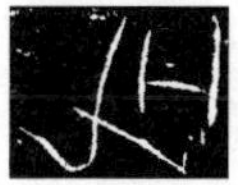	左關之鉌　集成 16.10368 ～關之鉌
	陰平劍　集成 18.11609 陰平～庫之艁(造)		陳純釜　集成 16.10371 命～關帀(師)□敕宔(主)左關之釜
	陳喜壺　集成 15.9700 爲～(佐)大族		陳純釜　集成 16.10371 命左關帀(師)□敕宔(主)～關之釜
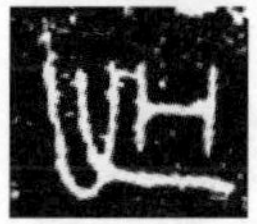	魯大左司徒元鼎　集成 05.2592 魯大～嗣(司)徒元乍(作)譱(膳)鼎		璽彙 0047 ～中庫司馬
	彙考 33 頁 ～掌(掌)客亳		璽彙 0195 斁□～皀
	彙考 37 頁 ～司馬閩(門)釼信鉩		圖錄 2.293.1 王卒～皀□圆櫨里尘

	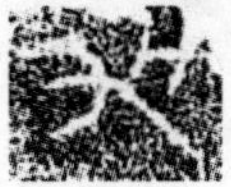 齊夻刀范刻文 中國錢幣 1987(4) ～	
差	 叔夷鎛 集成 01.285-4 余命女(汝)裁(職)～(左)卿	 國差𦉜 集成 16.10361 國～立事歲
工	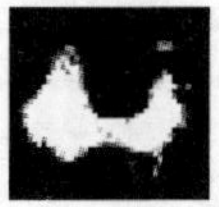 工城戈 集成 17.11211 ～城佐阩口昌茆(茆)戈	 是立事歲戈 集成 17.11259 是立事歲闢右～戈
	 彙考 61 頁 平者(都)司～(空)	 圖錄 3.18.1 ～句
	 節墨夻刀 貨系 2567 背文～	 齊口邦長夻刀 貨系 2586 背文 ～
	 齊夻刀 貨系 2606 背文 ～	 節墨之夻刀 貨系 2522 背文 ～
	 節墨之夻刀 貨系 2523 背文 ～	 節墨之夻刀 齊幣 62 背文 ～
	 安昜之夻刀 貨系 2515 背文 ～	 齊夻刀 貨系 2607 背文 ～

巨	 鄭侯少子簋 集成 08.4152 乃孝孫不(丕)～	 圖錄 3.164.2 ～擇	 圖錄 3.166.2 ～擇
	 彙考 70 頁 絽(紀)之□～	 圖錄 3.19.1 ～女	 圖錄 3.624.2 □～□
	 圖錄 3.19.2 ～女	 齊明刀 考古 1973(1) 背文 ～	
	 齊明刀 考古 1973(1) 背文 ～	《說文》：古文巨。	
巫	 陶彙 3.423 孟尚(常)匋(陶)里人～		
甘	 璽彙 3235 ～士吉鉨	 璽彙 3590 ～事(士)賞	
猒	 叔夷鎛 集成 01.285-1 余引～(厭)乃心		
曰	 陳侯因資敦 集成 09.4649 ～	 陳純釜 集成 16.10371 敦者～陳純	 邾公牼鐘 集成 01.151 ～

	 庚壺 集成 15.9733 公～甬(勇)	 邾公華鐘 集成 01.245～	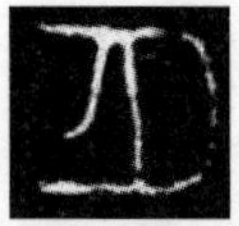 陳肪簋蓋 集成 08.4190 肪～
	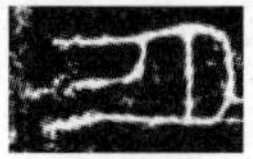 𬿁鎛 集成 01.217 侯氏從達之～	 邾大宰簠 集成 09.4623～	 圖錄 2.410.1 塙闖槫里～淖
	 圖錄 2.414.1 塙闖槫里～臘	 圖錄 2.410.3 塙闖槫里～淖	 齊明刀 考古 1973(1) 背文～
曹	 曹伯敀簋 集成 07.4019 ～白(伯)敀乍(作)口𡚱公隣(尊)簋	 曹右戈 集成 17.11070 ～右庀散(造)戈	
	 曹公子沱戈 集成 17.11120 ～公子沱之鋯(造)戈	 圖錄 3.414.2 ～	
	 圖錄 3.414.6 ～	 圖錄 2.738.4 ～不忚	
乃	 叔夷鎛 集成 01.285-1 余經～先祖	 𨞛叔之仲子平鐘 集成 01.172 ～為之音	
	 𨞛叔之仲子平鐘 集成 01.180 ～為之音	 上曾大子鼎 集成 05.2750 ～擇吉金自乍(作)䵼(肆)彝	

字頭			
丂	 鄘侯少子簋 集成 08.4152 ～孝孫不(丕)巨		
	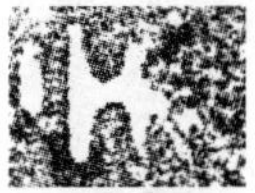 陳逆簠 集成 09.4629 皇～	 𪔋鎛 集成 01.271 用求～(考)命彌生	 公典盤 集錄 1009 ～終有卒
	 圖錄 2.360.3 關里～	 圖錄 3.15.2 公～	 圖錄 2.360.1 關里～
可	 齊夻刀 齊幣 256 背文 ～		
	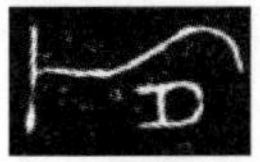 𪔋鎛 集成 01.271 是辝(台)～事(使)	 𦊧可忌豆 集錄 543 𦊧(節)～忌乍(作) 氒(厥)元子中(仲)姞媵錞(敦)	
	 璽彙 0572 王～	 彙考 300 頁 公～(何)築	 圖錄 2.135.3 大蒦圆匋者～
	 圖錄 2.135.4 大蒦圆匋者～	 圖錄 3.149.4 ～	 圖錄 3.149.6 ～
䞑*	 圖錄 3.149.1 ～	 圖錄 3.149.2 ～	 圖錄 3.149.3 ～

字		
兮	 圖錄 3.6.1～	
于	 辜于公戈　集成 17.11124 辜～公之辜豫造	 辜于公戈　集成 17.11125 辜～公之辜豫造
	 辜于公劍　金文總集 10.7678 辜～公乍(作)	  庚壺　集成　15.9733 執者獻～霝(靈)公之所
	 十年陳侯午敦　集成 09.4648 陳侯午朝群諸侯～齊	 邾公牼鐘　集成 01.149 至～萬年
	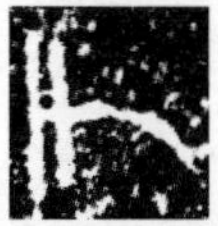 鄦叔之仲子平鐘　集成 01.172 聞～夏東	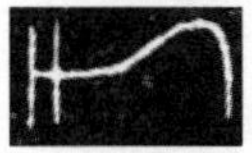 𬭚鎛　集成 01.271 用亯(享)用孝～皇祖聖弔(叔)
	 滕之不㤅劍　集成 18.11608 滕之不㤅□～	 邾公華鐘　集成 01.245 不彖(惰)～氒(厥)身
	 洹子孟姜壺　集成 15.9729 ～大無(巫)嗣(司)折(誓)	 子禾子釜　集成　16.10374 關鉨節～稟(廩)𣂔
	 璽彙 4033 敦～絧信	 圖錄 3.615.1 ～

平

齊明刀 考古1973(1)
背文～

齊明刀 考古1973(1)
背文～

平陸戈 集成17.10926
～陸戈

平陸左戟 集成17.11056
～陸左𢧐(戟)

平陽左庫戈 集成17.11017
～陽左庫

平阿左戈 集成17.11001
～阿左

平阿左戈 集成17.11041
～阿左銭

陰平劍 集成18.11609
陰～左庫之䒋(造)

安右矛 集成18.11489
安～右

十年陳侯午敦 集成09.4648
用作～壽造器𦎫(敦)

平陽高馬里戈 集成17.11156
～陽高馬里銭

平阿左戈 集錄1135
～阿左

平陽矛 集成18.11471
～陽

平阿右戈 周金文存6.31
～阿右戈

鄦叔之仲子平鐘 集成01.172 簷(莒)
弔(叔)之中(仲)子～自乍(作)鑄其游鐘

鄦叔之仲子平鐘 集成01.174
中(仲)～譱(善)發䱷(且)考(孝)

字頭	字形	出處	字形	出處
旨		拍敦 集成 09. 4644 拍乍(作)朕配～姬韋(敦)		莒大叔平瓠壺 山東金文集成 634 頁 䣄(莒)大弔(叔)之庚子～
		璽彙 0062 ～昜(陽)信司馬鉨		璽彙 0313 ～阿左稟(廩)
		彙考 61 頁 平者(都)～司工(空)		圖錄 2. 409. 1 丘齊～里王閃
		齊明刀 貨系 3797 背文 ～陽冶宋		
	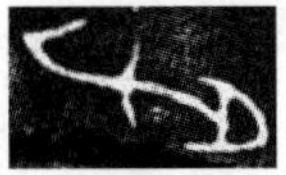	國差罎 集成 16. 10361 用實～酉(酒)	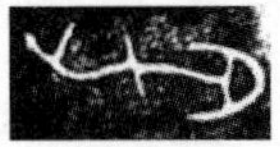	國差罎 集成 16. 10361 卑(俾)～卑(俾)瀞
		上曾大子鼎 集成 05. 2750 多用～食		圖錄 2. 660. 4 中蒦圆里司馬敀～
		圖錄 2. 173. 2 中蒦圆里人敀～		
嘗		十四年陳侯午敦 集成 09. 4646 台登台～	 	十年陳侯午敦 集成 09. 4648 台登台～

陳侯因資敦　集成 09.4649
台登台～

喜

邾公孫班鎛　集成 01.140
用～于其口祖

陳喜壺　集成 15.9700
陳～再立事歲

圖錄 3.48.1
～

圖錄 3.44.1
～

圖錄 3.45.1
～

圖錄 3.47.4
～

彭

璽彙 3513
～睃

嘉

洹子孟姜壺　集成 15.9729
齊侯拜～命

上曾大子鼎　集成 05.2750
父母～寺(之)

邾公鈓鐘　集成 01.102
用樂我～賓及我正卿

豆

圖錄 2.440.1
口～里

圖錄 2.445.1
豎～里

圖錄 2.15.2
痁尚陳得再左里毁亳～

圖錄 2.434.3
高閭～里人匋者曰口

圖錄 2.435.1
高閭～里人匋者曰與

圖錄 2.466.2
～里人口

 圖録 2. 498. 3 ~里五	 圖録 2. 11. 4 ……陳……叁左里□亳~	 圖録 2. 291. 1 菼□鄙□~
 圖録 2. 600. 3 ~	 圖録 2. 43. 1 王~	 圖録 2. 42. 1 王~
 圖録 2. 36. 2 公~	 圖録 2. 483. 4 ~里得	 圖録 2. 521. 2 ~里賞
 圖録 2. 470. 2 ~里魚佳	 圖録 2. 473. 4 ~里魚生	 圖録 2. 455. 3 ~里坓
 圖録 2. 504. 3 ~里安	 圖録 2. 257. 4 匋里人臧之~	 圖録 2. 510. 1 ~里㽙(固)
 圖録 2. 523. 1 ~里□柭	 圖録 2. 511. 4 ~里㽙(固)	 圖録 2. 458. 4 ~里坓
 圖録 2. 497. 1 ~里土	 圖録 3. 441. 4 ~	 圖録 2. 30. 3 市~
 圖録 2. 524. 3 ~里□	 圖録 2. 520. 4 ~里□	 圖録 2. 483. 1 ~里得

	 圖錄 2.501.3 ~里五	 圖錄 2.521.4 ~里賞	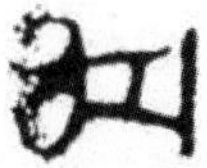 圖錄 2.521.1 ~里賞
	 圖錄 2.456.3 ~里坌	 圖錄 2.292.4 脖之公~	 圖錄 2.437.2 高閭~里□公者
	 圖錄 2.493.3 ~里七	 圖錄 2.516.1 ~里鐃	 圖錄 2.482.4 ~里得
	 圖錄 2.518.2 ~里□	 圖錄 2.29.1 大市~鋻	 圖錄 2.457.3 ~里坌
	 圖錄 2.13.1 平陵縣稟(廩)~	 圖錄 2.599.3 城圖土~	 彙考 42 頁 昌櫅陳閸(固) 南左里段亳~
虔	 叔夷鎛 集成 01.285-2 ~卹乓(厥)死事		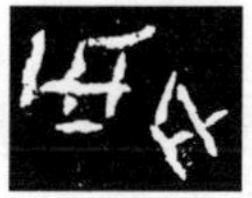 圖錄 3.599.3 ~
虘	 璽彙 0260 ~□鳥鉨		
虖	 陶彙 3.816 ~與坊		

䡴*

庚壺 集成 15. 9733
商(賞)之以兵～車馬

膚*

𪊍鎛 集成 01. 271
保～(吾)兄弟

𪊍鎛 集成 01. 271
保～(吾)子𤯓(姓)

虎

叔夷鎛 集成 01. 276-2
靇(靈)力若～

叔夷鐘 銘文選八四八
靇(靈)力若～

璽彙 3028
周～

虢

齊侯匜 集成 16. 10272
齊侯乍(作)～孟姬良女寶它(匜)

虢*

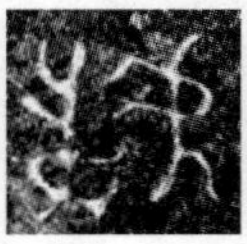
魯宰虢簠(器) 遺珍 46 頁
魯宰～乍(作)旅匡(簠)

盂

魯大司徒元盂 集成 16. 10316
魯大𤔲(司)徒元乍(作)歙(飲)～

齊侯盂 集成 16. 10318
齊侯乍(作)朕(媵)子中(仲)姜寶～

齊良壺 集成 15. 9659
齊良乍(作)壺～

〔盄〕

齊侯匜 集成 16. 10283
齊侯乍(作)朕(媵)寡□孟姜盥～

盛

 璽彙 1319
～㼐

齍

 圖錄 3.62.2
～

 圖錄 3.63.1
～

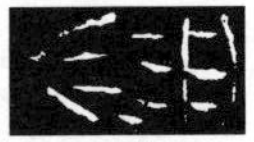 圖錄 3.62.4
～

 陶彙 3.1019
～

盧〔庿〕

 璽彙 0259
右～淯口彛鈢

 彙考 43 頁
右～淯

 彙考 44 頁
王～堉

 山東新出土古璽印 16
右～淯口彛鈢

 彙考 43 頁
右～淯

 陶彙 3.646
左～淯鈢

 彙考 43 頁
右～淯

盨

 魯司徒仲齊盨 集成 09.4440-1 魯覵(司)徒中(仲)齊
肇(肈)乍(作)皇考白(伯)走父餴～簋

 魯司徒仲齊盨 集成 09.4441-1 魯覵(司)徒中(仲)齊
肇(肈)乍(作)皇考白(伯)走父餴～簋

 魯司徒仲齊盨 集成 09.4441-2 魯覵(司)徒中(仲)齊
肇(肈)乍(作)皇考白(伯)走父餴～簋

〔迸〕

 曩伯子寍父盨 集成 09.4443-1
曩白(伯)子寍父乍(作)其迬(征)～ 从升

 曩伯子寍父盨 集成 09.4443-2
曩白(伯)子寍父乍(作)其迬(征)～

	 曩伯子寍父盨 集成 09.4442-1 曩白(伯)子寍父乍(作)其⿰辵正(征)~	 曩伯子寍父盨 集成 09.4444-2 曩白(伯)子寍父乍(作)其⿰辵正(征)~
益	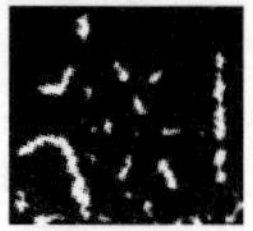 厶(私)之十杯 集錄 1047 冢(重)一~(鎰)卅八展	  臨淄商王墓地銅杯 鈈大弍~(鎰)冢(重)全十展
⿱幽皿	 曩公壺 集成 15.9704 曩公乍(作)爲子弔(叔)姜口~壺	 夆叔盤 集成 16.10163 夆弔(叔)乍(作)季改~般(盤)
	 夆叔匜 集成 16.10282 夆弔(叔)乍(作)季改~盤	 公典盤 集錄 1009 爲其~般(盤)
⿱戈皿*	 陳口散戈 集成 17.11033 陳口散~ 同戈	
盀*	 陶彙 3.1020 ~	 圖錄 3.322.1 ~  圖錄 3.322.2 ~
	 圖錄 3.322.6 ~	 圖錄 3.323.3 ~
⿱寅皿*	 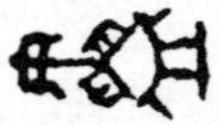 陳侯因𬁷敦 集成 09.4649 諸侯~薦吉金 同寅	 陳𬉣簋蓋 集成 08.4190 龏(恭)~䰟(鬼)神

字頭	字形	出處
盄*		杞伯每亡盆　集成 16.10334 杞白(伯)每亡乍(作)鼁(邾)媄寶～
血		陳逆簠　集成 09.4630 檽～(恤)宗家
		圖錄 3.181.1 ～
		圖錄 3.181.2 ～
卹		邾公華鐘　集成 01.245 台(以)～其祭祀盟祀
	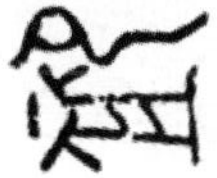	叔夷鎛　集成 01.285-2 虔～乃死事
		邾公釛鐘　集成 01.102 用敬～盟祀
丹		圖錄 2.233.1 蒦圆匋(陶)里人～
		圖錄 2.233.2 蒦圆匋(陶)里人～
		圖錄 2.726.6 □～
		圖錄 3.546.5 ～
靜		國差罎　集成 16.10361 齊邦鼏～安寍(寧)
井		圖錄 3.626.4 ～

〔刑〕 荆	 子禾子釜　集成 16.10374 中～厚(厥)遂贖以〔金〕鈞	 司馬楙編鎛　山東金文集成 104-108 頁 亦帥～(型)灋則祧(先)公正惪(德)
	 叔夷鎛　集成 01.285 中尃盟(明)～	 璽彙 3755 ～(刑)糧虞鉩
即	 即墨華戈　集成 17.11160 ～墨華之造戈	
既	 叔夷鎛　集成 01.285-1 余～専乃心	 洹子孟姜壺　集成 15.9730 齊侯～遳(濟)
	 上曾大子鼎　集成 05.2750 ～龢無測	
饙	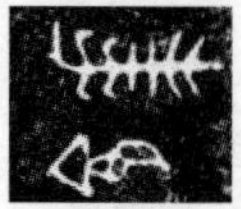 魯司徒仲齊盨　集成 09.4440-1　魯嗣(司)徒 中(仲)齊肈(肇)乍(作)皇考白(伯)走父～盨簋	 禾簋　集成 07.3939　禾肈(肇)乍(作) 皇母懿龏(恭)孟姬～彝
	 魯司徒仲齊盨　集成 09.4441-1　魯嗣(司)徒 中(仲)齊肈(肇)乍(作)皇考白(伯)走父～盨簋	 齊陳曼簠　集成 09.4596 乍(作)皇考獻弔(叔)～盤
	 魯司徒仲齊盨　集成 09.4441-2　魯嗣(司)徒 中(仲)齊肈(肇)乍(作)皇考白(伯)走父～盨簋	 子皇母簠　遺珍 50 頁 子皇母乍(作)～�(簠)

飯

公孫𤼈壺 集成 15. 9709
～耆月

飤

魯士厚父簠 集成 09. 4517-1
魯士厚父乍(作)～匿(簠)永寶用

魯士厚父簠 集成 09. 4517-2
魯士厚父乍(作)～匿(簠)永寶用

魯士厚父簠 集成 09. 4518
魯士厚父乍(作)～匿(簠)永寶用

魯士厚父簠 集成 09. 4519
魯士厚父乍(作)～匿(簠)永寶用

齊侯敦 集成 09. 4638
齊侯乍(作)～辜(敦)

齊侯敦 集成 09. 4639-1
齊侯乍(作)～辜(敦)

齊侯敦 集成 09. 4639-2
齊侯乍(作)～辜(敦)

餓*

叔夷鎛 集成 01. 285-6
而～(成)公之女

叔夷鐘 銘文選八四八
而～(成)公之女

合

陳侯因資敦 集成 09. 4649
～(荅)揚氒(厥)德

僉

僉父瓶 遺珍 32 頁
霝父君～父乍(作)其金𦉢(瓶)

僉父瓶 遺珍 33 頁
霝父君～父乍(作)其金𦉢(瓶)

舍

彙考 69 頁
稟陕□～坾

會

璽彙 0253
～亓(其)野鉨

倉

璽彙 5555
邗～之鉨

璽彙 5561
～事

圖錄 2.13.1 闔門外陳得
平棱縣稟豆佰慽□～

入

庚壺 集成 15.9733
庚～門之

璽彙 3358
～(內)府

內

陳璋方壺 集成 15.9703 陳璋～(入)
伐匽(燕)勨(勝)邦之隻(獲)

陳璋圓壺 集成 16.9975 陳璋～(入)
伐匽(燕)勨(勝)邦之隻(獲)

子禾子釜 集成 16.10374
子禾子□(屯？)冶～者御□

柴內右戈 文物 1994 年
2 期 52 頁圖 2 柴～右

璽彙 0154
戠(職)～市(師)鉨

彙考 56 頁
戠(職)～市(師)鉨

圖錄 2.2.2
～王陳吉

齊杏刀 貨系 242
背文～

齊杏刀 齊幣 151
背文～

齊杏刀 齊幣 152
背文～

缶	 圖錄 2. 289. 1 ~里□	 圖錄 3. 548. 1 ~	
匋	 鵙公劍 集成 18. 11651 延~(寶)用之	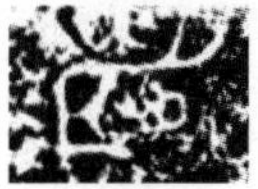 鮑子鼎 中國歷史文物 2009(2)51 頁 墮(鮑)子鼓(作)朕(媵)中(仲)~始(姒)	
	  鮑子鼎 中國歷史文物 2009 (2) 51 頁 中(仲)~始(姒)叒(及)子思		 璽彙 0272 ~都坊
	 彙考 50 頁 齊~(陶)正頤	 彙考 66 頁 蒦圆~(陶)里人得	 圖錄 2. 152. 3 繇□中~(陶)里傳
	 圖錄 2. 549. 3 孟常~(陶)里人□	 圖錄 2. 257. 1 ~(陶)里人□	 圖錄 2. 211. 1 蒦圆~(陶)里人學
	 圖錄 2. 311. 1 左南郭□辛~里瞻	 圖錄 2. 434. 3 高閭豆里人~者曰□	 圖錄 3. 30. 1 ~衰
	 圖錄 3. 31. 1 ~衰	 圖錄 2. 62. 2 蒦圆南里~者□	 圖錄 2. 315. 3 左南□□□~□□
	 圖錄 2. 248. 3 蒦圆~里人得	 圖錄 2. 429. 2 塙(高)闢~旃	 圖錄 2. 146. 2 大蒦圆~者忑

矢

 圖錄 2.113.4 繇□大～里奠	 圖錄 2.170.1 中蒦圆里～□
 圖錄 2.257.2 ～里人安	 圖錄 2.258.1 ～里人瑊之豆
 圖錄 2.434.3 高閱豆里人～者曰□	 圖錄 2.741.3 ～□
 圖錄 2.54.1 ～□贓里	
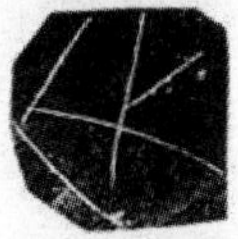 圖錄 2.648.1 ～□	 圖錄 2.649.1 ～□

矦〔侯〕

 滕侯昊戟　集成 17.11123 滕(滕)～昊之造戟(戟)	 滕侯耆戈　集成 17.11077 滕～耆之造
 滕侯耆戈　集成 17.11078 滕～耆之造	 陳逆簠　集成 09.4630 余寅事齊～
 十四年陳侯午敦　集成 09.4646 陳～午	 十四年陳侯午敦　集成 09.4647 陳～午

矦

	十四年陳侯午敦　集成 09.4647 台群諸～獻(獻)金		陳侯因資敦　集成 09.4649 陳～因資
	薛侯盤　集成 16.10133 薛～乍(作)弔(叔)妊襄朕(媵)般(盤)		陳侯因資敦　集成 09.4649 諸～寘薦吉金
	薛侯匜　集成 16.10263 薛～乍(作)弔(叔)妊襄朕(媵)它(匜)	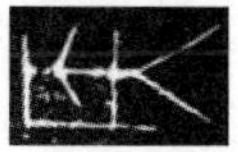	𦅫鎛　集成 01.217 用旛(祈)～氏永命萬年
	洹子孟姜壺　集成 15.9729 齊～拜嘉命		國差𦉜　集成 16.10361 ～氏受福釁(眉)壽
	鑄侯求鐘　集成 01.047 鑄～求乍(作)季姜朕(媵)鐘		鄦侯少子簋　集成 08.4152 鄦～少子析
	陳侯因資敦　集成 09.4649 淖(朝)㫚(問)諸～		陳侯因鑿　山東金文集成 920 頁 陳～因造
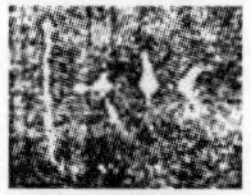 	薛侯壺　考古學報 1991(4) 薛～行壺		
	圖錄 2.557.2 東酷里口～		

鍚*	 璽彙 3921 公孫鍚~		
矢*	 璽彙 3081 馬~(矢)緙	 圖錄 2.702.3 馬~(矢)口鉨	
鐵*	 圖錄 3.410.2 ~	 圖錄 3.410.4 ~	
高	 高陽劍 集成 18.11581 ~陽左庫	 高密戈 集成 17.10972 ~密戈	
	 高子戈 集成 17.10961 ~子戈	 平陽高馬里戈 集成 17.11156 平陽~馬里鈛	
	 陳侯因資敦 集成 09.4649 卲(紹)緟(踵)~且(祖)黃帝	 高口戈 金文總集 10.7372 ~口	
	 高密造戈 集成 17.11023 ~密造(造)戈	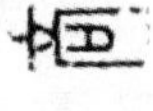 璽彙 1128 ~陵(陵)	 璽彙 1142 ~坤(市)
	 璽彙 1145 ~東昜(陽)	 璽彙 1479 陳~弾鉨	 璽彙 1147 ~郯信鉨

亳	 璽彙 1148 ～吒□鉨	 圖錄 2.432.1 ～閸厶	 圖錄 2.433.3 ～闘
	 亳庭戈 集成 17.11085 ～庭八族戈	 璽彙 0289 陳窒 立事歲安邑～釜	 璽彙 0225 維□～之鉨
市（坊）	 圖錄 2.11.1 陳棱再立事左里段～釜	 圖錄 2.5.4 昌齊 陳固南左里段區	 圖錄 2.7.2 句華門 陳棱再鄗廩均～釜鋈
	 圖錄 2.10.3 華門陳棱再左里段～區	 圖錄 2.10.1 華門 陳棱再左里段～釜	
	 璽彙 0152 郪～(市)帀(師)鉨	 圖錄 2.10.1 華門 陳棱再左里段～釜	 璽彙 1142 高～(市)
	 璽彙 3626 ～(市)�	 圖錄 2.31.1 大～(市)□月	 圖錄 2.27.1 ～
	 圖錄 2.35.2 □～	 陶彙 3.717 ～鎵(鍾)	
亯	 國差罎 集成 16.10361 攻(工)帀(師)何鑄西～寶罎四秉	 拍敦 集成 09.4644 拍乍(作)朕配平姬～宮祀彝	

亯

 圖錄 2.363.2 楚～口𨗨里賹	 圖錄 2.370.1 楚～口𨗨里賹
 圖錄 2.309.1 左南～(郭)口辛匋里悠	 圖錄 2.311.1 左南～口辛匋(陶)里賹
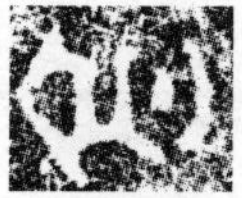 陳逆簋 集成 09.4630 台～台口	 邾叔之伯鐘 集成 01.087 永保用～
 邾公華鐘 集成 01.245 子子孫孫永保用～(享)	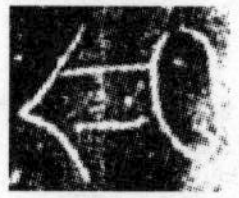 薛子仲安簠 集成 09.4546 其子子孫孫永寶用～(享)
 走馬薛仲赤簠 集成 09.4556 子子孫孫永保用～(享)	 魯仲齊鼎 集成 05.2639 子子孫孫永寶用～(享)
 𪒠鎛 集成 01.271 用～(享)用孝于皇祖聖弔(叔)	 魯伯大父作仲姬俞簋 集成 07.3989 其萬年𦎫(眉)壽永寶用～(享)
 十年陳侯午敦 集成 09.4648 諸侯～以吉金	 魯司徒仲齊盨 集成 09.4440 子子孫孫永寶用～(享)
 魯司徒仲齊匜 集成 16.10275 子子孫孫永寶用～(享)	 杞伯每亡壺蓋 集成 15.9687 子子孫孫永寶用～(享)

辜

郜伯祀鼎 集成 05. 2602
子子孫孫永寶用～(享)

辜于公戈 集成 17. 11124
～于公之臺豫造

辜于公戈 集成 17. 11125
～于公之臺豫造

辜于公劍 金文總集 10. 7678
～于公乍(作)

淳于左造戈 集錄 1130
～于左造戈

十年陳侯午敦 集成 09. 4648
用作平壽造器～(敦)

齊侯作孟姜敦 集成 09. 4645
齊侯乍(作)朕(媵)寡□孟姜譱(膳)～(敦)

齊侯敦 集成 09. 4639-1
齊侯乍(作)飤～(敦)

齊侯敦 集成 09. 4639-2
齊侯乍(作)飤～(敦)

歸父敦 集成 09. 4640 魯子中(仲)
之子歸父爲其譱(膳)～(敦)

淳于公戈 集錄 1157
～于公之御戈

狦公孫敦 考古 1989(6)
狦公孫鑄其譱(膳)～(敦)

亯

〔亯〕

拍敦 集成 09. 4644
拍乍(作)朕配平姬～宮祀彝

字頭			
厚	 魯大司徒厚氏元鋪 集成 09.4689 魯大𤔲(司)徒～氏元乍(作)譱(膳)匿(鋪)	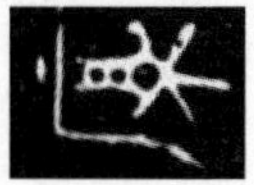 魯大司徒厚氏元鋪 集成 09.4690 魯大𤔲(司)徒～氏元乍(作)譱(膳)匿(鋪)	
	 魯大司徒厚氏元鋪 集成 09.4691 魯大𤔲(司)徒～氏元乍(作)譱(膳)匿(鋪)	 叔夷鎛 集成 01.285-4 余用登屯(純)～乃命	
	 魯伯厚父盤 集成 16.10086 魯白(伯)～厚父乍(作)中(仲)姬俞賸(媵)般(盤)		
良	 齊良壺 集成 15.9659 齊～乍(作)壺盂	 齊侯匜 集成 16.10272 齊侯乍(作)虢孟姬～女寶它(匜)	
	 圖錄 2.490.1 ～里豆	 圖錄 2.490.2 ～豆里	
	 圖錄 3.526.5 ～	 圖錄 3.526.3 ～	《說文》：，古文良。
亩（廩）	 璽彙 0319 右～(廩)	 圖錄 3.6.3 ～	 圖錄 3.6.5 ～
	 圖錄 3.7.5 ～	 圖錄 3.1.2 □公之～□□三豆	 圖錄 3.1.3 □公之～□□三豆

〔稟〕

 左稟戈 集成 17.10930 左～	 璽彙 0227 左～之鉨	 璽彙 0290 陳榑三立事歲右～釜
 璽彙 0313 平阿左～	 璽彙 0327 君之～	 彙考 45 頁 左～之鉨
 彙考 45 頁 右～(廩)迊皇醬鉨	 圖録 3.41.1 □～	 圖録 3.593.3 ～

〔稟攴〕

 陳純釜 集成 16.10371 節于～釜	 子禾子釜 集成 16.10374 關鉩節于～(稟)㔻	 璽彙 0300 左桁(衡)～木
 璽彙 1597 齊～	 璽彙 5526 ～	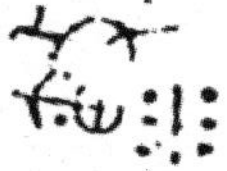 彙考 49 頁 左桁(衡)～(廩)木
 圖録 2.17.1 陳枳忐左～		

啚

 黏鎛 集成 01.217 與鄩之民人都～(鄙)		

來

 邾來隹鬲 集成 03.0670 鼄(邾)～隹乍(作)鼑(鼎)	 洹子孟姜壺 集成 15.9729 齊侯命大子乘□(遽?)～命宗白(伯)	

	 圖錄 3.614.3 ～泿		
麦	 璽彙 0209 鄘～(陵)之鉨	 圖錄 2.560.4 東酷里～口丘口	 圖錄 2.702.4 東卿～鉨
夏	 簹叔之仲子平鐘　集成 01.172 聕(聞)于～東	 簹叔之仲子平鐘　集成 01.173 聕(聞)于～東	
	 簹叔之仲子平鐘　集成 01.174 聕(聞)于～東	 邳伯罍　集成 16.10006 不(邳) 白(伯)～子自乍(作)尊罍	
	 叔夷鎛　集成 01.285-6 剸伐～(夏)后	 璽彙 0266 公石不～鉨	 彙考 301 頁 公石不～鉨
	 圖錄 2.653.4 繇口中里人～	 圖錄 3.531.6 ～	
畟	 珍秦齋藏印・戰國篇 14 ～門		
弟	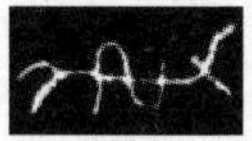 𬘡鎛　集成 01.271 保盧(吾)兄～	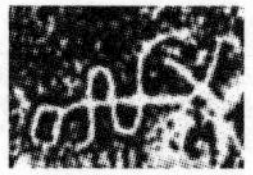 鮑子鼎　中國歷史文物 2009(2)51 頁 保而(爾)兄～	

夆

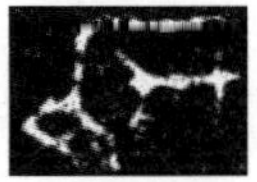

夆叔匜　集成 16.10282

～弔(叔)乍(作)季改盥般(盤)

璽彙 3499

～辰

璽彙 3746

～啇信鉨

圖錄 3.557.1

～刞

圖錄 2.544.3

～子西里人為□

圖錄 2.543.1

子～子里人□

椉〔乘〕

乘邑虎符　集成 18.12087

～邑

庚壺　集成 15.9733

庚達(率)百～舟入鄺(莒)

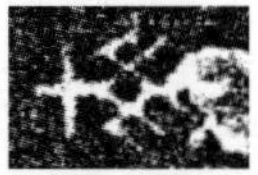

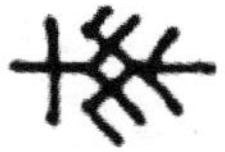

庚壺　集成 15.9733

縢相～駐(牡)□

陳發戈　文物 2001(10)48 頁

陳發～鈛(戈)

洹子孟姜壺　集成 15.9729

齊侯命大子～□(遽?)來命宗白(伯)

□節大夫馬節　集成 18.12090

□節大夫□(御?)五～

璽彙 0636

王大～

圖錄 2.49.4

～□□里□它人

圖錄 2.404.4

焔里～

圖錄 2.664.1

蒦圆匋里人～

圖錄 2. 422. 4

豆里～里

圖錄 2. 475. 2

豆里～

齊文字編卷六

木

璽彙 0298
左桁(衡)正～

璽彙 0299
右桁(衡)正～

璽彙 0300
左桁(衡)□(廩)～

圖録 3. 35. 3
於陵(陸)市～璽

圖録 3. 484. 2
～

齊明刀 考古 1973(1)
背文～

桒

羊角戈 集成 17. 11210
羊角之～(新)艁(造)箙(散)戈

杜

璽彙 2415
～春信鉨

櫅

陶彙 3. 27 昌～陳圁(固)
南左里毀亳區

圖録 2. 6. 2 昌～
陳圁(固)南左里毀亳區

彙考 42 頁 昌～陳圁(固)
南左里毀亳豆

字頭	字形	出處	字形	出處
枋		璽彙 0325 □門～		
楊		圖錄 2.260.1 蒦圆～里……		
杞	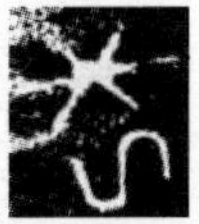	杞伯每亡鼎　集成 04.2494-1 ～白(伯)每亡乍(作)敍(邾)婕寶鼎		杞伯每亡鼎　集成 04.2495 ～白(伯)每亡乍(作)敍(邾)婕寶鼎
		杞伯每亡鼎　集成 05.2642 ～白(伯)每亡乍(作)敍(邾)婕寶鼎		杞伯每亡壺蓋　集成 15.9687 ～白(伯)每亡乍(作)鼄(邾)婕寶鼎
		杞伯每亡壺　集成 15.9688 ～白(伯)每亡乍(作)鼄(邾)婕寶壺	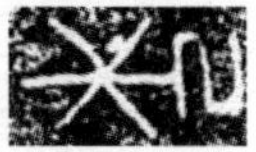	杞伯每亡簋　集成 07.3898-2 ～白(伯)每亡乍(作)鼄(邾)婕寶鼎
		杞伯每亡簋　集成 07.3901 ～白(伯)每亡乍(作)鼄(邾)婕寶簋	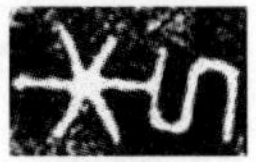	杞伯每亡簋　集成 07.3902 ～白(伯)每亡乍(作)鼄(邾)婕寶鼎
本		齊夻刀　齊幣 212 背文　～	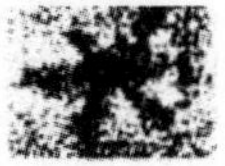	齊夻刀　齊幣 213 背文　～
		齊夻刀　錢典 963 背文　～		齊夻刀　東亞 6・11 背文　～

朱	 圖錄 3.563.2 ～	
楨	 圖錄 2.486.1 ～里豆	 圖錄 2.487.3 ～里豆
柴	 柴內右戈　文物 1994(2)52 頁圖 2 ～內右	
榑	 璽彙 0290　陳～三 立事歲右稟(廩)釜	
築	  子禾子釜　集成 16.10374 關人～桿威釜	
梩	 璽彙 2414 ～口信鉨	 璽彙 3701 ～口信鉨
槃（盤）	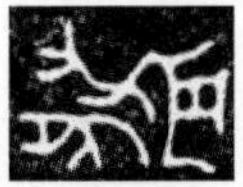 齊大宰歸父盤　集成 16.10151 齊大宰歸父口爲𣿰(己)𩝬～	
（盤）	 璽彙 0640 王～	

案		璽彙 3587 ～胥			
櫑（罍）		邳伯罍　集成 16.10006 不(邳) 白(伯)夏子自乍(作)隮(尊)～		邳伯罍　集成 16.10007 不(邳) 白(伯)夏子自乍(作)隮(尊)～	《説文》：櫑或从缶。
樂	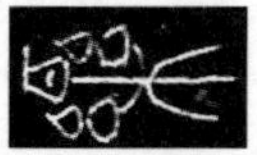	石磬　文物 2008(1)95 頁圖 2 ～宣(宮)		邾公牼鐘　集成 01.150 台(以)～其身	
		邾公釛鐘　集成 1.102 用～我嘉賓及我正卿		邾公牼鐘　集成 01.151 台(以)～其身	
		洹子孟姜壺　集成 15.9729 無用從(縱)爾大～		洹子孟姜壺　集成 15.9730 無用從(縱)爾大～	
		邾公華鐘　集成 01.245 台(以)～大夫		陶彙 3.804 □～	
棱		璽彙 3127 ～御		璽彙 3813 司馬～鉨	
		圖錄 2.8.2 王孫陳～□立歲左		圖錄 2.10.1 華門陳～再左里段亳釜	

析

圖録 2. 292. 2
辛里㝵～

桊

叔夷鎛 集成 01. 285-8
至于～曰武靁(靈)成

拍敦 集成 09. 4644
永～(世)母(毋)出

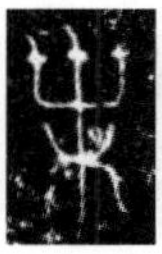
𬪩鎛 集成 01. 217
～(世)萬至於辝(台)孫子

休

叔夷鎛 集成 01. 285-3 弗敢
不對駸(揚)朕辟皇君之易(賜)～命

棺〔梠〕

圖録 3. 603. 6
～

和*

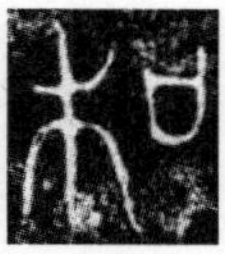
陳昉簋蓋 集成 08. 4190
𡨦弔(叔)～(支?)子

璽彙 0177
𨠭～迲闢

彙考 59 頁
粕～卿(鄉)璽

圖録 2. 17. 1
陳～忎左敼(廩)

圖録 2. 700. 4
～子西

圖録 3. 602. 1
～

圖録 3. 602. 2
～

桿*	 禾子釜 集成 16.10374 關人築~戚釜		
桁*	 璽彙 0299 右~(衡)正木	 彙考 47 頁 左~(衡)正木	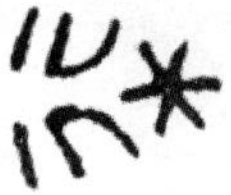 璽彙 0300 左(衡)~戲(虞)木
[illegible]*	 璽彙 0208 ~之鉨		
[illegible]*	 圖錄 3.280.1 ~	 圖錄 3.280.2 ~	 圖錄 3.281.1 ~
[illegible]*	 圖錄 2.411.1 塙閭~里曰潮	 圖錄 2.410.1 塙閭~里曰潮	
[illegible]*	 圖錄 2.568.2 成圖~里潮豆	 圖錄 2.570.2 成圖~里𡉚	 圖錄 2.362.4 楚郭□~里何
	 圖錄 2.298.3 王卒左戠□圖~里𡉚		
柿*	 璽彙 0156 清陸(陵)~戠(職)笞巿(師)		

補*

叔夷鎛 集成 01. 285-6
伊少(小)臣隹(唯)~(輔)

璽彙 2194
弼~

圖錄 3. 105. 2
~

圖錄 3. 106. 4
~

圖錄 3. 107. 4
~

圖錄 3. 107. 5
~

圖錄 3. 108. 1
~

圖錄 3. 108. 6
~

柆*

圖錄 2. 523. 1
豆里□~

桼*

璽彙 3679
公上~

櫺*

璽彙 3755
荆(刑)~廈鉨

欉*

邾大宰簠 集成 09. 4623
鼄(邾)大宰~子斟鑄其匿(簠)

枲*

枲可忌豆 集錄 543 ~(節)可忌
乍(作)氒(厥)元子中(仲)姞媵錞(敦)

枲可忌豆 雪齋學術論文二集 72 頁圖二 ~(節)
可忌乍(作)氒(厥)元子中(仲)姞媵錞(敦)

槿*	 圖錄 3.504.4 ～		
桓*	 圖錄 3.357.1 ～	 圖錄 3.357.3 ～	
楙*	 圖錄 3.563.1 ～		
東	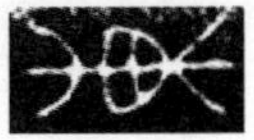 𨞛叔之仲子平鐘 集成 01.173 䎽(聞)于夏～	 𨞛叔之仲子平鐘 集成 01.175 䎽(聞)于夏～	
	 璽彙 0314 ～莫坴戠(職)管	 璽彙 0150 ～武城攻(工)帀(師)鈢	 璽彙 1145 高～昜(陽)
	 璽彙 3992 ～埜(野)䢵(市)	 圖錄 2.156.1 繇□～匋里璋	 圖錄 2.178.1 ～蒦圆讐
	 圖錄 2.702.4 ～卿麦鈢	 圖錄 3.598.2 ～□	
無	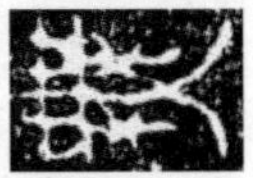 邾叔之伯鐘 集成 01.87 用旂(祈)膚(眉)壽～疆	 邾來隹鬲 集成 03.670 其用亹(眉)壽萬年～彊(疆)	

楚

郗公華鐘　集成 01.245
其萬年～彊(疆)

鄦叔之仲子平鐘　集成 01.175
萬年～諆(期)

魯大司徒厚氏元鋪　集成 09.4690
其纍(眉)壽萬年～疆

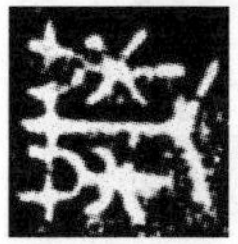

魯大司徒厚氏元鋪　集成 09.4691
其纍(眉)壽萬年～疆

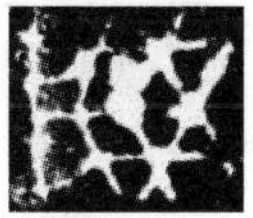

洹子孟姜壺　集成 15.9729
于大～(巫)嗣(司)折(誓)

洹子孟姜壺　集成 15.9730
～用從(縱)爾大樂

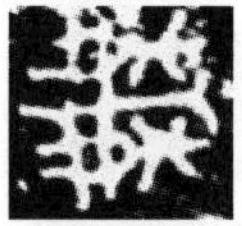

邳伯罍　集成 16.10007
用癘(祈)纍(眉)壽～彊(疆)

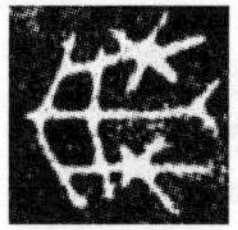

尋仲盤　集成 16.10135
其萬年～疆

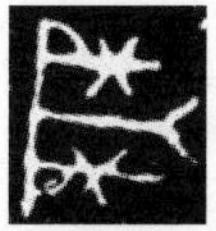

曩伯子㝨父盨　集成 09.4443
割(匄)眉壽～彊(疆)

曩伯子㝨父匜　集成 16.10211
曩白(伯)㝨父朕(媵)姜～姬它(匜)

國楚造車戈　考古 2000(10)56 頁
國～造車戈

璽彙 0571
王～

璽彙 0642
王～人

圖錄 2.392.2
～郭□□里購

圖錄 2.377.2
～郭□蔓里□

圖錄 2.633.4
城陽～

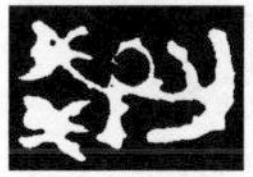

圖錄 3.25.1
～

圖錄 3.25.2
～

楙

齊侯盤　集成 16.10107
齊侯乍(作)～姬寶般(盤)

司馬楙編鎛　山東金文集成 104-108 頁
用旂吉□□～

才

邾公牼鐘　集成 01.149
辰～(在)乙亥

邾公牼鐘　集成 01.150
辰～(在)乙亥

邾公牼鐘　集成 01.152
辰～(在)乙亥

邾公牼鐘　集成 01.151
辰～(在)乙亥

璽彙 3222
～遫

圖録 3.611.2
～

叒〔若〕

鄦大史申鼎　集成 05.2732
子孫是～

上曾大子鼎　集成 05.2750
心聖～憒(慮)

之

陳子皮戈　集成 17.11126
陳子皮～造戈

陳胎戈　集成 17.11127
陳胎～右戾鈛

子淵聾戟　集成 17.11105
子淵聾～戟

羊角戈　集成 17.11210
羊角～新艁(造)散戈

辜于公戈　集成 17.11124
辜于公～臺豫艁(造)

辜于公戈　集成 17.11125
辜于公～臺豫艁(造)

郳大司馬戈 集成 17.11206
郳大司馬～艁(造)戈

滕侯昊戈 集成 17.11018
滕侯昊～

滕侯昊戈 集成 17.11079
滕(滕)侯昊～艁(造)

滕侯昊戈 集成 17.11123
滕(滕)侯昊～𨗛(造)䢦(戟)

滕侯耆戈 集成 17.11078
滕(滕)侯耆～鋯(造)

郹之造戈 集成 17.11006
郹～艁(造)

陰平劍 集成 18.11609
陰平左庫～艁(造)

滕之不㤅劍 集成 18.11608
滕～不㤅□于

陳逆簠 集成 09.4630
余陳桓～裔孫

陳逆簠 集成 09.463
台乍(作)氒(厥)元配季姜～祥器

左關之鈉 集成 16.10368
左關～鈉

陳純釜 集成 16.10371
命左關帀(師)□敕宔(主)左關～釜

子禾子釜 集成 16.10374
而車人制～

郳叔之伯鐘 集成 01.087
鼄弔(叔)～白(伯)□□

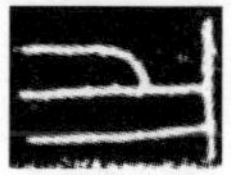

郳公鈓鐘 集成 01.102 陸𩁹(終)～孫郳公鈓作氒(厥)禾(龢)鍾(鐘)

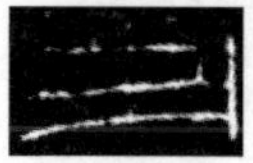

郳公孫班鎛 集成 01.140
其子子孫孫羕(永)保用～

鄘大史申鼎　集成 05. 2732
鄘中~孫簷(莒)大史申

鄘叔之仲子平鐘　集成 01. 172　簷(莒)
弔(叔)~中(仲)子平自乍(作)鑄其游鐘

黝鎛　集成 01. 217
與鄩~民人都啚(鄙)

公孫瘏壺　集成 15. 9709
公子土斧乍(作)子中(仲)姜盤(鑄)~般(盤)

國差罎　集成 16. 10361
子子孫孫永保用~

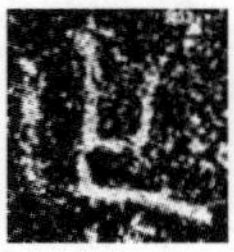

莒大叔平瓠壺　山東金文集成 634 頁
子子孫孫永保用~　　止下重出

陳璋方壺　銘文選 2. 865　陳璋
內(入)伐匽(燕)勳(勝)邦~隻(獲)

陳璋圓壺　集成 16. 9975　陳璋
內(入)伐匽(燕)勳(勝)邦~隻(獲)

銅雁足燈　臨淄商王墓地 42-43 頁
燮~陵夫人

鐘磬架銅構件　臨淄商王墓地 42-43 頁
燮~陵夫人

庚壺　集成 15. 9733
執者獻于靁(靈)公~所

僉父瓶　遺珍 32 頁
釁(眉)壽無疆子子孫孫永寶用~

僉父瓶　遺珍 33 頁
釁(眉)壽無疆子子孫孫永寶用~

璽彙 0007
君~信鉨

	 璽彙 1185 吳口～鉨	 璽彙 5557 口～信鉨	 圖錄 2.258.3 匋(陶)里人蝛～豆
	 圖錄 3.3.1 邙公氏～酓(飲)器	 圖錄 3.23.2 口～	 安昜之夻刀 先秦幣編 390 安昜～夻刀
	 節墨之夻刀 先秦編 39 節墨～夻刀	 節墨之夻刀 先秦編 394 節墨～夻刀	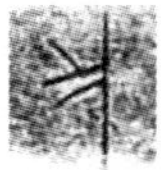 節墨之夻刀 貨系 2522 節墨～夻刀
	 節墨之夻刀 貨系 2523 節墨～夻刀	 節墨之夻刀 齊幣 58 節墨～夻刀	 節墨之夻刀 錢典 1010 節墨～夻刀
	 齊之夻刀 先秦編 403 齊～夻刀		
㞷*	 陳逆簋 集成 07.4096 乍(作)爲～(皇)祖大宗簋	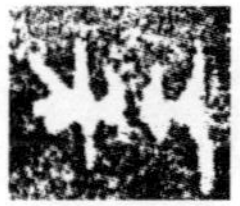 陳逆簠 集成 09.4630 台(以)言(享)台(以)孝于大宗～(皇)禵(祖)㞷(皇)妣(妣)㞷(皇)丂(考)㞷(皇)母	
	 圖錄 3.459.3 ～	 圖錄 3.460.1 ～	 圖錄 3.459.4 ～
[illegible]*	 圖錄 2.139.1 大蒦圆匋(陶)者～	 圖錄 2.264.1 蒦圆魚里分～	

字頭	字形	出處	字形	出處	字形	出處
帀		陳純釜 集成 16.10371 命左關 ～(師)口敕室(主)左關之釜		國差鑰 集成 16.10361 攻(工)～(師)何鑄西𦉢寶鑰四秉		
		庚壺 集成 15.9733 右～(師)之子		璽彙 0019 鋯司徒～		
		璽彙 0150 東武城攻(工)～(師)鉨		璽彙 0157 左攻(工)帀(師) 戠(職)桼(漆)～(師)鉨		
		彙考 56 頁 戠(職)内～(師)鉨		彙考 60 頁 十三(四)年十一月～(師)紹		
		璽彙 0149 右攻(工)～鉨				
師		叔夷鎛 集成 01.285 ～于𠧧(淄)潛(涶)		庚壺 集成 15.9733 以口彘～		
出		拍敦 集成 09.4644 永枼(世)母(毋)～		公典盤 集錄 1009 不(丕)用勿～		圖錄 3.21.4 口～
索		圖錄 2.547.2 子夆子里人曰～				

南	 洹子孟姜壺 集成 15.9729 于～宮子用璧二備(佩)玉二嗣(笥)	 洹子孟姜壺 集成 15.9730 于～宮子用璧二備(佩)玉二嗣(笥)	
	 圖錄 2.660.1 蒦圆～里人逓	 陶壺戳印 考古 2008(11)27 頁圖五・5 ～里尘	 圖錄 2.267.3 ～里尘
	 圖錄 2.68.3 蒦圆～里人慜	 彙考 42 頁 昌櫅 陳悶(固)～左里毀亳豆	 圖錄 2.267.1 ～里尘
	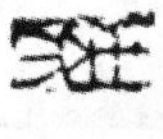 彙考 52 頁 ～□	 圖錄 2.6.2 ～昌櫅 陳固南左里毀亳區	 圖錄 2.58.2 蒦圆～里人酉
生	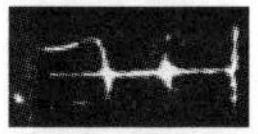 𨰻鎛 集成 01.271 用求丂(考)命彌～	 俊生戈 文史 2000(1)32 頁 俊～戈	 璽彙 0645 王～睎
	 璽彙 0657 王～𤔲鉨	 璽彙 1509 䀀～睎	 璽彙 3692 □～縺
	 圖錄 3.312.4 ～	 圖錄 3.313.3 ～	 圖錄 2.470.1 豆里魚～
	 圖錄 3.312.1 ～	 圖錄 2.473.4 豆里魚～	 齊厺刀 齊幣 214 背文 ～

	 齊夻刀　齊幣 215 背文〜	 齊夻刀　齊幣 216 背文〜	 齊夻刀　齊幣 217 背文〜
	 齊夻刀　齊幣 218 背文〜	 齊夻刀　齊幣 219 背文〜	 齊夻刀　齊幣 220 背文〜
	 齊夻刀　貨系 2614 背文〜	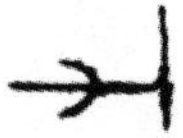 齊夻刀　貨系 2616 背文〜	
墍*	 圖錄 2.551.1 孟常匋里人〜		
華	 即墨華戈　集成 17.11160 即墨〜之造□用	 邾公華鐘　集成 01.245 鼄(邾)公〜擇氒(厥)吉金	
	 邾華妊鬲　遺珍 109 頁 邾〜妊乍(作)羞鬲	 彙考 42 頁 陳〜句莫稟(廩)□亳釜	
	 圖錄 2.10.3 〜門陳棱叁左里	 圖錄　2.10.1 〜門陳棱再左里敀亳釜	
	 圖錄 2.653.2 〜……廩……釜		

巢	 圖錄 3.462.6 ～白	 圖錄 3.463.2 ～白	
桼	 璽彙 0157 左攻(工)帀(師) 戠(職)～(漆)帀(師)鉨	 圖錄 2.395.3 丘齊～(漆)彫里	
束	  鮑子鼎 中國歷史文物 2009(2)51 頁 勿或～(闌)巳(已)		
國	 國差罎 集成 16.10361 ～差立事歲	 國子鼎 集成 03.1348 ～子	 國子鼎 集成 04.1935 ～子
	 國楚造車戈 考古 2000(10)56 頁 ～楚造車戈	 圖錄 2.25.5 ～	 圖錄 2.25.2 ～
	 圖錄 2.26.1 ～		
因	 陳侯因咨戈 集成 17.11260 陳侯～咨造	 陳侯因資戈 集成 17.11129 陳侯～資之造	
	 陳侯因資戈 集成 17.11081 陳侯～資鋯(造)	 陳侯因資敦 集成 09.4649 陳侯～資	

固〔[囗結]〕	 陳侯因資敦　集成 09.4649 其惟～資		 圖錄 2.653.1 ～堵……賁 再……毀亳……
	 璽彙 0582 王～	 璽彙 3685 □～	 圖錄 2.509.1 豆里～
	 圖錄　2.511.1 豆里～		
[囗享]	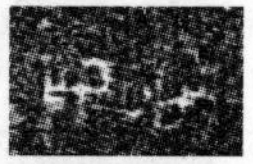  庚壺　集成 15.9733 齊三軍～釐(萊)		
團*	  鵙公劍　集成 18.11651 鵙公～自乍(作)元鐱(劍)		
[囗易]*	 璽彙 3751 城～齊	 圖錄 2.75.4 蒦～南里賹	 圖錄 2.782 蒦～南里人㿽
	 圖錄 2.586.2 城～衆	 圖錄 2.587.1 城～衆	 圖錄 2.55.3 繇□□～里邵齊
員	 圖錄 3.489.3 ～		

齎	 圖錄 2.485.1 豆里～	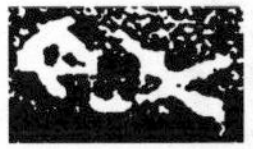 圖錄 2.485.3 豆里～	 圖錄 3.573.1 ～
賸	 魯大宰原父簋　集成 07.3987　魯大宰遵(原)父乍(作)季姬牙～(媵)簋	 魯伯大父作季姬簋　集成 07.3974　魯白(伯)大父乍(作)季姬□～(媵)簋	
	 魯伯厚父盤　集成 16.10086　魯白(伯)厚父乍(作)中(仲)姬俞～(媵)盤	 魯伯大父作仲姬俞簋　集成 07.3989　魯白(伯)大父乍(作)中(仲)姬俞～(媵)簋	
	 費奴父鼎　集成 05.2589　弗(費)奴父乍(作)孟姒府～(媵)鼑(鼎)	 魯大司徒子仲伯匜　集成 16.10277　魯大嗣(司)徒子中(仲)白(伯)其庶女□孟姬～(媵)匜	
賞	 圖錄 2.751.1 □里～	 圖錄 2.368.1 楚郭□蘆里～	 圖錄 2.371.6 楚郭□蘆里～
賜	  庚壺　集成 15.9733 余台(以)～女(汝)	 璽彙 2187 �липа(強)～	 璽彙 2201 邱～
	 圖錄 3.161.5 ～		
賓	 鄘大史申鼎　集成 05.2732 台(以)迦(御)～客		

賣	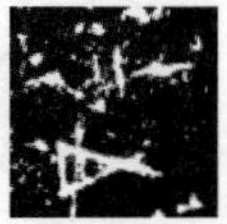 子禾子釜 集成 16.10374 中刑氒(厥)遂～以［金］鈞	 子禾子釜 集成 16.10374 大辟氒(厥)遂～以□犀	
費	 費奴父鼎 集成 05.2589 ～(費)奴父 乍(作)孟姒守賸(媵)鼑(鼎) 不從貝		
賈	 賈孫叔子屖盤 山東金文集成 675 頁 ～孫弔(叔)子屖	 圖錄 2.53.2 ～□匋(陶)里王□	
資	 璽彙 0573 王～	 璽彙 1943 郚～	 璽彙 3590 甘事(士)～
	 璽彙 3678 □孫～	 璽彙 3690 億屯～鉩	 璽彙 1928 郙～
	 璽彙 3723 女～信鉩	 圖錄 2.4.1 塦門……～……毀	
	 圖錄 2.5.2 ～平門內陳賁左里……	 圖錄 2.55.1 繇□賊里□～	 圖錄 2.55.2 繇□□里□～
買	 圖錄 3.446.3 ～	 圖錄 3.445.1 ～	 圖錄 3.446.2 ～

字	字形	出處	辭例
		圖錄 3.447.4	~
		圖錄 3.449.6	~
貽〔賠〕		圖錄 2.50.1	□邦賊里王□~
賹*		圖錄 2.445.1	~里豆
		圖錄 2.445.4	~里豆
		圓錢 貨系 4095	~刀
		圓錢 貨系 4097	~刀
		圓錢 貨系 4111	~六刀
		圓錢 貨系 4098	~四刀
		圓錢 齊幣 314	~六刀
昉*		陳昉簋蓋 集成 08.4190	~曰
肤*		圖錄 2.234.1	蒦圆匋(陶)里~
貿*		陳逆簋 集成 07.4096	以~(匄)永命湏(眉)壽
貼*		璽彙 0585	王~
		璽彙 3677	卑□~
		璽彙 4031	章于~
		璽彙 3107	簗~

		圖錄 3. 452. 1 ～		圖錄 3. 453. 5 ～		圖錄 3. 453. 6 ～		
⿰貝句*		璽彙 1276 ～半		圖錄 2. 561. 2 酷里人匋(陶)者～		圖錄 3. 636. 4 ～		
⿰貝市*		璽彙 0235 宴(晏)～(市)		璽彙 3992 東埜(野)～(市)		圖錄 3. 304. 1 ～		
		圖錄 3. 12. 1 祭～		圖錄 3. 303. 6 ～		圖錄 3. 307. 4 ～		圖錄 3. 301. 2 ～
⿰貝壽*		圖錄 3. 124. 1 ～		圖錄 3. 124. 3 ～		圖錄 3. 125. 1 ～		
		圖錄 3. 124. 6 ～		圖錄 3. 127. 2 ～				
⿱叕貝*		陶彙 3. 780 ～□		圖錄 3. 161. 4 ～				
⿸广貝*		璽彙 0262 堯相～鉨		圖錄 3. 161. 2 ～		圖錄 3. 160. 5 ～		

字頭				
	圖錄 3.160.2 ～	圖錄 3.160.4 ～	《說文》：賡，古文續从庚、貝。	
⿱君貝*	璽彙 2611 紀～			
⿱圭貝*	圖錄 3.450.1 ～	圖錄 3.450.2 ～	圖錄 3.450.4 ～	
	圖錄 3.450.6 ～	圖錄 3.451.1 ～	圖錄 3.451.3 ～	
⿱宊貝*	陳逆簠 集成 09.4630 鑄茲～笑(簠)			
⿱殸貝*	璽彙 3697 □～信鉨			
⿱教貝*	圖錄 2.709.5 ～	圖錄 2.712.1 ～	圖錄 2.714.6 ～	圖錄 2.389.3 楚郭□蘆里～
⿰貝匕*	圖錄 3.161.6 ～	圖錄 3.162.4 ～		

䀈*

圖錄 3.549.5
～

圖錄 3.549.6
～

賠*

圖錄 3.146.1
～

圖錄 3.146.3
～

圖錄 3.147.1
～

圖錄 3.148.1
～

賸*

圖錄 2.178.3
東蒦圆～

陶彙 3.299
東蒦圆～

邑

𦅫鎛 集成 01.271-1 侯氏
易(賜)之～百又九十又九邑

𦅫鎛 集成 01.271-2 侯氏
易(賜)之～百又九十又九邑

洹子孟姜壺 集成 15.9730
其人民部～堇(慬)宴

庚壺 集成 15.9733
商(賞)之台(以)～嗣(司)衣裘車馬

陳豖邑戈 集成 17.10964
陳豖～

者兒戈 古研二十三 98 頁
尃～

乘邑虎符 集成 18.12087
乘～

璽彙 0198
昜(陽)都～聖遲(徙)盟之鉨

璽彙 0289
陳窒立事歲安～亳釜

圖錄 3.600.5
～

邦

十四年陳侯午敦
集成 09.4646 保又齊～

十四年陳侯午敦
集成 09.4647 保又齊～

十年陳侯午敦
集成 09.4648 保有齊～

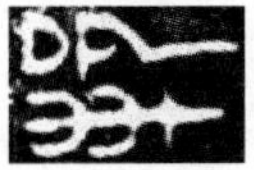
邾公華鐘 集成 01.245
鼄(邾)～是保

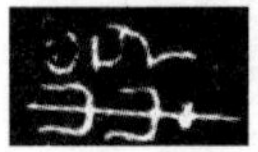
𩓾鎛 集成 01.271
𨻰弔(叔)又成勞于齊～

國差𦉜 集成 16.10361
齊～鼏靜安寍(寧)

璽彙 1590
邾～信鉨

璽彙 1942
郚～

璽彙 3819
司馬～

璽彙 5625
孫～

彙考 67 頁
齊立～鉨

節墨之夻刀 先秦幣編 396
背文 安～

齊口邦長夻刀 齊幣 271
齊口～長夻刀

齊口邦長夻刀 齊幣 272
齊口～長夻刀

節墨之夻刀 齊幣 39
背文 安～

節墨之夻刀 齊幣 40
背文 安～

節墨之夻刀 齊幣 41
背文 安～

節墨之夻刀 貨系 2547
背文 安～

節墨之夻刀 貨系 2548
背文 安～

節墨之夻刀 先秦幣編 396
背文 安～

齊口邦長夻刀 齊幣 275
齊口～長夻刀

齊口邦長夻刀 齊幣 277
齊口～長夻刀

齊口邦長夻刀 齊幣 280
齊～邦長夻刀

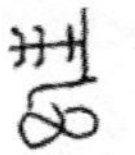
齊口邦長夻刀 齊幣 281
齊口～長夻刀

齊口邦長夻刀 齊幣 284
齊口～長夻刀

齊口邦長夻刀 齊幣 286
齊口～長夻刀

齊□邦長夻刀　貨系 2578
齊□～長夻刀

齊□邦長夻刀　貨系 2575
齊□～長夻刀

齊□邦長夻刀　錢典 856
齊□～長夻刀

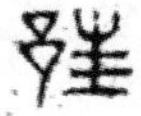
齊□邦長夻刀　錢典 857
齊□～長夻刀

齊□邦長夻刀　錢典 863
齊□～長夻刀

都

中都戈　集成 17.10906
中～

𬇙鎛　集成 01.271
䢌(與)鄩之民人～啚(鄙)

叔夷鎛　集成 01.285-3
余昜(賜)女(汝)釐～脒劉

璽彙 0198　昜(陽)～邑
聖遟(徙)盟之鉨

璽彙 0272
匋～坶

邙

璽彙 2198
～何

璽彙 2199
～□

璽彙 2200
～安

璽彙 2197
～悊

鄩

𬇙鎛　集成 01.271
䢌(與)～之民人都啚(鄙)

鄆

鄆戈　集成 17.10828
～

鄆左戈　集成 17.10932
～左

邦

璽彙 5555
～倉之鉨

鄟	 璽彙 0237 ～安信鉨	
郢	 璽彙 0588 王～	
𨚍	 璽彙 2056 ～癰	 璽彙 2057 ～□
邾	  邾大司馬戈　集成 17.11206 ～大司馬之造戈	 邾君鐘　集成 01.050 ～(邾)君求吉金　　鼄下重見
	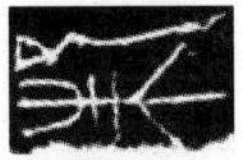 邾公託鐘　集成 01.102　陸蠼(終)之孫 ～公託乍(作)氒(厥)禾(龢)鍾(鐘)	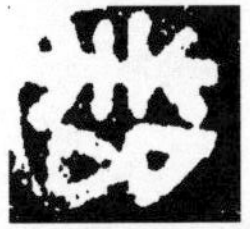 圖錄 3.287.4 ～
	 圖錄 3.287.5 ～	 圖錄 2.405.1 丘齊辛里～大心
鄱	 璽彙 1661 ～䣂信鉨	
邴	 璽彙 2209 ～亡巳	

鄙

陶彙 3. 1325
～

郜

洹子孟姜壺 集成 15. 9730
其人民～邑堇(慬)宴

谷(?)□造戟 集成 17. 11183
□□～(造)戈冶

鄶

陶彙 3. 825
～眴

郐

璽彙 1942
～邦

璽彙 1943
～賫

璽彙 1944
～安

璽彙 1950
～郐□

璽彙 1946
～攸

璽彙 1947
～□

璽彙 1948
～頡

璽彙 1945
～迷

璽彙 1951
～昉

璽彙 1952
～連旮(期)

璽彙 1954
～□信鉨

璽彙 1957
～□信鉨

璽彙 3709
～(徐)發信鉨

圖錄 2. 56. 1
繇□上□里～吉

圖錄 2. 56. 2
繇□上□里～吉

圖錄 3. 26. 4
～敚

圖錄 3. 27. 1
～敚

陶彙 3. 728
～敚

郝

陶彙 9. 40
～痠

郝伯鼎　集成 05. 2601
～白(伯)肇(肇)乍(作)孟妊譱(膳)鼎

郝伯祀鼎　集成 05. 2602
～白(伯)祀乍(作)譱(膳)鼎

郝造遣鼎　集成 04. 2422
～艁(造)遾(遣)乍(作)寶鼎

郝遣簋　集成 07. 4040
～遣乍(作)寶簋

璽彙 2097
～亡朱

璽彙 2096
～戁

邳

邳伯罍　集成 16. 10007　～(邳)白(伯)夏子
自乍(作)尊罍　不下重出

邦

圖錄 2. 237. 2
蒦圖匋(陶)里～逄

郗

圖錄 3. 533. 5
～

郭

郭公子戈　集錄 1164
郤～公子嘼□戈

郘

郘姁鬲　集成 03.0596
～姁□母鑄其羞鬲

郘左庀戈　集成 17.10969
～左庀

郇

圖錄 2.33.3
～市

戠

陳侯因資敦　集成 09.4649
龏(恭)～

庚壺　集成 15.9733
〔庚〕～(捷)其兵〔虢車〕馬

石經古文《僖公》捷作

圖錄 3.578.1
～

陶彙 3.706
丘里人口～

邱

璽彙 2201
～賜

郲

璽彙 2204
～疆

郙

璽彙 0232
璋□～迷(遂)信鉩

郕*

璽彙 3604
～㝵(得)

禾阝*

璽彙 0098

罕~大夫鉩

車阝*

璽彙 1928

~賁

乘阝*

乘阝右戈 集成 17.10997

~左

乘阝左司戈 集錄 1116

~左司

鄟*

璽彙 0152~

坤(市)帀(師)鉩

匈阝*

璽彙 2195

~正里

璽彙 2196

~蘆

亘阝*

亘阝左戟 文物 1995(7)77 頁圖 4

~左告(造)戟冶膭所□

卯阝*

璽彙 2185

~(強)雽

璽彙 2187

~(強)賜

璽彙 2184

~(強)迷 或釋「鄩」。

弓阝*

璽彙 2193

~余

璽彙 2194

~楠 或釋「鄩」。

郗*

璽彙 2205
～□

⿰宏阝*

璽彙 2219
減～

⿰虘阝*

璽彙 2239
～齒信鉨

⿰巠阝*

璽彙 2598
洴～

璽彙 4014
閱(閒)丘～

郤*

郭公子戈 集錄 1164
～郭公子□睘戈

⿰睪阝*

⿰睪阝戈 集成 17.10829
～(部)

鄷*

叔夷鎛 集成 01.285-3
余命女(汝)嗣(司)辝(台)～𨘇

⿰盧阝*

璽彙 0209
～夌(陵)之鉨

鄚*

璽彙 0355
～□坊(市)□

郘*

璽彙 2177
～胥

⿰旊阝*

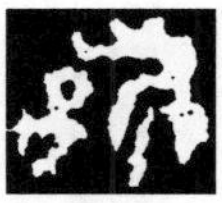

圖錄 2. 386. 1
楚郭□圖里～

圖錄 2. 386. 2
楚郭□圖里～

⿰兆阝*

璽彙 3233
～逃(遂)鉨

⿰秦阝*

璽彙 2207
～冬

璽彙 2206
邛～

郬*

璽彙 0238
～穖信鉨

⿰區阝*

璽彙 0577
王～

彙考 57 頁
～攻(工)帀(師)鉨

璽彙 3239
均閔～

⿰勺阝*

璽彙 0246
喬～信鉨

⿰它阝*	 圖錄 3.3.2 ～公氏之㱃(飲)器		
⿰疋阝*	 璽彙 2206 ～郗		
⿰豢阝*	 鄺大史申鼎 集成 05.2732 ～𠂤之孫簷(莒)大史申		
⿰夜阝*	 璽彙 0265 ～𡉚旻鉩		
⿰⿱東土阝*	 圖錄 2.553.3 東酷里～奭	 圖錄 2.553.4 東酷里～奭	
⿰㠯阝*	 璽彙 2202 ～石子	 璽彙 2203 ～□	 璽彙 3570 ～川忠
	 陶彙 3.328 ～	 圖錄 2.55.3 谿□□圚里～齊	
邢*	 圖錄 2.50.1 □～贓里王□貽		

⿰戉阝*	 璽彙 2218 ～豫之	 璽彙 5646 □～	 璽彙 1147 高～信鉨
邡*	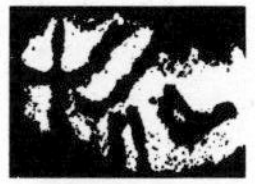 圖錄 3. 394. 3 ～	 圖錄 3. 394. 6 ～	
⿰車阝*	 圖錄 3. 611. 1 ～		
⿰足阝*	 璽彙 3234 珥～		
⿰敢阝*	 圖錄 3. 624. 2 ～巨□		
⿰口阝*	 圖錄 3. 17. 1 蒦～		
⿰豖阝*	 圖錄 2. 6. 3 平陵陳得立事歲～公		

齊文字編卷七

字			
日	 陳助簋蓋 集成 08.4190 元~丁亥	 拍敦 集成 09.4644 隹(唯)正月吉~乙丑	 彙考 67 頁 ~里口
	 圖錄 3.619.3 ~	 圖錄 3.619.2 ~	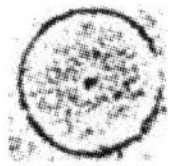 節墨之夻刀 齊幣 69 背文 ~
	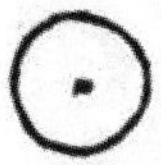 安昜之夻刀 齊幣 93 背文 ~	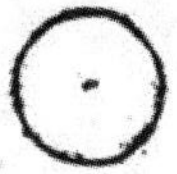 安昜之夻刀 貨系 2514 背文 ~	 齊明刀 考古 1973(1) 背文 ~
	 齊夻刀 齊幣 207 背文 ~	 齊明刀 考古 1973(1) 背文 ~	 齊夻刀 貨系 2633 背文 ~
	 齊明刀範 齊幣 431 幣形背文 ~	 齊之夻刀 齊幣 29 背文 ~	 節墨夻刀 貨系 2569 背文 ~
晉	 圖錄 3.41.3 ~口(獲?)		

昃〔昊〕	 滕侯昊戈 集成 17.11018 滕(滕)侯～之	 滕侯昊戈 集成 17.11079 滕(滕)侯～之艁(造)戈	
	 滕侯昊戈 集成 17.11123 滕(滕)侯～之艁(造)㦸(戟)	 圖錄 3.295.1 ～	 圖錄 3.580.3 ～
昌	 工城戈 集成 17.11211 工城佐阧□～茆(萌)戈	 昌城右戈 集成 17.10998 ～城右	 圖錄 2.604.1 城圆～□
	 彙考 42 頁 ～櫅陳圂(固)南左里段亳豆	 圖錄 2.6.1 ～櫅陳圂(固) 南左里段亳區	 齊夻刀 齊幣 128 背文 ～
	 圖錄 2.52.1 虡丘武昌～里	 圖錄 2.304.3 王卒左段～里人五	 齊夻刀 貨系 2643 背文 ～
	 節墨之夻刀 齊幣 48 背文 大～	 節墨之夻刀 貨系 2538 背文 大～	 齊之夻刀 貨系 2504 背文 大～
	 齊之夻刀 齊幣 9 背文 大～	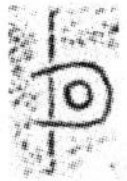 齊之夻刀 齊幣 11 背文 大～	 齊夻刀 貨系 2637 背文 ～
	 齊夻刀 齊幣 124 背文 ～	 齊夻刀 齊幣 120 背文 ～	 齊夻刀 齊幣 123 背文 ～

齊夻刀 齊幣 2639
背文～

節墨夻刀 貨系 2570
背文～

節墨夻刀 貨系 2571
背文～

昔

圖錄 2. 394. 1
楚郭□□里～

圖錄 2. 394. 3
楚郭□□里～

《說文》：籀文从肉。

昉

璽彙 0248
㦰～信鉨

璽彙 1951
郐～

昪*

圖錄 2. 624
城圖～

圖錄 2. 621. 3
城圖～

晐*

璽彙 0344
～膚□

璽彙 3513
彭～

旦

圖錄 2. 320. 2
楚郭□闢里～

圖錄 2. 320. 4
楚郭□闢里～

旗

叔夷鎛 集成 01. 285-2
篩(肅)成朕師～之政德

叔夷鐘 銘文選八四八
篩(肅)成朕師～之政德

旂

邾叔之伯鐘 集成 01. 87
用～(祈)𥁕(眉)壽無疆

邾公託鐘 集成 01. 102
～(祈)年𥁕(眉)壽

游

公孫竊壺 集成 15.9709
用～(祈)釁(眉)壽萬年

公典盤 集錄 1009
用～(祈)釁(眉)壽難老

司馬楙編鎛 山東金文集成
104-108頁 用～吉□□楙

璽彙 3753
～福信鉩

璽彙 3660
～陸(陵)繽(繽)鉩

鄘叔之仲子平鐘 集成 01.177
鑄其～鍾(鐘)

鄘叔之仲子平鐘 集成 01.172
篖(莒)弔(叔)之中(仲)子平自乍(作)鑄其～鐘

鄘叔之仲子平鐘 集成 01.173
篖(莒)弔(叔)之中(仲)子平自乍(作)鑄其～鐘

旅

薛子仲安簠 集成 09.4547
薛子中(仲)安乍(作)～害(簠)

滕侯蘇盨 集成 09.4428
滕(滕)侯穌(蘇)乍(作)氒文考滕(滕)中(仲)～簋

魯仲齊甗 集成 03.0939
魯中(仲)齊乍(作)～獻(甗)

正叔之士□俞簠(器) 遺珍 43頁
乍(作)～匿(簠)

魯宰號簠(器) 遺珍 46頁
魯宰號乍(作)～匿(簠)

〔⿱旅車〕

□君婦媿靁壺 遺珍 65頁
□君婦媿靁乍(作)～(旅)壺

族	 陳喜壺 集成 15.9700 爲左(佐)大～	 亳庭戈 集成 17.11085 亳庭八～戈
⿸㫃并*	 圖錄 2.429.2 塙闌匋(陶)～ 反書	
⿸㫃亘*	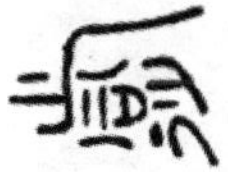 叔夷鎛 集成 01.285-2 戮龢(和)三軍徒～雩(與)氒(厥)行師	
⿸㫃利*	 璽彙 3538 ～悽	
⿸㫃昜*	 璽彙 3691 ～胡安鉨	
⿸㫃目*	 祈室銅柱 周金文存 6.132 ～室同	
參	  臨淄商王墓地 銅杯 鈈大弌益冢(重)～十展	 璽彙 3638 羊～(叁)己  璽彙 3752 ～毋豫之
	 彙考 41 頁 墓(鄭)昜(陽)得～	 圖錄 2.3.1 陳～立事  圖錄 2.3.2 陳賫～立事

月

 圖錄 2.3.3 陳賁～立事	 圖錄 2.10.4 陳賁～立事	
 圖錄 3.226.2 ～	 圖錄 3.224.6 ～	 圖錄 3.226.1 ～
 陳逆簋　集成 07.4096 冰～	 陳逆簠　集成 09.4630 隹王□～初吉丁亥	
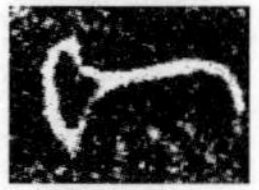 陳侯因資敦　集成 09.4649 隹正六～癸未	 陳純釜　集成 16.10371 齎～戊寅	
 邾公牼鐘　集成 01.149 隹(唯)王正～初吉	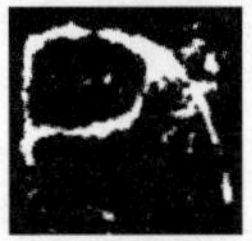 邾公牼鐘　集成 01.150 隹(唯)王正～初吉	
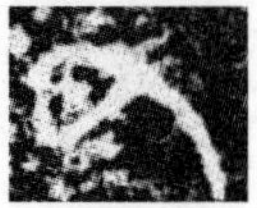 子禾子釜　集成 16.10374 禝(稷)～丙午	 邾公牼鐘　集成 01.151 隹(唯)王正～初吉	
 邾公華鐘　集成 01.245 隹(唯)王正～初吉乙亥	 邾公孫班鎛　集成 01.140 隹(唯)王正～	
 鄦大史申鼎　集成 05.2732 隹(唯)正～初吉辛亥	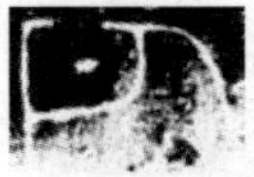 陳肪簋蓋　集成 08.4190 隹(唯)王五～	

鄦叔之仲子平鐘 集成 01. 173
隹(唯)正~初吉庚午

邳伯罍 集成 16. 10006
隹(唯)正~初吉丁亥

鈴鎛 集成 01. 217
隹(唯)王五~初吉丁亥

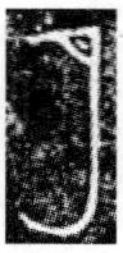
禾簋 集成 07. 3939
隹(唯)正~己亥

拍敦 集成 09. 4644
隹(唯)正~吉日乙丑

鄦公孫朝子鎛 集錄 004
十~己丑

夆叔匜 集成 16. 10282
隹(唯)王正~初吉丁亥

齊鮑氏鐘 集成 01. 142
隹(唯)正~初吉丁亥

齊大宰歸父盤 集成 16. 10151
隹(唯)王八~丁亥

司馬楙編鎛 山東金文集成 104-108 頁
隹(唯)正孟歲十~庚午

彙考 60 頁
十三(四)年十一~市(師)紹

圖錄 2. 31. 2
大市一日~

圖錄 2. 31. 3
大市九~

朔

圖錄 3. 230. 3
~

圖錄 3. 230. 1
~

圖錄 3. 230. 2
~

圖錄 3. 230. 4
~

朏

圖錄 2. 218. 2
蒦昜匋(陶)里人~

期〔朞〕	 洹子孟姜壺 集成 15.9730 ～則爾期	 洹子孟姜壺 集成 15.9729 期則爾～	 夆叔盤 集成 16.10163 壽老無～
	 夆叔盤 集成 16.10282 壽老無～	 公典盤 集錄 1009 男女無～(期)	 鮑子鼎 中國歷史文物 2009(2)51 頁 男女無～
〔㫷〕	 璽彙 0655 王□～□	 璽彙 1952 郤連～(期)	 璽彙 0250 貴連～(期)鉨
	 圖錄 3.202.1 ～	 圖錄 3.204.4 ～	 圖錄 3.204.5 ～
	 圖錄 3.206.3 ～	 圖錄 3.207.4 ～	 圖錄 2.238.4 蒦圆匋里～
[illegible]*	 圖錄 2.414.1 塙闖槨里曰～	 圖錄 2.416.1 塙闖槨里曰～	
有	 叔夷鎛 集成 01.285-6 咸～九州	 十年陳侯午敦 集成 09.4648 保～齊邦	 陳侯因資敦 集成 09.4649 保～齊邦
	 揖芬集 345 頁 圖七-2 ～宊(終)豆		

朙〔明〕	 𠶷馬𣏟編鎛 山東金文集成 104-108 頁 用克肇謹洗(先)王～(盟)祀		 齊明刀 貨系 3800	
	 齊明刀 貨系 1135 ～	 齊明刀 齊幣 386 ～	 齊明刀 中國錢幣 1990(3) ～	
	 齊明刀 考古 1973(1) 背文 ～	 齊明刀 齊幣 382 ～	 齊明刀 齊幣 383 ～	
	 齊明刀 新典 106 ～	 齊明刀 新典 106 ～	 齊明刀范 齊幣 418 ～	
	 齊明刀 齊幣 381 ～	 齊明刀 貨系 3786 ～		
盟〔𥂗〕	 邾公託鐘 集成 01.102 用敬卹～祀	 邾公華鐘 集成 01.245 台(以)卹其祭祀～祀	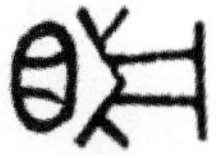 叔夷鎛 集成 01.285-4 中尃～(明)刑	
	 璽彙 0198 昜(陽)都邑 聖遷(徙)～之鉨	 璽彙 0200 遷(徙)～之鉨	 璽彙 0201 遷(徙)～之鉨	
	 璽彙 0202 遷(徙)～之鉨	 璽彙 0322 洛口遷(徙)～金鉨	 璽彙 5275 ～	 彙考 55 頁 遷(徙)～之鉨

夕

齊明刀 考古1973(1)
背文～

齊明刀 考古1973(1)
背文～

夜

叔夷鎛 集成01.285-1
女(汝)不彖(惰)殀(夙)～

粪

圖録2.540.3
子袿里人～

外

子禾子釜 集成16.10374
閉□于□～□釜

圖録2.13.1 闔門～陳得
平棱縣稟豆㮣□倉

夙

夙戈 集成17.10822
～

多

邾大宰鐘 集成01.86
賨(眉)壽～福(福)

上曾大子鼎 集成05.2750
～用旨食

(no head character)

庚壺 集成15.9733
不可～也

彙考295頁
辛～

亟

圖録2.104.4
繇□大匋里～

甬	 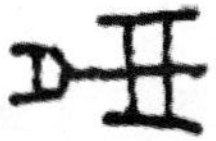 庚壺 集成 15.9733 公曰～(勇)	
栗	 璽彙 0233 子～子信鉨	
齊	 齊城右造戟 集成 18.11815 ～城右造車戟冶腸	 齊城造戈 集成 17.10989 ～城造
	 十四年陳侯午敦 集成 09.4646 保又～邦	 十四年陳侯午敦 集成 09.4647 保又～邦
	 十年陳侯午敦 集成 09.4648 保有～邦	 陳侯因資敦 集成 09.4649 保有～邦
	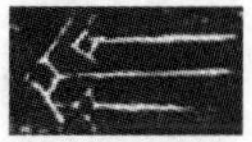 𬒳鎛(集成 01.271 𩜢弔(叔)又成勞于～邦	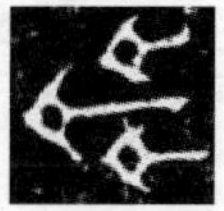 洹子孟姜壺 集成 15.9729 ～侯命大子乘口(遽?)來命宗白(伯)
	 洹子孟姜壺 集成 15.9729 ～侯拜嘉命	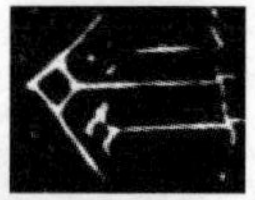 𬒳鎛 集成 01.217 ～辟𩜢(鮑)弔(叔)之孫
	 十年陳侯午敦 集成 09.4648 陳侯午朝群諸侯于～	 陳逆簠 集成 09.4630 余寅事～侯

	魯仲齊鼎 集成 05.2639 魯中(仲)～肈乍(作)皇考𩰫(肆)鼎				魯司徒仲齊盨 集成 09.4441 魯𤔲(司)徒 中(仲)～肈(肇)乍(作)皇考白(伯)走父𩰫盨簋		
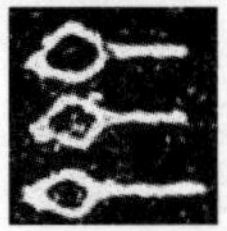	魯司徒仲齊盤 集成 16.10116 魯𤔲(司)徒 中(仲)～肈(肇)乍(作)般(盤)				魯司徒仲齊匜 集成 16.10275 魯𤔲(司)徒 中(仲)～肈(肇)乍(作)皇考白(伯)走父寶它(匜)		
	齊趫父鬲 集成 03.0685 ～趫父乍(作)孟姬寶鬲			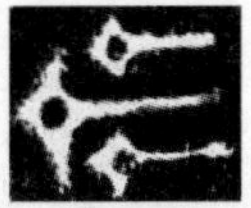	齊侯子行匜 集成 16.10233 ～侯子行乍(作)其寶它(匜)		
	齊鮑氏鐘 集成 01.142 ～𦟆(鮑)氏孫口擇其吉金			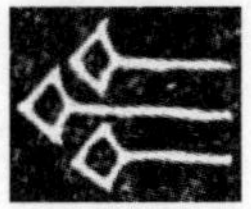	齊大宰歸父盤 集成 16.10151 ～大宰歸父口爲忌(己)沬盤		
	齊陳曼簠 集成 09.4595 ～陳曼不敢迭(逸)康				齊陳曼簠 集成 09.4596 ～陳曼不敢迭(逸)康		
	齊城子戈 綴遺 30.26 ～城子造戈		璽彙 1597 ～歞		璽彙 3751 城圖～		璽彙 0603 王～
	彙考 50 頁 ～匋(陶)正頸		彙考 67 頁 ～立邦鉨		圖錄 3.253.1 ～		圖錄 3.253.4 ～
	圖錄 2.55.3 繇口口鄙里部～		齊之吞刀 先秦編 403 ～之吞刀		齊吞刀 貨系 2628 ～吞刀		

齊杏刀 貨系 2631
～杏刀

齊杏刀 先秦編 398
～杏刀

齊杏刀 先秦編 398
～杏刀

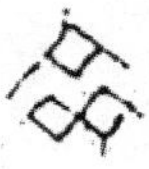
齊杏刀 先秦編 398
～杏刀

齊杏刀 先秦編 398
～杏刀

齊杏刀 先秦編 398
～杏刀

齊杏刀 先秦編 398
～杏刀

齊杏刀 先秦編 398
～杏刀

齊杏刀 先秦編 398
～杏刀

齊杏刀 先秦編 399
～杏刀

齊杏刀 先秦編 399
～杏刀

齊杏刀 先秦編 399
～杏刀

齊杏刀 先秦編 400
～杏刀

齊杏刀 先秦編 401
背文～杏刀

齊□邦長杏刀 貨系 2577
～□邦長杏刀

齊□邦長杏刀 貨系 2578
～□邦長杏刀

齊明刀 貨系 3794
莒治～刀

束

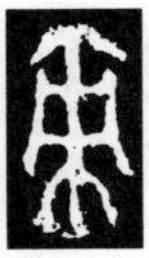
圖錄 3. 12. 3
祭～

圖錄 3. 139. 1
～

鼎

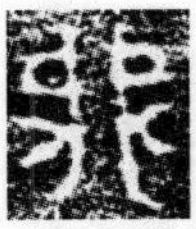
郳訧鼎 集成 04. 2426
鼄(郳)訧爲其～

郳來隹鬲 集成 03. 0670
鼄(郳)來隹乍(作)～

貞下重見

	 洹子孟姜壺　集成 15.9729 于大嗣(司)命用璧兩壺八～	 倪慶匜鼎　遺珍 69 頁 兒(倪)慶乍(作)秦妊它(匜)～	
鼏	 國差𦉜　集成 16.10361 齊邦～靜安盜(寧)		
⿱肆鼎*	 鑄司寇鼎　新出 1917　鑄嗣(司)寇𠃍 肇乍(作)～(肆)貞(鼎)	 魯仲齊鼎　集成 05.2639　魯中(仲)齊肇 乍(作)皇考～(肆)貞(鼎)	
	 上曾大子鼎　集成 05.2750 乃擇吉金自乍(作)～(肆)彝		
克	 陳侯因𬥋敦　集成 09.4649 大慕～成	 司馬楙編鎛　山東金文集成 104-108 頁 用～肇謹洗(先)王明(盟)祀	
禾	 子禾子左戟　集成 17.11130 子～子左造戟(戟)	 子禾子釜　集成 16.10374 子～子口(屯?)治內者御口	
	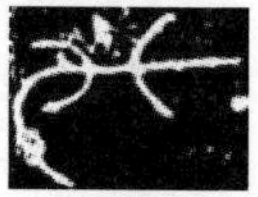 邾公鈺鐘　集成 01.102　陸𪓐(終) 之孫邾公鈺作氒(厥)～(龢)鍾(鐘)	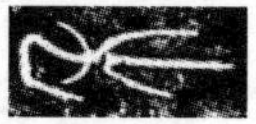 禾簋　集成 07.3939 ～肇(肇)乍(作)皇母懿龏(恭)孟姬𩜁彝	
	 璽彙 5537 ～信君鉨	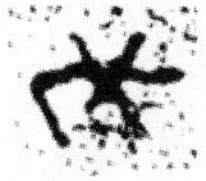 齊㕡刀　齊幣 209 背文～	 齊㕡刀　齊幣 210 背文～

齊夻刀 齊幣 211
背文～

齊夻刀 貨系 2620
背文～

齊明刀 考古 1973(1)
背文～

穖

璽彙 0238
鄯～信鉨

穆

邾公華鐘 集成 01.245
余畢龏(恭)威(畏)忌悲(淑)～

叔夷鎛 集成 01.285-6
不(丕)顯～公之孫

稷

子禾子釜 集成 16.10374
～月丙午

秋〔朮〕

圖錄 3.477.2
～

采

圖錄 3.41.4
𥝢～乙

康

齊陳曼簠 集成 09.4596
齊陳曼不敢逸(逐)～

叔夷鎛 集成 01.285-3
女(汝)～能乃又(有)事眔乃敲(敵)寮

年〔季〕

十四年陳侯午敦 集成 09.4646
隹(唯)十又四～

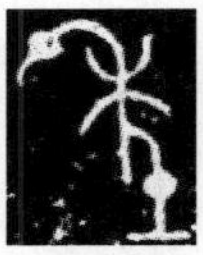
邾公託鐘 集成 01.102
旂(祈)～釁(眉)壽

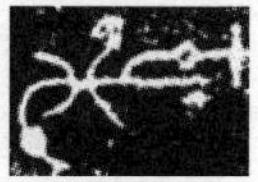	邾公釛鐘　集成 01.102 揚君霝(靈)君已(以)萬～		邾來隹鬲　集成 03.0670 其用𥌋(眉)壽萬～無彊(疆)
	邾公牼鐘　集成 01.149 至于萬～		邾公華鐘　集成 01.245 其萬～無彊(疆)
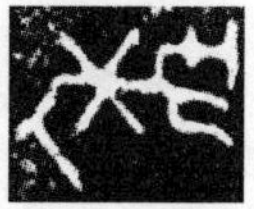	鄦叔之仲子平鐘　集成 01.178 萬～無諆(期)		公孫竈壺　集成 15.9709 用旂(祈)𩰤(眉)壽萬～
	魯大司徒元盂　集成 16.10316 萬～𥌋(眉)壽永寶用		滕侯穌盨　集成 09.4428 其子子孫萬～永寶用
	魯伯俞父簠　集成 09.4566 其萬～𥌋(眉)壽永寶用		魯仲齊甗　集成 03.0939 其萬～𥌋(眉)壽子子孫孫永寶用
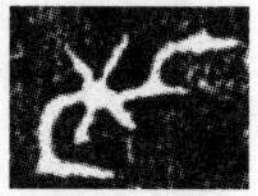	魯大宰原父簋　集成 07.3987 其萬～𩰤(眉)壽永寶用		魯伯大父作仲姬俞簋　集成 07.3989 其萬～𥌋(眉)壽永寶用亯(享)
	魯司徒仲齊盨　集成 09.4440 其萬～𥌋(眉)壽		魯司徒仲齊盨　集成 09.4441 其萬～𥌋(眉)壽
	魯司徒仲齊盤　集成 16.10116 其萬～永寶用亯(享)		杞伯每亡壺蓋　集成 15.9687 其萬～𣪘(眉)壽

	 杞伯每亡壺蓋 集成 15. 9688 其萬～𥂴(眉)壽	 鑄子叔黑𦣞簠 集成 09. 4570 其萬～𧷸(眉)壽
	 鑄公簠蓋 集成 09. 4574 其萬～釁(眉)壽	 邾伯祀鼎 集成 05. 2602 其萬～𧷸(眉)壽無疆
	 尋仲盤 集成 16. 10135 其萬～無疆	 鄦侯少子簋 集成 08. 4152 隹(唯)五～正月丙午
	 夆叔盤 集成 16. 10163 其𩰫(眉)壽萬～	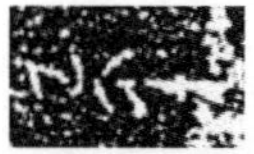 陳璋方壺 銘文選 2. 865 隹(唯)王五～
	 陳璋圓壺 集成 16. 9975 隹(唯)王五～	 口君婦媿霝壺 遺珍 65 頁 其～萬子子孫孫永用
	 彙考 60 頁 十三(四)～十一月帀(師)紹	 齊夻刀 貨系 2621 背文 ～
穌	 滕侯穌盨 集成 09. 4428 滕(滕)侯～(穌) 乍(作)氒(厥)文考滕(滕)中(仲)旅簋	
秦	 倪慶鬲 遺珍 41 頁 兒(倪)慶乍(作)～妊羞鬲	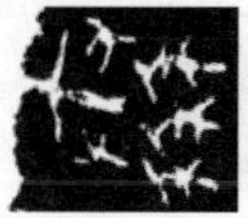 郳君慶壺 遺珍 38 頁(上) 鼄(郳)君慶乍(作)～妊醴壺

	 郱君慶壺 遺珍 38 頁(下) 鼄(郱)君慶乍(作)～妊醴壺	 倪慶匜鼎 遺珍 69 頁 兒(倪)慶乍(作)～妊它(匜)鼎
析	 鄦侯少子簋 集成 08.4152 鄦侯少子～	
梁	 庚壺 集成 15.9733 □旬(?)□(四?)舟□□丘□□于～	 圖錄 3.351.4 ～
精	 璽彙 3547 豩～	
樸	 璽彙 3682 ～鄮	
粆*	 彙考 59 頁 辛□□坤(市)～	 圖錄 2.47.3 王～
糣*	 彙考 45 頁 右稟(廩)迊㝉～	
糍*	 璽彙 0644 王句～	

粕*	 彙考 59 頁 ～知卿璽			
臼	 圖錄 3. 495. 1 ～	 圖錄 3. 495. 2 ～	 圖錄 3. 462. 6 巢～	 圖錄 3. 463. 2 巢～
尚	 圖錄 3. 74. 1 ～	 圖錄 3. 74. 2 ～	 圖錄 3. 74. 4 ～	
家	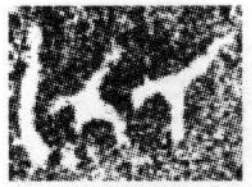 陳逆簠　集成 09. 4630 㒷血(恤)宗～	 叔夷鎛　集成 01. 285-4 女(汝)台(以)専戒公～	 公典盤　集錄 1009 室～是保	
	 賈孫叔子屖盤　山東金文集成 675 頁 室～是保			
宅	 璽彙 0211 口～之鉨			
室	 公典盤　集錄 1009 ～家是保	 祈室銅柱　周金文存 6. 132 𣄰～同	 賈孫叔子屖盤　山東金文集成 675 頁　～家是保	
向	 圖錄 2. 1. 1 陳～立事歲口之王釜	 圖錄 2. 165. 4 中蒦圆里敦于～	 陶彙 3. 248 蒦圆里匋(陶)里人～	

寍		國差罎 集成 16. 10361 齊邦鼏靜安～(寧)				
定		圖錄 3. 477. 5 ～				
安		安右矛 集成 18. 11490 ～平右		陳純釜 集成 16. 10371 於兹～陵		
	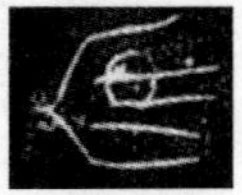	薛子仲安簠 集成 09. 4546 薛子中(仲)～乍(作)旅簠(簠)		薛子仲安簠 集成 09. 4547 薛子中(仲)～乍(作)旅簠(簠)		
	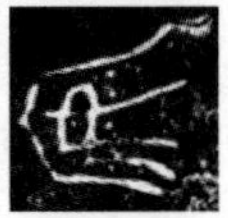	國差罎 集成 16. 10361 齊邦鼏靜～寍(寧)	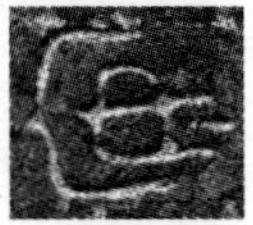	魯宰號簠(蓋) 遺珍 46 頁 魯酉子～母肇乍(作)匠(簠)		
		正叔之士□俞簠(蓋) 遺珍 44 頁 魯酉子～母肇乍(作)匠(簠)		璽彙 0237 鄭～信鉨		
		璽彙 2673 㤅～		璽彙 0289 陳窒 立事歲～邑亳釜		璽彙 1944 郤～
		璽彙 2200 邛～		璽彙 3691 𤓰胡～鉨		璽彙 3922 公孫～信鉨

 圖錄 3.39.1 不～	 圖錄 2.94.2 繇口大匋里～	 圖錄 2.401.3 丘齊𨛭里～
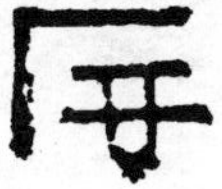 圖錄 3.254.2 ～	 圖錄 3.255.6 ～	 圖錄 3.253.6 ～
 圖錄 3.253.5 ～	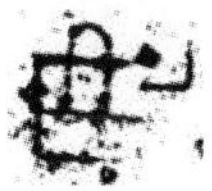 節墨之厺刀 齊幣 41 背文 ～邦	 安昜之厺刀 齊幣 108 ～昜之厺刀
 安昜之厺刀 齊幣 93 ～昜之厺刀	 安昜之厺刀 齊幣 92 ～昜之厺刀	 安昜之厺刀 齊幣 106 ～昜之厺刀
 安昜之厺刀 齊幣 111 ～昜之厺刀	 節墨之厺刀 貨系 2547 背文 ～邦	 節墨之厺刀 貨系 2548 背文 ～邦
 齊厺刀 貨系 2644 背文 ～	 節墨之厺刀 齊幣 40 背文 ～邦	 節墨之厺刀 齊幣 39 背文 ～邦

宓

 彙考 51 頁 高～(密)左口		

宴

 郘公䥒鐘 集成 01.151 台(以)～大夫	 郘公華鐘 集成 01.245 台(以)～士庶子	

實

國差罎 集成 16. 10361
用～旨酉(酒)

寶

郳友父鬲 集成 03. 717
鼄(郳)友父朕(媵)其子□嫊～鬲

郳友父鬲 集成 03. 717
其釁(眉)壽永～用

郳訧鼎 集成 04. 2426
子子孫孫永～用

薛侯匜 集成 16. 10263
子子孫孫永～用

薛子仲安簠 集成 09. 4546
其子子孫孫永～用亯(享)

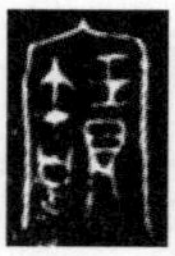

黏鎛 集成 01. 217
適中(仲)之子黏乍(作)子中(仲)姜～鎛

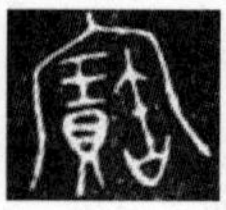

國差罎 集成 16. 10361
攻(工)帀(師)何鑄西𩫖～罎四秉

魯大司徒厚氏元鋪 集成 09. 4690
子子孫孫永～用之

魯伯愈父鬲 集成 03. 0694
其永～用

魯伯俞父簠 集成 09. 4567
其萬年釁(眉)壽永～用

魯司徒仲齊盤 集成 16. 10116
其萬年永～用亯(享)

魯少司寇盤 集成 16. 10154
永～用之

魯伯敢匜 集成 16. 10222
魯白(伯)敢乍(作)～它(匜)

魯司徒仲齊匜 集成 16. 10275 魯𤔲(司)徒中(仲)齊肈(肇)乍(作)皇考白(伯)走父～它(匜)

 杞伯每亡鼎 集成 04.2495 杞白(伯)每亡乍(作)㲃(邾)媵~鼎	 杞伯每亡簋 集成 07.3899 杞白(伯)每亡乍(作)鼄(邾)媵~鼎
 杞伯每亡簋 集成 07.3900 杞白(伯)每亡乍(作)鼄(邾)媵~簋	 杞伯每亡簋 集成 07.3901 杞白(伯)每亡乍(作)鼄(邾)媵~簋
 杞伯每亡壺蓋 集成 15.9687 杞白(伯)每亡乍(作)鼄(邾)媵~壺	 杞伯每亡壺蓋 集成 15.9688 杞白(伯)每亡乍(作)鼄(邾)媵~壺
 杞伯每亡壺 集成 15.9687 蓋子子孫孫永~用亯(享)	 員甫人匜 集成 16.10261 子子孫孫永~用
 鑄子叔黑臣簠 集成 09.4570 肈(肇)乍(作)~匠(簠)	 鑄叔作嬴氏簠 集成 09.4560-1 鑄弔(叔)乍(作)嬴氏~匠(簠)
 鑄公簠蓋 集成 09.4574 子子孫孫永~用	 尋仲盤 集成 16.10135 子子孫孫永~用
 邘公孫敦 考古 1989(6) 大~無諆(期)	 僉父瓶 遺珍 32 頁 釁(眉)壽無疆子子孫孫永~用之
 僉父瓶 遺珍 33 頁 釁(眉)壽無疆子子孫孫永~用之	

宦

叔夷鎛 集成 01.285-1
~執而(爾)政事

宰

黏鎛 集成 01.271
大迷(遂)大~

魯宰駟父鬲 集成 03.0707
魯~駟父乍(作)姬雕媵鬲

魯大宰原父簋 集成 07.3987 魯大~
邍(原)父乍(作)季姬牙賸(媵)簋

齊大宰歸父盤 集成 16.10151
齊大~歸父弁爲忌(己)沬盤

郳大宰簠 集成 09.4623
鼄(郳)大~欉子斟鑄其匿(簠)

滕大宰得匜 集錄 1011
滕大~得之御鉇(匜)

魯宰虢簠(器) 遺珍 46頁
魯~虢乍(作)旅匿(簠)

宄

郳公鈓鐘 集成 01.102
用樂我嘉~及我正卿

郳友父匜 集成 16.10236
友父朕(媵)其子~(賓)□□寶用

客

鄘大史申鼎 集成 05.2732
台(以)迎(御)賓~

陳喜壺 集成 15.9700
誨(賓)~

彙考 33頁
左掌(掌)~亳

圖錄 3.614.1
□~□

寡		司馬楙編鎛 山東金文集成 104-108 頁 哀命(憐)鰥~				
害		郳公子害簠 遺珍 67 頁 鼄(郳)公子~自乍(作)匠(簠)				
宋		璽彙 1433 ~迲(去)疾		彙考 250 ~佷		陶彙 3.803 ~得
宗		圖錄 2.717.1 ~				齊明刀 貨系 3797 背文 平陽冶~
		陳逆簋 集成 07.4096 作爲皇祖大~簋				陳逆簠 集成 09.4630 懽血(恤)~家
		洹子孟姜壺 集成 15.9729 齊侯命大子乘□(遽?)來命~白(伯)				司馬楙編鎛 山東金文集成 104-108 頁 楙乍(作)~彝
宔		陳純釜 集成 16.10371 命左關帀(師)□敕~(主)左關之釜				
𡨦*		齊侯作孟姜敦 集成 09.4645 齊侯 乍(作)朕(媵)~□孟姜膳辜(敦)				

宂*

陶彙 3. 732

～□

㝑*

費奴父鼎 集成 05. 2589 弗(費)奴父乍(作)孟姒～賸(媵)鼎(鼎)

蜜*

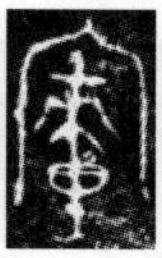

陳眆簋蓋 集成 08. 4190

～弔(叔)和(支?)子

寠*

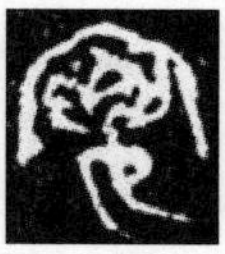

洹子孟姜壺 集成 15. 9730

其人民郜邑堇(懂)～

㝎*

曩伯子㝎父盨 集成 09. 4444

曩白(伯)子～父乍(作)其延(征)盨

曩伯子㝎父盨 集成 09. 4445 曩白(伯)子～父乍(作)其延(征)盨

曩伯子㝎父盤 集成 16. 10081

曩白(伯)～父朕(媵)姜無姬般(盤)

曩伯子㝎父匜 集成 16. 10211 曩白(伯)～父朕(媵)姜無姬般(盤)它(匜)

竃*

曩甫人匜 集成 16. 10261

余王～(竃)叡孫

引*

圖錄 3. 599. 1

～

审*

鄘大史申鼎 集成 05.2732
鄘～之孫簷(莒)大史申

客*

齊明刀 貨系 3793
背文 莒冶～刀

宮

洹子孟姜壺 集成 15.9729
于南～子用璧二備(佩)玉二嗣(笥)

洹子孟姜壺 集成 15.9730
于南～子用璧二備(佩)玉二嗣(笥)

拍敦 集成 09.4644
拍乍作朕配平姬章～祀彝

圖錄 3.537.2
～

營

璽彙 3687
～鏤

呂

邾公牼鐘 集成 01.149
玄鏐膚(鱸)～(鋁) 通鋁

邾公牼鐘 集成 01.150
玄鏐膚(鱸)～(鋁)

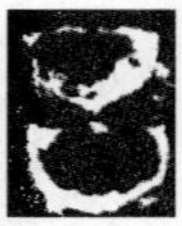

邾公牼鐘 集成 01.151
玄鏐膚(鱸)～(鋁)

窯

彙考 300 頁
公司(何)～

⿱穴黽

陶彙 3.781
右～

⿱穴祭〔⿱宀祭〕

叔夷鎛　集成 01.285-3
爲女(汝)敵(敵)～

⿱穴𡈼

璽彙 3707～
中□鉨

璽彙 3937
～孫□

璽彙 3938
～孫丘

璽彙 4090
～中登

⿱穴重*

陳⿱穴重散戈　集成 17.11036
陳～散鉞

陳⿱穴重車轄　集成 18.12023
陳～散

陳⿱穴重車轄　集成 18.12024
陳～散

璽彙 0289
陳～立事歲安邑亳釜

圖錄 2.646.1
陳～立事歲安邑亳釜

圖錄 2.241.1
蒦圆里匋(陶)母～

⿱穴焅*

公孫⿱穴焅壺　集成 15.9709
公孫～立事歲

陳麗子戈　集成 17.11082
陳麗子～戈　　同造

⿱穴造*

彙考 67 頁
母～鉨

穴*	 魯正叔盤 集成 16.10124 魯正弔(叔)之～乍(作)鑄其御般(盤)		
⿱穴悳*	 圖錄 2.198.1 蒦圆里匋(陶)人～	 圖錄 2.199.2 蒦圆里匋(陶)人～	
⿱穴晏*	 璽彙 0235 ～(晏)肺(市)信鉩		
⿱穴貝*	 璽彙 0581 王～		
疾	 叔夷鎛 集成 01.285-8 齊侯左右母(毋)～母(毋)已	 璽彙 1433 宋迲(去)～	 璽彙 1481 陳迲(去)～信鉩
	 圖錄 2.463.4 豆里～目	 圖錄 2.464.3 豆里～目	 圖錄 2.439.1 豆里棄～
	 圖錄 2.438.1 豆里棄～	 圖錄 2.438.3 豆里棄～	
〔痦〕	 圖錄 2.406.4 □□辛里遷□～		

瘞	 圖錄 2.679.3 向～		
痹	 圖錄 3.360.1 ～	 圖錄 3.360.2 ～	 圖錄 3.361.5 ～
	 圖錄 3.362.1 ～	 圖錄 3.359.3 ～	
疸	 右伯君權 三代 18.32.2 西里～		
痰	 圖錄 2.336.1 關里～	 圖錄 2.337.2 關里～	
疪*	 圖錄 3.390.5 ～	 圖錄 3.390.6 ～	
瘖*	 圖錄 3.22.4 ～		
痏*	 圖錄 3.368.1 ～	 圖錄 3.369.1 ～	

瘩*	 國差罎 集成 16.10361 侯氏毋~毋𤵸		
癮*	 璽彙 2056 邦~		
𤸫*	 璽彙 3742 東卿~鉨		
癰*	 圖錄 3.10.2 祭~	 圖錄 3.365.1 ~	 圖錄 3.366.2 ~
	 陶彙 3.1008 ~	 圖錄 3.367.4 ~	
癌*	 圖錄 2.612.2 城陽~		
𤵸*	 國差罎 集成 16.10361 侯氏毋瘩毋~　或認爲从祝	 圖錄 3.363.1 ~	 圖錄 3.363.6 ~
	 圖錄 3.363.1 ~	 圖錄 3.363.2 ~	

		圖錄 3.363.1 ～		圖錄 3.363.2 ～
瘦*		璽彙 0236 ～慶信鉨		
⿸疒肰*		璽彙 0482 王～信鉨		
痘*		圖錄 2.15.1 ～尚陳得再左里毀亳豆	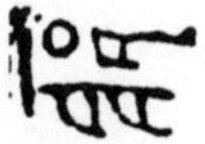	圖錄 2.15.2 ～尚陳得再左里毀亳豆
⿸疒啇*		圖錄 3.358.4 ～		圖錄 3.358.5 ～
⿸疒谷*		圖錄 3.370.2～		
⿸疒五*		圖錄 3.614.3 來～		
⿸疒禹*		圖錄 3.496.1 ～		

疽*	 璽彙 0599 王～	 陶彙 3.809 王～	
痠*	 陶彙 9.40 郐～		
⿸疒也*	 圖錄 3.488.1 ～	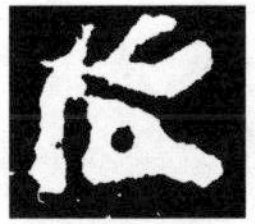 圖錄 3.488.3 ～	
⿸疒从*	 圖錄 3.373.2 ～	 圖錄 3.373.3 ～	 圖錄 3.373.4 ～
⿵冂⿰目先*	 圖錄 3.269.1 ～	 圖錄 3.269.3 ～	 圖錄 3.268.6 ～
⿵冂員*	 圖錄 3.497.1 ～	 圖錄 3.497.2 ～	
同	 祈室銅柱 周金文存 6.132 旃室～	 彙考 312 公孫～	 圖錄 2.324.2 楚郭□里～
	 圖錄 3.658.4 ～		

兩	 洹子孟姜壺　集成 15.9729 于大嗣(司)命用璧～壺八鼎	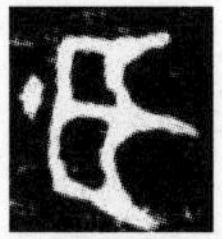 洹子孟姜壺　集成 15.9730 于大嗣(司)命用璧～壺八鼎	
羅	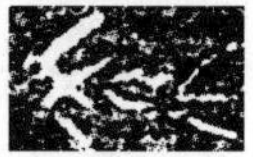 武羅戈　集錄 1088 武～	 圖錄 3.329.3 ～	
罟	 圖錄 3.385.6 ～		
⿱罒⿰弓夭*	 璽彙 0153 ～(躲)者帀(師)鉨	 璽彙 3483 ～(躲)武	
⿱罒頡*	 圖錄 2.285.2 里□□～	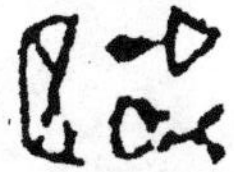 圖錄 2.48.2 右設□□尚畢里季～	
⿱罒又*	 璽彙 0265 郯(?)尘～鉨	 璽彙 0312 銡閶(門)尘～	 璽彙 0334 □閶(門)尘～
	 璽彙 0336 武𢥚尘～鉨	 彙考 64 頁 武平尘～	
師	 司馬楙編鎛　山東金文集成 104-108 頁 亦～刑(型)灋則祧(先)公正悳(德)		

常	 圖錄 2.549.3 孟～匋(陶)里人□	 圖錄 2.548.3 孟～匋(陶)里賞	 圖錄 3.299.2 ～
	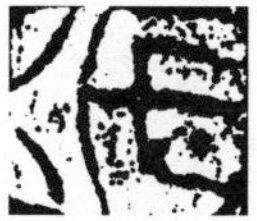 圖錄 3.297.1 ～	 圖錄 3.297.2 ～	 圖錄 3.298.1 ～
	 圖錄 3.296.1 ～	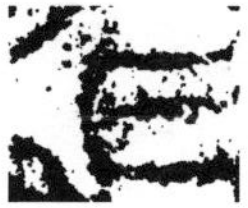 圖錄 3.296.4 ～	
帛	 圖錄 2.84.3 蒦圆南里匋者～吾		
白	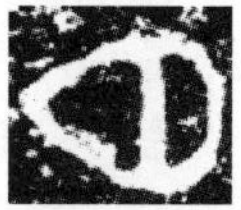 邾叔之伯鐘 集成 01.087 鼄弔(叔)之～(伯)□□	 邳伯罍 集成 16.10007 不(邳)～(伯)夏子自乍(作)尊罍	
	 洹子孟姜壺 集成 15.9729 齊侯命大子乘□(遽?)來命宗～(伯)	 魯伯愈父鬲 集成 03.0690 魯～(伯)愈父乍(作)鼄(邾)姬□朕羞鬲	
	 魯伯俞父簠 集成 09.4568 魯～(伯)俞父乍(作)姬□匿(簠)	 魯伯大父作季姬簋 集成 07.3974 魯～(伯)大父乍(作)季姬□賸(媵)簋	
	 郜伯祀鼎 集成 05.2602 郜～(伯)祀乍(作)譱(膳)鼎	 魯伯厚父盤 集成 16.10086 魯～(伯)厚父乍(作)中(仲)姬俞賸(媵)盤	

宗

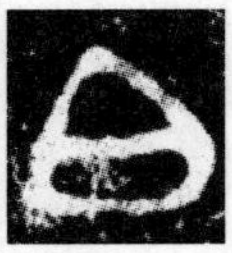
杞伯每亡鼎 集成 05. 2642
杞～(伯)每亡乍(作)殺(邾)婞寶鼎

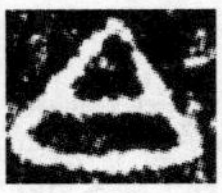
杞伯每亡壺 集成 15. 9688
杞～(伯)每亡乍(作)鼄(邾)婞寶壺

曩伯子宼父盨 集成 09. 4445
曩～(伯)子宼父乍(作)其延(征)盨

魯伯大父作仲姬俞簋 集成 07. 3989
魯～(伯)大父乍(作)中(仲)姬俞賸(媵)簋

魯司徒仲齊匜 集成 16. 10275 魯嗣(司)徒
中(仲)齊肇(肇)乍(作)皇考～(伯)走父寶它(匜)

璽彙 0282
右迻～文信鉩

彙考 45 頁
右稟(廩)迊～稭鉩

敝

彙考 37 頁
～陞(陵)右司馬𣪘鉩

㡀

璽彙 0083
□□司～

齊文字編卷八

人

子禾子釜　集成 16. 10374
闢～築桿戚釜

子禾子釜　集成 16. 10374
而(爾)車～制之

子禾子釜　集成 16. 10374
□闢～不用命

𩓣鎛　集成 01. 271
與鄩之民～都啚(鄙)

洹子孟姜壺　集成 15. 9730
其～民郜邑堇(墐)宴

㠱甫人匜　集成 16. 10261
㠱甫～余

璽彙 0642
王楚～

璽彙 0173
行～闢

圖録 3. 601. 3
～

圖録 2. 81. 2
蒦圆南里～不□

圖録 2. 81. 1
蒦圆南里～盇

保

陳逆簋　集成 07. 4096
子孫是～

十四年陳侯午敦　集成 09. 4646
～又齊邦

	邾公華鐘　集成 01.245 鼄(邾)邦是～	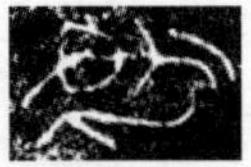	鄦叔之仲子平鐘　集成 01.172 子子孫孫永～用之
	鄦叔之仲子平鐘　集成 01.173 子子孫孫永～用之		鄦叔之仲子平鐘　集成 01.175 子子孫孫永～用之
	邾公華鐘　集成 01.245 子子孫孫永～用亯(享)		走馬薛仲赤簠　集成 09.4556 子子孫孫永～用亯(享)
	魯大司徒子仲伯匜　集成 16.10277 子子孫孫永～用之		陳侯因𬦊敦　集成 09.4649 ～有齊邦
	叔夷鎛　集成 01.285-8 永～其身　从玉	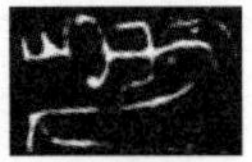	𬸚鎛　集成 01.271 ～虘(吾)兄弟
	𬸚鎛　集成 01.271 ～虘(吾)子佳(姓)		公孫𥂴壺　集成 15.9709 子子孫孫羕(永)～用之
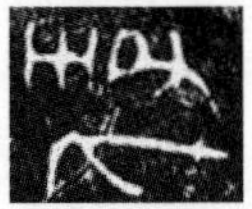	國差𦉜　集成 16.10361 子子孫孫永～用之		夆叔盤　集成 16.10163 永～其身
	公典盤　集錄 1009 室家是～	 	鮑子鼎　中國歷史文物 2009(2)51 頁 ～而(爾)兄弟

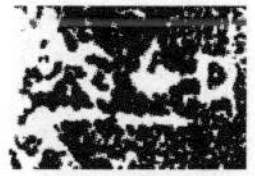  十年陳侯午敦 集成09.4648
～有齊邦

 邿叔之伯鐘 集成01.087
永～用享 從貝

仕

 仕斤徒戈 集成17.11049
～斤徒戈

佰

 邳伯罍 集成16.10007
不(邳)～(伯)夏子自乍(作)尊罍　　白下重見

俘

 陶彙3.302
王～

侯

 璽彙5687
公孫～

倗

 圖錄 3.55.4
～

 圖錄3.55.5
～

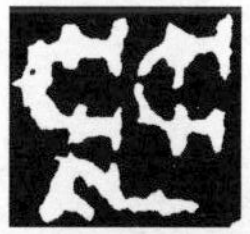 圖錄3.56.4
～

佗

 圖錄2.49.4
□□□里□～

 圖錄3.260.1
～

 圖錄3.260.3
～

字	字形	出處	字形	出處	字形	出處
何	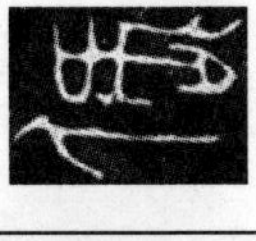	國差𦉜 集成 16.10361 攻(工)帀(師)～鑄西𩫖寶𦉜四秉		璽彙 2198 邙～		圖錄 2.564.3 西酷里陳～
		圖錄 2.362.1 楚郭□檀里～		圖錄 2.362.2 楚郭□檀里～		
備	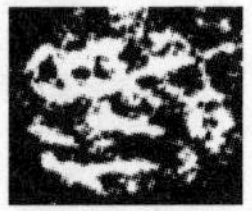	子備□戈 集成 17.11021 子～□戈	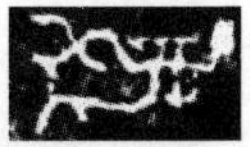	孟姜壺 集成 15.9729 于上天子用璧玉～(佩)一嗣(笥)		
		孟姜壺 集成 15.9730 上天子用璧玉～(佩)一嗣(笥)		洹子孟姜壺 集成 15.9729 于南宮子用璧二～(佩)玉二嗣(笥)		
		洹子孟姜壺 集成 15.9730 于 南宮子用璧二～(佩)玉二嗣(笥)		子備璋戈 集錄 1140 子～璋戈		
倚		璽彙 0651 王～信鉨		璽彙 0641 王～		
佴		璽彙 0590 王～		璽彙 3561 㜸～		
侍		圖錄 3.238.1 ～				

付

圖錄 3. 233. 4
～

圖錄 3. 233. 5
～

圖錄 3. 234. 1
～

圖錄 3. 234. 5
～

圖錄 3. 235. 2
～

圖錄 3. 236. 6
～

圖錄 3. 237. 1
～

圖錄 3. 237. 2
～

圖錄 3. 237. 4
～

僅

璽彙 3690
～屯資鉨

倪〔兒〕

倪慶鬲　遺珍 41 頁
～(倪)慶乍(作)秦妊羞鬲

倪慶匜鼎　遺珍 69 頁
～(倪)慶乍(作)秦妊它(匜)鼎

傳

洹子孟姜壺　集成 15. 9729
女(汝)受□遄～□御

璽彙 3551
悕～

圖錄 2. 152. 2
繇□中匋(陶)里～

圖錄 2. 152. 3
繇□中匋(陶)里～

圖錄 2. 152. 1
繇□中匋(陶)里～

圖錄 2. 153. 1
繇□中匋(陶)里～

佝

圖錄 2. 313. 2
□□郭□□匋(陶)里～

圖錄 2. 313. 4
□□郭□□匋(陶)里～

伐	   陳璋方壺　銘文選 2.865　陳璋內(入) 伐匽(燕)勳(勝)邦之~隻(獲)	
	 陳璋圓壺　集成 16.9975　陳璋 內(入)~匽(燕)勳邦之隻(獲)	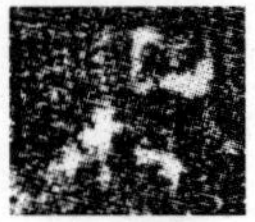 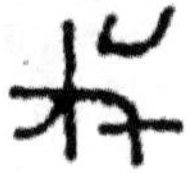 庚壺　集成 15.9733 庚~陸□
傴	 圖錄 2.268.1 北里~	 圖錄 2.268.2 北里~
弔	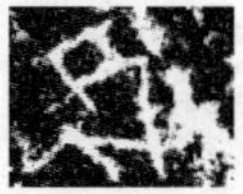 叔孫戈　集成 17.11040 ~(叔)孫戈	 邾叔之伯鐘　集成 01.087 鼄~(叔)之白(伯)□□
	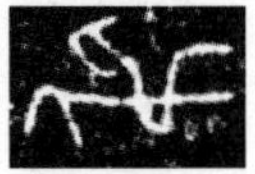 鄺叔之仲子平鐘　集成 01.174 篖(莒)~(叔)之中(仲)子平自乍(作)鑄其游鐘	
	 鄺叔之仲子平鐘　集成 01.180 篖(莒)~(叔)之中(仲)子平自乍(作)鑄其游鐘	
	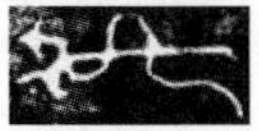 陳昉簋蓋　集成 08.4190 寶~(叔)枂(支?)子	  𬙊鎛　集成 01.271 用亯(享)用孝于皇祖聖~(叔)
	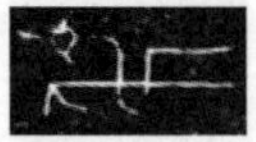 𬙊鎛　集成 01.271 𨞾~(叔)又成勞于齊邦	 鑄叔作嬴氏簠　集成 09.4560 鑄~(叔)乍(作)嬴氏寶匡(簠)

 鑄子叔黑臣簠鑄 集成 09. 4570 子~(叔)黑臣  鑄子叔黑臣簠鑄 集成 09. 4571 子~(叔)黑臣	 庚壺 集成 15. 9733 武~(叔)曰庚  司馬楙編鎛 山東金文集成 104-108 頁 朕吝(文)考懿~(叔)	 薛侯盤 集成 16. 10133 胯(薛)侯乍(作)~(叔)妊襄朕(媵)般(盤)	**佐***  工城戈 集成 17. 11211 工城~阩□昌茀(茀 戈	**倛***  圖錄 2. 85. 1 蒦圆南里司馬~  圖錄 2. 119. 2 繇□大匋里~  圖錄 2. 140. 1 大蒦圆里匋~	**假***  璽彙 3705 ~殹□鉨  彙考 250 頁 宋~	**性***  鈴鎛 集成 01. 271 保盧(吾)子~(姓)  圖錄 2. 470. 2 豆里魚~  圖錄 2. 473. 3 豆里魚~	**仕***  璽彙 1463 陳~

侄*		圖錄 3.625.5 ～		圖錄 3.625.6 ～
佳*		圖錄 2.172.2 中蒦圆里人～		圖錄 2.172.3 中蒦圆里人～
匕		璽彙 5706 輔～斁坓		
化		圖錄 2.126.1 繇□大匋(陶)里～		圖錄 3.581.6 ～
頃		鍗頃戈 文物 1993(4)94 頁 圖一：1 鍗～		
从	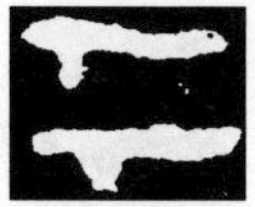	圖錄 3.476.3 ～		
從		黏鎛 集成 01.271 侯氏～達之		洹子孟姜壺 集成 15.9730 無用～(縱)爾大樂
		洹子孟姜壺 集成 15.9729 無用～(縱)爾大樂		庚壺 集成 15.9733 ～河台(以)□伐彘□丘

并		圖錄 3.476.2 ～		圖錄 3.476.1 ～
		璽彙 1589 □～信鉨		
比		圖錄 4.204.1 ～遐		
北		祈室銅柱 周金文存 6.132 㡿(户)～面		圖錄 2.269.1 ～里五
		圖錄 2.269.2 ～里五		圖錄 2.302.4 ～里五
丘		闖丘為鵙造戈 集成 17.11073 闖～為鵙造戈		子禾子釜 集成 16.10374 ～關之釜
	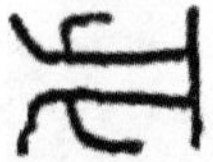	庚壺 集成 15.9733 從河台(以)□伐巍□～		膚(莒)丘子戟 集錄 1153 膚(莒)～子𢧢(戟)治
		偏將軍虎節 歷史博物館館刊 1993(2) 填(營)～牙(與)塿紤弁(偏)將軍信節		

 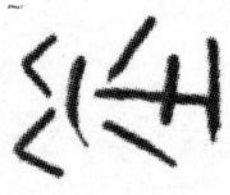
辟大夫虎符　集成 18.12107
填(營)～牙(與)塿紡辟(嬖)大夫信節

璽彙 2235
□～

璽彙 3508
水～塚

璽彙 4010
吾～卿

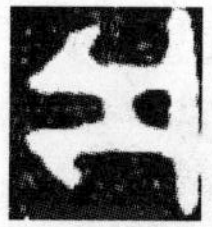
璽彙 0277
荳～事人鉨

璽彙 4012
閱～遏

璽彙 4013
閱(閭)～皆

璽彙 4014
閱(閭)～𨜒

彙考 314 頁
吾～軔

圖錄 2.358.2
關里～鉨

齊合刀　齊幣 189
背文　～

圖錄 3.113.1
～亓

圖錄 3.113.6
～亓

彙考 53 頁
雝～關鉨

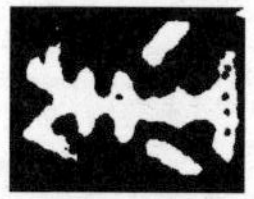
圖錄 3.37.1
～□

圖錄 3.247.1
～

圖錄 3.247.5
～

字頭	字形	出處	字形	出處	字形	出處
罘		圖錄 2.584.2 城陽～		圖錄 2.587.1 城陽～		圖錄 2.309.4 □郭辛里～
		圖錄 2.720.1 ～		圖錄 2.49.3 右設□□尚畢里……～□		
監		監戈　集成 17.10893 ～戈				
身		邾公牼鐘　集成 01.149 台(以)樂其～		邾公華鐘　集成 01.245 不彖(惰)于氒(厥)～		
	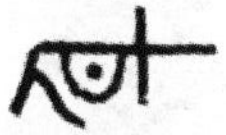	叔夷鎛　集成 01.285-5 女(汝)台(以)卹余朕～		𩌏鎛　集成 01.271 𩌏保其～		
		夆叔盤　集成 16.10163 永保其～		齊侯盂　集成 16.10318 永保其～		
		公孫𥫱壺集成 15.9709 羕(永)保其～		庚壺　集成 15.9733 於□(莊?)公之～		
		圖錄 3.494.3 □～				

般	 上曾大子鼎 集成 05.2750 上曾大子般～
衣	 庚壺 集成 15.9733 商(賞)之台(以)邑嗣(司)～裘車馬
裔	 陳逆簋 集成 07.4096 陳氏～孫逆  陳逆簠 集成 09.4629 余陳𧻓之～孫
衰	 庚壺 集成 15.9733 ～(崔)子執鼓  圖錄 3.29.1 匋(陶)～  圖錄 3.29.3 匋(陶)～
卒	 公典盤 集錄 1009 丂終有～ 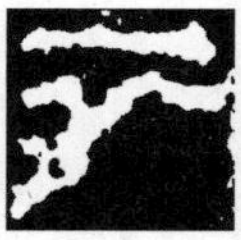 圖錄 2.298.2 王～左段□城圆□里坓  圖錄 2.299.1 王～左□城圆□岳里人曰得
	 圖錄 2.304.1b 王～左段昌里人五  圖錄 2.304.2 王～左段昌里人五  圖錄 2.295.3 王～左段□圆櫝里坓
袿*	 圖錄 2.540.3 子～里人賁  圖錄 2.540.1 子～里人賁
袶*	 圖錄 2.526.1 ～子里乙  圖錄 2.526.2 ～子里  圖錄 2.530.3 ～子里得

求〔裘〕

圖錄 2.527.3
子～子里曰乙

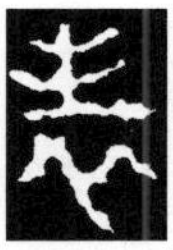
圖錄 3.41.4
～采乙

庚壺 集成 15.9733
商(賞)之台(以)邑嗣(司)衣～車馬

黏鎛 集成 01.271
用～丂(考)命彌生

鑄侯求鐘 集成 01.047
鑄侯～乍(作)季姜朕(媵)鐘

邾君鐘 集成 01.050
鼄君～吉金

老

叔夷鎛 集成 01.285-7
霝(令)命難～

黏鎛 集成 01.271
用旛(祈)壽～(考)母(毋)死

夆叔盤 集成 16.10163
壽～無期

夆叔匜 集成 16.10282
壽～無期

齊大宰歸父盤 集成 16.10151
霝命難～

公典盤 集錄 1009
用旂(祈)釁(眉)壽難～

𤞞公孫敦 考古 1989(6)
～壽用之

賈孫叔子屖盤 山東金文集成 675 頁
妻□壽～無期

耆

璽彙 1646
左～

公孫窹壺 集成 15.9709
飯～月

壽

十年陳侯午敦 集成 09.4648
用作平～造器臺(敦)

邾公釛鐘 集成 01.102
旂(祈)年釁(眉)～

陳逆簋 集成 07.4096
以匄永命須(眉)～

邾公華鐘 集成 01.245
哉(載)公釁(眉)～

邾来隹鬲 集成 03.670
用其萬年釁(眉)～無疆

邾友父鬲 集成 03.717
其釁(眉)～永寶用

𦅫鎛 集成 01.271
用蘄(祈)～老(考)母(毋)死

邳伯罍 集成 16.10007
用祈釁(眉)～無疆(疆)

公孫窹壺 集成 15.9709
用旂(祈)釁(眉)～萬年(疆)

國差罎 集成 16.10361
侯氏受福釁(眉)～

魯大司徒厚氏元鋪 集成 09.4690-2
其釁(眉)～萬年

魯伯俞父簠 集成 09.4567
其萬年釁(眉)～永寶用

	魯仲齊鼎 集成 05. 2639 其萬年𦾔(眉)～壽無疆		魯大宰原父簋 集成 07. 3987 其萬年𩰲(眉)～永寶用
	魯司徒仲齊盨 集成 09. 4441 其萬年𦾔(眉)～		魯司徒仲齊匜 集成 16. 10275 其萬年𦾔(眉)～
	魯大司徒子仲伯匜 集成 16. 10277 其𩰲(眉)～萬年無疆		杞伯每亡壺 集成 15. 9688 其萬年𥁕(眉)～
	㠱伯子𡨦父盨 集成 09. 4444 剸(匄)𦾔(眉)～無彊(疆)		鑄叔作嬴氏簠 集成 09. 4560-1 其萬年𦾔(眉)～永寶用
	鑄叔作嬴氏簠 集成 09. 4560-2 其萬年𦾔(眉)～永寶用		鑄子叔黑叵簠 集成 09. 4570 其萬年𦾔(眉)～
	鑄鑄公簠蓋 集成 09. 4574 其萬年𩰲(眉)～		費奴父鼎 集成 05. 2589 其𩰲(眉)～萬年
	齊大宰歸父盤 集成 16. 10151 台(以)𣄰(祈)𥁕(眉)～		郳友父鬲 遺珍 30 頁 其𦾔(眉)～永寶用
	郳君慶壺 遺珍 38 頁(下) 其萬年𦾔(眉)～永寶用～		正叔之士口俞簠(蓋) 遺珍 44 頁 其𦾔(眉)～萬年

考

 璽彙 3676 公芸～	 圖錄 3.66.2 ～
 陳侯因資敦　集成 09.4649 皇～孝武超公	 陳侯因資敦　集成 09.4649 揚皇～
 邾叔之伯鐘　集成 01.087 以乍(祚)其皇且(祖)皇～	 邾公華鐘　集成 01.245 台(以)乍(祚)其皇且(祖)皇～
 鄦叔之仲子平鐘　集成 01.175 中(仲)平譱(善)發戲(且)～(孝)	 鄦叔之仲子平鐘　集成 01.176 中(仲)平譱(善)發戲(且)～(孝)
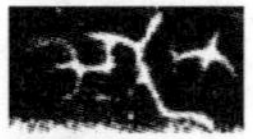 鄦叔之仲子平鐘　集成 01.177 中(仲)平譱(善)發戲(且)～(孝)	 滕侯蘇盨　集成 09.4428　滕(滕)侯穌(蘇) 乍(作)氒(厥)文～滕(滕)中(仲)旅簋
 魯仲齊鼎　集成 05.2639 魯中(仲)齊肇乍(作)皇～將鼎	 魯司徒仲齊盨　集成 09.4440　魯鬎(司)徒 中(仲)齊肇(肇)乍(作)皇～白(伯)走父饙盨簋
 杞伯每亡壺　集成 15.9688 其萬年眚(眉)～	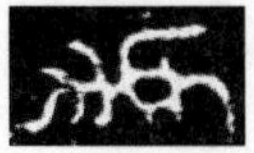 魯司徒仲齊匜　集成 16.10275　魯鬎(司)徒 中(仲)齊肇(肇)乍(作)皇～白(伯)走父寶它(匜)
 司馬楙編鎛　山東金文集成 104-108 頁 朕吝(文)～懿弔(叔)	

孝

陳侯因資敦 集成09.4649
皇考~武趄公

陳侯因資敦 集成09.4649
用作~武趄公祭器錞(敦)

陳昉簋蓋 集成08.4190
用追~於我皇毁(考)

十四年陳侯午敦 集成09.4646
乍(作)皇妣~大妃祭器鈠錞(敦)

邿遣簋 集成07.4040-2
用追~于其父母

上曾大子鼎 集成05.2750
用~用亯(享)

者*

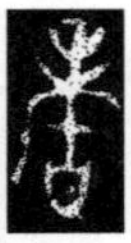

滕侯耆戈 集成17.11077
滕(滕)侯~之鋯(造)

滕侯耆戈 集成17.11078
滕(滕)侯~之鋯(造)

彙考334頁
~(胡)毋公信鉨

居

圖錄2.35.1
亡戚~左市

层〔层〕

圖錄3.231.1
~

圖錄3.231.2
~

圖錄3.231.4
~

圖錄3.232.1
~

屖

叔夷鎛 集成01.285-8
外內剴(愷)~(悌)

賈孫叔子屖盤 山東金文集成675頁
賈孫弔(叔)子~

屎*

陳侯因資敦 集成 09.4649
～(纘)飼(嗣)超文

屘*

廖屘節 集成 18.12088
廖～

厶(私)之十杯 集錄 1047
冢(重)一益(鎰)卅八～

耳杯 三代 18.26.3
冢(重)十六～

尾

圖錄 2.647.1
～利

屖*

陳眆簋蓋 集成 08.4190
～(選)擇吉金乍(作)兹寶簋

叔夷鎛 集成 01.285-7
～(選)擇吉金鈇鎬鐈鋁 从支

舟

庚壺 集成 15.9733
庚逵(率)百乘～入鄺(莒)

俞

𬍛鎛 集成 01.271
勿或～(渝)改

魯伯俞父簠 集成 09.4566
魯白(伯)～父乍(作)姬□匿(簠)

魯伯俞父簠 集成 09.4568
魯白(伯)～父乍(作)姬□匿(簠)

魯伯大父作仲姬俞簋 集成 07.3989
魯白(伯)大父乍(作)中(仲)姬～賸(媵)簋

朕

正叔之士□俞簋(器) 遺珍 43 頁
正叔之士□～

魯伯厚父盤 集成 16. 10086
魯白(伯)厚父乍(作)中(仲)姬～賸(媵)盤

邾友父鬲 集成 03. 717
鼄(邾)友父～(媵)其子□嫊寶鬲

薛侯匜 集成 16. 10263
薛侯乍(作)弔(叔)妊諤(襄)～(媵)它(匜)

叔夷鎛 集成 01. 285-1
余命女(汝)政于～三軍

拍敦 集成 09. 4644
拍乍作朕配平姬䵼宮祀彝

魯伯愈父鬲 集成 03. 0690
魯白(伯)愈父乍(作)鼄(邾)姬□～羞鬲

曩伯子窡父盤 集成 16. 10081
曩白(伯)窡父～(媵)姜無姬般(盤)

鑄公簠 三代 10. 17. 3
鑄公乍(作)孟妊車母～(媵)𠤳(簠)

鑄公簠蓋 集成 09. 4574
鑄公乍(作)孟妊車母～(媵)𠤳(簠)

鑄侯求鐘 集成 01. 047
鑄侯求乍(作)季姜～(媵)鐘

□仲簠 集成 09. 4534
□中(仲)乍(作)甫妣～(媵)匿(簠)

薛侯盤 集成 16. 10133
薛侯乍(作)弔(叔)妊諤(襄)～(媵)盤

齊侯盂 集成 16. 10318
齊侯乍(作)～(媵)子中(仲)姜寶盂

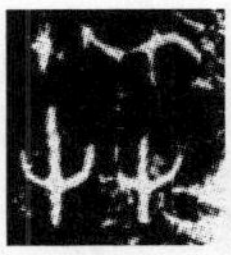

邾友父匜 集成 16. 10236
友父～(媵)其子賓□□寶用 舟形橫置

司馬楙編鎛 山東金文集成 104-108 頁
曰古～皇祖□公

般

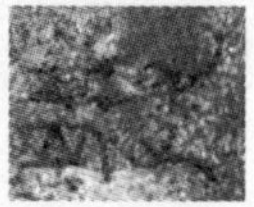

鮑子鼎　中國歷史文物 2009(2)51 頁
㬮(鮑)子敂(作)～(媵)中(仲)匋始(姒)

魯伯厚父盤　集成 16.10086　魯白(伯)厚父
乍(作)中(仲)姬俞賸(媵)～(盤)

公孫竈壺　集成 15.9709　公子土斧
乍(作)子中(仲)姜盨(鑄)之～(盤)壺

魯伯者父盤　集成 16.10087　魯白(伯)者父
乍(作)孟姬囗朕(媵)～(盤)

魯司徒仲齊盤　集成 16.10116　魯𤔲(司)
徒中(仲)齊肈(肇)乍(作)～(盤)

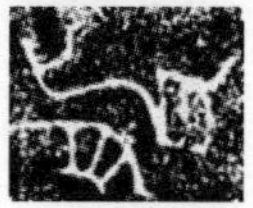

魯少司寇盤　集成 16.10154
乍(作)其子孟姬嬰朕(浣)～(盤)它(匜)

曩伯子庭父盤　集成 16.10081
曩(紀)白(伯)庭父朕(媵)姜無姬～(盤)

夆叔盤　集成 16.10163
夆弔(叔)乍(作)季改盥～

薛侯盤　集成 16.10133　薛侯乍(作)
弔(叔)妊郻(襄)朕(媵)～(盤)

上曾大子鼎　集成 05.2750
上曾大子～殷

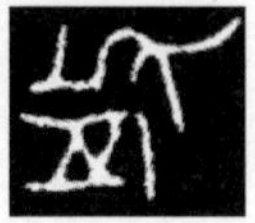

公典盤　集錄 1009
爲其盥～(盤)

齊陳曼簠　集成 09.4596
乍(作)皇考獻弔(叔)饙～(盤)

朕*

魯少司寇盤　集成 16.10154
乍(作)其子孟姬嬰～(浣)般(盤)

艖*

郜造遣鼎匜 集成 04. 2422
郜~(造)遣(遣)乍(作)寶鼎它(匜)

方

圖錄 2. 169. 4
中蒦圖里東~悏

兒

者兒戈 古研二十三 98 頁
口弔(叔)之子者~為其口戈

允

曩伯子窾父盨 集成 09. 4442-1
慶其~臧(藏)

曩伯子窾父盨 集成 09. 4444-2
慶其~臧(藏)

兌

圖錄 3. 609. 3
~

圖錄 3. 609. 1
~

兄

龢鎛 集成 01. 271
保盧(吾)~弟

鮑子鼎 中國歷史文物 2009(2)
51 頁 保而(爾)~弟

圖錄 3. 659. 5
~

皃〔弁〕

齊大宰歸父盤 集成 16. 10151
齊大宰歸父~為忌(己)沬般(盤)

偏將軍虎節 歷史博物館館刊 1993(2)
填(營)丘牙(與)塿絣~(偏)將軍信節

先

叔夷鎛 集成 01. 285-1
余經乃~祖

邾公孫班鎛 集成 01. 140
用喜于其~祖

〔祧〕	 司馬楙編鎛　山東金文集成 104-108 頁 用克肇謹～(先)王明(盟)祀	 司馬楙編鎛　山東金文集成 104-108 頁 亦帥刑(型)灋則～(先)公正悳(德)	
旻	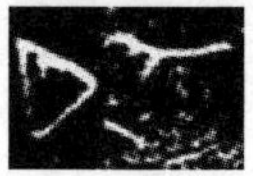  子禾子釜　集成 16.10374 □□命□陳～	 璽彙 0291　莫(鄭)昜 (陽)陳～三	 璽彙 1265 卜～(得)信鉨
	 璽彙 3604 郲～(得)	 璽彙 4889 謡事～志	 璽彙 4335 ～志
	 齊明刀　貨系 3790 背文　筥冶～	 齊明刀　貨系 3791 背文　筥冶～	 齊明刀　貨系 3792 背文　筥冶～
	 齊明刀　齊幣 346 背文　筥冶～	 圖錄 2.278.3 北里～	 圖錄 2.301.4 王殷𨗗里～
親	 璽彙 3521 □～	 陶彙 3.917 ～	
⿰章爾*	 圖錄 3.442.1 ～	 圖錄 3.442.2 ～	 圖錄 3.443.2 ～
	 圖錄 3.443.4 ～		

⿰非几*

叔夷鎛 集成01.285-4

～(兼)命于外内之事

㱃

魯大司徒元盂 集成16.10316

魯大嗣(司)徒元乍(作)～(飲)盂

□侯慶鼎 集錄290

□侯慶……～……

齊文字編卷九

顏	 璽彙 3718 ～辰信鉩	 彙考 312 頁 公孫～信鉩
頡	 璽彙 1948 郚～	
頨	 璽彙 3824 司馬～	
類	 叔夷鎛 集成 01.285-8 毋或承(沉)～(迷)	
顯	 叔夷鎛 集成 01.285-6 不(丕)～穆公之孫	
頙*	 圖錄 3.188.3 ～	 圖錄 3.187.4 ～	 圖錄 3.188.6 ～

貴*

璽彙 0250
~連旮(期)鉨

面

祈室銅柱 周金文存 6. 132
宋(户)北~

丏

齊夻刀 貨系 2626
背文~

齊夻刀 貨系 2624
背文~

齊夻刀 貨系 2625
背文~

齊明刀 考古 1973(1)
背文~

齊明刀 考古 1973(1)
背文~

齊明刀 考古 1973(1)
背文~

首

叔夷鎛 集成 01. 285-3
乃敢用摔(拜)頧~

公典盤 集錄 1009
寺(邿)子姜~

頧

叔夷鎛 集成 01. 285-3
乃敢用摔(拜)~首

縣

叔夷鎛 集成 01. 285-3
其~三百

彙考 46 頁 平墜(陵)
~左稟(廩)鉨

彙考 46 頁
□~

圖錄 2. 13. 1 誾門外陳得
平棱~廩豆㮚㭊□倉

彰	 圖錄 3.213.4 ～	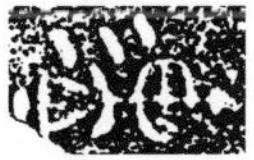 圖錄 3.213.5 ～	
彫	 圖錄 2.395.2 丘齊□～里得	 圖錄 2.395.3 丘齊桼(漆)～里	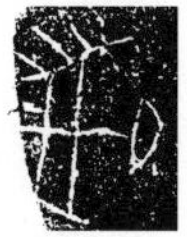 圖錄 3.593.4 ～□
文	 陳侯因資敦 集成 09.4649 屎(纘)飼(嗣)超～	 滕侯穌盨 集成 09.4428 滕(滕)侯穌(蘇) 乍(作)氒～考滕(滕)中(仲)旅盨	
	 璽彙 0282 右逃(遂)貟～信鉨	 齊明刀考古 1973・1 背文 ～	 捃芬集 345 頁 圖七-11 ～
〔吝〕	 司馬楙編鎛 山東金文集成 104-108 頁 朕～(文)考懿弔(叔)	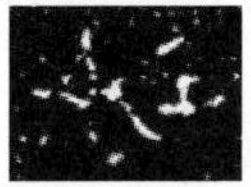 司馬楙編鎛 山東金文集成 104-108 頁 用享于皇祖～(文)考	
⿸产刀*	 陳肪簋蓋 集成 08.4190 余陳中(仲)～孫		
⿰镸旨*	 璽彙 0193 ～(⿱髟旨)闢(門)毀鉨		
后	 叔夷鎛 集成 01.285-6 剸伐頣(夏)～		

司	 璽彙 0024 ~馬之鉨	 璽彙 0019 鋯~徒帀	 璽彙 0033 右闢(門)~馬鉨
	 璽彙 3813 ~馬梭鉨	 璽彙 3819 ~馬邦	 璽彙 3826 ~馬臣
	 璽彙 0025 ~馬之鉨	 璽彙 0027 ~馬之鉨	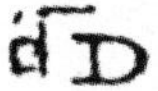 彙考 61 頁 平者(都)~工(空)
卩	 圖錄 2.299.2 王卒左毀口圆櫃里~		
令	 陳逆簋 集成 07.4096 以賀永~湏(眉)壽		
卲	 陳侯因資敦 集成 09.4649 ~(紹)緟(踵)高祖黄帝		
卯*	  陳喜壺 集成 15.9700 台(以)寺(持)民~		
卯	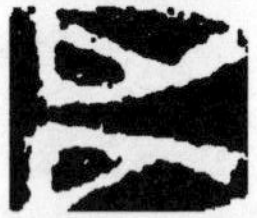 圖錄 3.311.4 ~	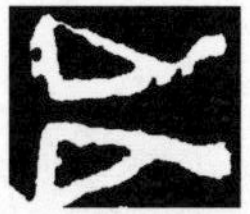 圖錄 3.311.5 ~	

卿	 陳卿聖孟戈 集成 17.11128 陳～聖孟造戈	 叔夷鎛 集成 01.285-4 余命女(汝)裁(職)差(左)～	
	 郘公䥫鐘 集成 01.102 用樂我嘉賓及我正～(卿)	 璽彙 0874 長～	 璽彙 4010 吾丘～
	 璽彙 3742 東～𢟍鉨	 彙考 59 頁 粕柏～(鄉)璺	 圖錄 2.702.4 東～荌鉨
辟	 子禾子釜 集成 16.10374 大～뫂(厥)逘贖以□犀	 叔夷鎛 集成 01.285-3 弗敢不對䚄(揚)朕～皇君之易(賜)休命	
	  辟大夫虎符 集成 18.12107 填(瞥)丘牙(與)塿紑～(嬖)大夫信節		
勹	 陳侯因咎戈 集成 17.11260 ～(復)昜(陽)右		
旬	 庚壺 集成 15.9733 □～□舟□□丘□□于梁	 圖錄 3.42.1 ～□	 圖錄 3.42.2 ～□
冢	 陳冢邑戈 集成 17.10964 陳～邑	 陸冢鑪戈 遺珠圖 144 陸～鑪	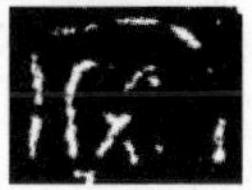 厶(私)之十杯 集錄 1047 ～(重)一益(鎰)卅八展

	 圖録 3.293.4 ～子	 圖録 2.12.3 ……□～立……釜	
敬	 邾公釛鐘 集成 01.102 用～卹盟祀	 叔夷鎛 集成 01.285-2 女(汝)～共(恭)辝(台)命	 璽彙 0342 □□～鉨
鬼	 䋣鎛 集成 01.271 余彌心～(畏)認(忌)	 圖録 3.605.4 ～	
〔⿰示鬼〕	 陳昉簋蓋 集成 08.4190 龏(恭)寅～(鬼)神		
畏	 璽彙 4030 敦于～	 圖録 3.480.5 ～	 圖録 2.562.3 □酷里～
〔⿱鬼心〕	 陳昉簋蓋 集成 08.4190 畢龏～(畏)忌		
〔愄〕	 叔夷鎛 集成 01.285-1 女(汝)小心～(畏)忌		
⿱口畏*	 圖録 3.600.4 ～		

厶	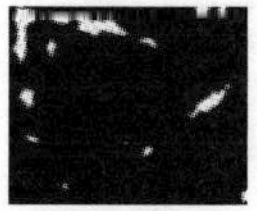 厶(私)之十杯　集錄 1047 ～(私)之十冢(重)一益(鎰)卅八展	 圖錄 3.5.4 ～司徒	 圖錄 3.5.2 ～司徒
	 圖錄 3.274.4 ～	 圖錄 2.432.1 高閱～(私)	
山	 陳子山徒戟　集成 17.11084 陳子～徒戟(戟)		
嶽〔岳〕	 圖錄 2.299.1 王卒左□城陽□～里人		
岡	 圖錄 3.656.2 ～		
峹	 高峹戈　集成 17.10972 高～戈	 高峹造戈　集成 17.11023 高～鋯(造)	
嶫*	 圖錄 3.431.2 ～	 圖錄 3.431.3 ～	
嵍*	 圖錄 3.486.2 ～		

庫

平陽左庫戈 集成 17.11017
平陽左～

陰平劍 集成 18.11609
陰平左～之艁(造)

圖錄 3.23.3
平～

璽彙 0047
左中～司馬

廣

陶彙 3.734
～里

庶

邾公華鐘 集成 01.245
台(以)宴士～子

魯大司徒子仲伯匜 集成 16.10277 魯大嗣(司)徒子
中(仲)白(伯)其～女囗孟姬賸(媵)它(匜)

叔夷鎛 集成 01.285-2
諫罰朕～民

庢*

郘左庢戈 集成 17.10969
郘左～(庫)

郾左戈集成 17.10997
郾左～(庫)

曹右戈 集成 17.11070
曹右～(庫)造戈

亳庢戈 集成 17.11085
亳～八族戈

右庢之戈 中國歷史文物 2007(5)16 頁圖三
右～(庫)之戈

㡉*

齊不𧻚鬲 金文總集 02.1478
齊不𧻚乍(作)～白(伯)隮(尊)鬲

厇*	 圖錄 2.476.4 ～豆里			
石	 璽彙 0266 公～不夏鉨	 璽彙 3681 金～鉨	 圖錄 2.50.4 □□□里□～	
	 圖錄 2.431.1 塙閱□～	 圖錄 2.431.2 塙閱□～		
礴〔礴〕	 魯大司徒子仲伯匜　集成 16.10277　魯大𤔲(司)徒子中(仲)白(伯)其庶女～孟姬賸(媵)它(匜)			
長	 璽彙 0874 ～卿	 璽彙 0881 ～毀	 彙考 282 頁 ～或坊	 璽彙 0884 ～□
勿	 𪒠鎛　集成 01.217 ～或俞(渝)改	 公典盤　集錄 1009 不(丕)用～出		
	  鮑子鼎　中國歷史文物 2009(2)51 頁 ～或柬(闌)巳(已)			
昜	 建陽戈　集成 17.10918 建～(陽)	 陳侯因咨戈　集成 17.11260 勹(復)～(陽)右		

而

 璽彙 0198 ～(陽)都 邑聖逿(徙)盟之鉨	 璽彙 0291 奠(鄭)～(陽)陳得三	 璽彙 1145 高東～(陽)
 璽彙 0155 □～(陽) 迷(遂)帀(師)鉨	 璽彙 0062 平～(陽)信司馬鉨	 彙考 41 頁 墓～(陽)得三
 彙考 67 頁 文圝～(陽)里王不□・千	 陶彙 3.19 奠(鄭)～(陽)陳得三	 圖錄 2.262.3 ～里人皉
 圖錄 2.166.1 中蒦圆里維～	 圖錄 2.262.1 ～里人□	 圖錄 2.53.1 ～□
 齊杏刀 齊幣 280 背文 ～	 齊明刀 貨系 3797 背文 平～冶宋	 齊杏刀 齊幣 281 背文 ～
 齊杏刀 齊幣 282 背文 ～		
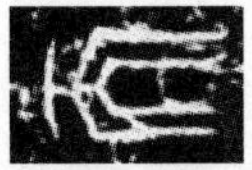 子禾子釜 集成 16.10374 ～(爾)車人制之	  鮑子鼎 中國歷史文物 2009(2)51 頁 保～(爾)兄弟	
 圖錄 3.512.5 ～		

豕	 璽彙 0175 ～母訢(司)關	 圖錄 3.623.6 ～	
	 圖錄 3.425.4 綁～	 圖錄 3.425.5 綁～	
豪	 圖錄 3.22.6 ～		
豢*	 璽彙 0643 王敖～	 璽彙 3725 命焦敖～	
豬*	 璽彙 0172 ～關	 璽彙 3547 ～精	
豠*	 圖錄 2.379.1 楚郭□遵里～	 圖錄 2.379.4 楚郭□遵里～	 圖錄 2.379.3 楚郭□遵里～
豼*	 圖錄 2.82.4 蒦圆南里人～	 圖錄 2.225.3 蒦圆匋(陶)里人～	
豯*	 璽彙 2599 □～	 璽彙 3651 □～	

狗*		圖録 2. 193. 4 蒦圆□□匋(陶)～		
豯*		璽彙 1588 郑～		
彘	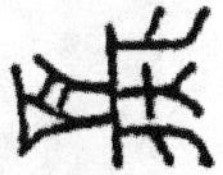	庚壺 集成 15. 9733 從河合(以)□伐～□丘	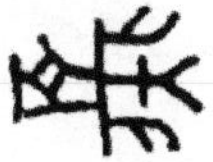	庚壺 集成 15. 9733 以□～師
彖		邾公華鐘 集成 01. 245 不～(惰)于毕(厥)身		叔夷鎛 集成 01. 285-1 女(汝)不～(惰)殊(夙)夜
豲		陶彙 3. 1056 ～		陶彙 3. 1057 ～
易		叔夷鎛 集成 01. 285-3 余～(賜)女(汝)釐都膝劉		𩥹鎛 集成 01. 217 侯氏～(賜)之邑百又九十又九邑
		邿遣簋 集成 07. 4040-1 用～(賜)永壽		邿遣簋 集成 07. 4040-2 用～(賜)永壽
		圖録 3. 460. 3 ～止		圖録 3. 460. 2 ～

豫

陳豫車戈 集成 17.11037
陳～車戈

辜于公戈 集成 17.11124
辜(淳)于公之臺～艁(造)

辜于公戈 集成 17.11125
辜(淳)于公之臺～艁(造)

豫州戈 集成 17.11074
～州左庫造

平豫散戈 天津古史尋繹 63 頁
平～(舒)散戈

璽彙 3752
叁毋～之

璽彙 2218
邸～之

舒豆 天津古史尋繹 62 頁
～(舒)

齊文字編卷十

馬

庚壺　集成 15.9733
商(賞)之以兵虓車～

郲大司馬戈　集成 17.11206
郲大司～之艁(造)戈

平陽高馬里戈　集成 17.11156
平陽高～里戟

走馬薛仲赤簠　集成 09.4556
走～薛中(仲)赤自乍(乍)其匿(簠)

璽彙 0064
右司～銤(鉨)

璽彙 0024
司～之鉨

彙考 37 頁
敚陸(陵)右司～敃鉨

璽彙 3813
司～棱鉨

璽彙 3819
司～邦

璽彙 3826
司～臣

璽彙 0023
司～之鉨

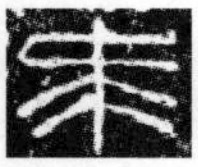
璽彙 5542
右司～鉨

璽彙 0026
司～之鉨

璽彙 0025
司～之鉨

璽彙 3081～
桼(矢)緙

圖錄 2.85.1
蒦圆南里司～僛

圖錄 2. 352. 2
闢里～䞨

圖錄 2. 660. 4
中蒦圖里司馬～敀旨

圖錄 2. 702. 3
～粎(矢)□鈢

陶彙 3. 401
闢里～䞨

騎

璽彙 0307
左田痟(將)～

駟

魯宰駟父鬲 集成 03. 0707
魯宰～父乍(作)姬雕媵鬲

庚壺 集成 15. 9733
其王～虢(?)□□

⿰馬行*

圖錄 3. 580. 1
～

⿰馬頁*

彙考 50 頁
齊匋(陶)正～

⿰馬土*

庚壺 集成 15. 9733
縢相乘～(牡)□

䴥	 陳侯因資敦 集成 09.4649 諸侯寘~吉金		
𢊁	 叔夷鎛 集成 01.285-5 余弗敢~(廢)乃命	 司馬楙編鎛 山東金文集成 104-108 頁 亦帥刑(型)~則洮(先)公正惪(德)	
鹿	 圖錄 2.610.2 城圆~	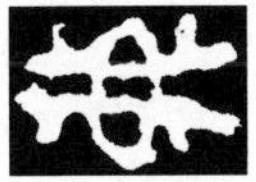 圖錄 2.86.3 蒦圆南里人~	 圖錄 3.460.6 ~
	 圖錄 2.96.4 繇口大匋里~	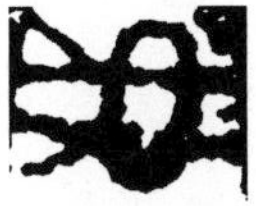 圖錄 3.460.5 ~	
麋	 璽彙 0360 ~亡(無) 反書	 璽彙 3519 ~綴	 璽彙 3693 ~奔隹銇
麐	 麐扆節 集成 18.12088 ~扆		
麗	 陳麗子戈 集成 17.11082 陳~子簉(造)戈	《說文》：篆文麗字。	
麇*	 彙考 69 頁 ~陕口舍圻		

尨

 圖錄 2.263.4
昜里女～

犬

 圖錄 2.95.1
綌口大匋(陶)里～

 圖錄 2.95.2
綌口大匋(陶)里～

獻

 魯仲齊甗　集成 03.0939
魯中(仲)齊乍(作)旅～(甗)

〔𤔲〕

  庚壺　集成 15.9733
執者～于靈(靈)公之所

 齊陳曼簠　集成 09.4595
乍(作)皇考～弔(叔)鐈廏(盤)

 齊陳曼簠　集成 09.4596
乍(作)皇考～弔(叔)鐈廏(盤)

〔鼑犬〕

 十四年陳侯午敦　集成 09.4646
台群諸侯～金

猶

 陳純釜　集成 16.10371
陳～立事歲

狟*

 圖錄 3.186.4
～

 圖錄 3.186.5
～

[犭無]*		彙考 66 頁 蒦圆南里人～		
猁*		猁公孫敦　集成 09. 4642 ～公孫鑄其譱(膳)辜(敦)		猁公孫敦　考古 1989(6) ～公孫鑄其譱(膳)辜(敦)
獯*		鑄子撫匜　集成 16. 10210 鑄子～乍(作)它(匜)		
能	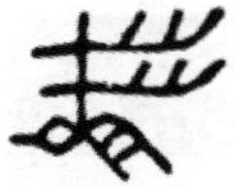	叔夷鎛　集成 01. 285-3 女(汝)康～乃又(有)事眔乃敾(敵)寮		
火		圖錄 3. 396. 3 ～	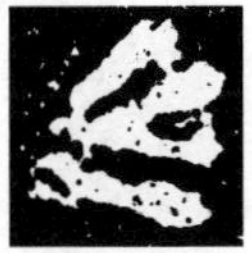	圖錄 3. 396. 4 ～
光		叔夷鎛　集成 01. 285-5 痽(膺)受君公之易(賜)～		
戚		子禾子釜　集成 16. 10374 關人築桿～釜		
[火慶]*		璽彙 3561 ～佴		

⿰火缶*	 圖錄 2.397.4 丘齊～里王□	 圖錄 2.397.1 丘齊～里王□	
	 圖錄 2.404.1 上～里□	 圖錄 2.404.4 ～里乘	
炇*	 曹伯炇簋 集成 07.4019 曹白(伯)～乍(作)□妫公䵼(尊)簋		
⿰火夌*	 鐘磬架銅構件 臨淄商王墓地 42-43 頁 ～之陵夫人	 銅雁足燈 臨淄商王墓地 42-43 頁 ～之陵夫人	
黑	 鑄子叔黑𦉢簠 集成 09.4570 鑄子弔(叔)～𦉢	 鑄子叔黑𦉢鼎 集成 05.2587 鑄子弔(叔)～𦉢	
	 璽彙 3934 戚(臧)孫～鉨		
⿰黑彡*	 圖錄 2.176.1 東𨶷隻里公孫～		
赤	 邾公華鐘 集成 01.245 玄鏐～鏞	 走馬薛仲赤簠 集成 09.4556 走馬 薛中(仲)～自乍(作)其𦉢(簠)	 陶彙 3.822 ～

大

大亜公戟　集成 17.11051
～亜公戟

郳大司馬戈　集成 17.11206
郳～嗣(司)馬之艁(造)戈

陳侯午簋　集成 08.4145
～妃

陳逆簋　集成 07.4096
作爲皇祖～宗簋

十四年陳侯午敦　集成 09.4646
乍(作)皇妣孝～妃祭器錭錞(敦)

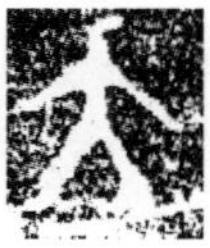

陳侯因資敦　集成 09.4649
～慕克成

邾君鐘　集成 01.50
用處～是□□

邾公牼鐘　集成 01.151
台(以)宴～夫

邾公華鐘　集成 01.245
台(以)樂～夫

鼄叔之仲子平鐘　集成 01.175
台(以)濼(樂)其～酉(酋)

洹子孟姜壺　集成 15.9729　齊侯
命～子乘□(遽？)來命宗白(伯)

洹子孟姜壺　集成 15.9729
于～無(巫)嗣(司)折(誓)

上曾大子鼎　集成 05.2750
上曾～子般殷

魯伯大父作季姬簋　集成 07.3974
魯白(伯)～父乍(作)季姬□賸(媵)簋

陳喜壺　集成 15.9700
爲左(佐)～族

魯大司徒厚氏元鋪　集成 09.4691
魯～嗣(司)徒厚氏元乍(作)譱(膳)圃(鋪)

〔杏〕

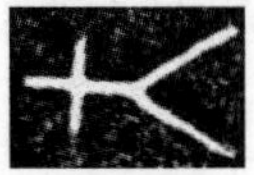 齊大宰歸父盤 集成 16.10151 齊～宰歸父□爲忌(己)沬盤	  陳璋方壺 銘文選 2.865 ～臧□□	
 子禾子釜 集成 16.10374 ～辟➀(厥)遂贖以□犀	 狪公孫敦 考古 1989(6) ～寶無期(期)	
 狪公孫敦 集成 09.4642 ～寶無期(期)	 璽彙 3427 ～□(復?)慶	 彙考 344 頁 ～□(復?)慶
 璽彙 0636 王～乘	 節墨之大刀 齊幣 43 節墨之～刀	 節墨之大刀 貨系 2531 節墨之～刀
 節墨之大刀 貨系 2635 節墨之～刀	 齊明刀 考古 1973(1) 背文 ～	 節墨之大刀 貨系 2635 節墨之～刀
 齊明刀 考古 1973(1) 背文 ～	 齊杏刀 齊幣 186 背文 ～	 齊明刀 考古 1973(1) 背文 ～
 圖錄 2.142.3 ～蒦圆里□者□	 圖錄 2.29.1 ～市	 節墨之杏刀 貨系 2538 節墨之～刀
 齊之杏刀 齊幣 29 齊之～刀	 節墨之杏刀 齊幣 49 節墨之～刀	 節墨之杏刀 齊幣 40 節墨之～刀

	 齊杏刀 齊幣 124 齊～刀	 節墨之杏刀 齊幣 48 節墨之～刀	 節墨之杏刀 齊幣 75 節墨之～刀	
	 齊杏刀 齊幣 159 齊～刀	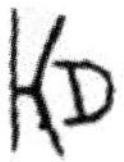 節墨杏刀 貨系 2569 節墨～刀	 節墨杏刀 貨系 2573 節墨～刀	
	 齊之杏刀 齊幣 29 齊之～刀	 節墨之杏刀 貨系 2538 節墨之～刀	 節墨之杏刀 齊幣 49 節墨之～刀	
	 節墨之杏刀 齊幣 40 節墨之～刀	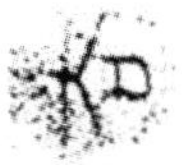 齊之杏刀 齊幣 11 齊之～刀	 齊之杏刀 齊幣 34 齊之～刀	
	 節墨之杏刀 齊幣 69 節墨之～刀	 節墨之杏刀 齊幣 82 節墨之～刀	 節墨之杏刀 齊幣 74 節墨之～刀	
	 齊之杏刀 齊幣 12 齊之～刀	 齊之杏刀 貨系 2504 齊之～刀	 節墨之杏刀 貨系 2525 節墨之～刀	
夾	 圖錄 3.391.3 ～	 圖錄 3.391.4 ～	 圖錄 3.391.5 ～	 圖錄 3.391.6 ～
全*	 彙考 31 頁 子～子鋻			

字	拓片	出處・辭例	拓片	出處・辭例	拓片	出處・辭例
亦		司馬楙編鎛　山東金文集成 104-108 頁 ～帥刑(型)灋則祧(先)公正悳(德)				
吳		璽彙 1185 ～□之鉨		圖錄 3.549.1 ～□		圖錄 3.654.4 ～
喬		璽彙 0246 ～邬信鉨				
奔		璽彙 3693 㯒～隹鉨				
交		圖錄 3.615.3 ～				
壺		公孫竈壺　集成 15.9709　公子土斧 乍(作)子中(仲)姜盥(鑄)之般(盤)～		洹子孟姜壺　集成 15.9729 于大嗣(司)命用璧兩～八鼎		
		洹子孟姜壺　集成 15.9730 于大嗣(司)命用璧兩～八鼎		杞伯每亡壺蓋　集成 15.9687 杞白(伯)每亡乍(作)鼄(邾)孂寶～		
		杞伯每亡壺　集成 15.9688　杞白(伯) 每亡乍(作)鼄(邾)孂寶～		陳喜壺　集成 15.9700 敢爲䵼～九		

亢　執　罣　懿

圖錄 2.703.3
~

圖錄 3.379.1
~

圖錄 3.379.6
~

圖錄 3.380.6
~

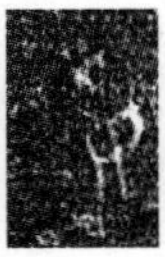
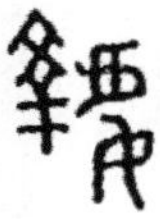
庚壺　集成 15.9733
衰(崔)子~鼓

庚壺　集成 15.9733
~者獻于霝(靈)公之所

璽彙 0098
~鄰大夫鉨

禾簋　集成 07.3939 禾肇(肇)
乍(作)皇母~龏(恭)孟姬餴彝

司馬楙編鎛　山東金文集成 104-108 頁
朕吝(文)考~弔(叔)

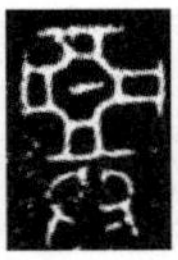
□君婦媿霝壺　遺珍 65 頁
□君婦媿霝乍(作)簠(旅)~

郲君慶壺　遺珍 38 頁(上)
鼄(郲)君慶乍(作)秦妊醴~

郲君慶壺　遺珍 38 頁(下)
鼄(郲)君慶乍(作)秦妊醴~

薛侯壺　考古學報 1991(4)
薛侯行~

庚壺　集成 15.9733
台(以)鑄其縈(浣)~

齊良壺　集成 15.9659
齊良乍(作)~盂

公鑄壺　集成 15.9513
公鑄~

奏

圖錄 3.381.2
～

圖錄 3.381.6
～

圖錄 3.382.3
～

圖錄 3.383.1
～

圖錄 3.379.5
～

圖錄 3.380.2
～

圖錄 3.379.2
～

邾慶簠 遺珍 115 頁
鼄(邾)慶乍(作)～妊匿(簠)

邾慶簠 遺珍 116 頁
鼄(邾)慶乍(作)～妊匿(簠)

夫

子禾子釜 集成 16.10374
于亓(其)事區～

邾公牼鐘 集成 01.149
台(以)宴大～

邾公牼鐘 集成 01.151
台(以)宴大～

邾公華鐘 集成 01.245
台(以)樂大～

立

彙考 31 頁
關城君～人信鉩

璽彙 3733
□～立鉩

陳純釜 集成 16.10371
陳猶～事歲

子禾子釜 集成 16.10374
□□～事歲

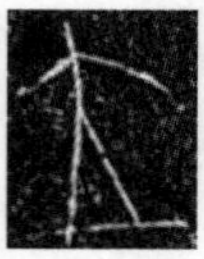
公孫竈壺 集成 15.9709
公孫竈～事歲

國差罎 集成 16.10361
國差～事歲

	 陳喜壺 集成 15.9700 陳喜再～事歲	 璽彙 0289 陳窒～事歲安邑亳釜	
	 璽彙 3733 口夫～鉨	 彙考 67 頁 齊～邦鉨	 圖錄 2.11.1 陳陵再立事左里毁亳
	 圖錄 2.646.1 陳窒～事歲安邑亳釜	 齊合刀 貨系 2657 背文 ～	 齊合刀 貨系 2613 背文 ～
	 齊合刀 貨系 2655 背文 ～	 齊合刀 貨系 2654 背文 ～	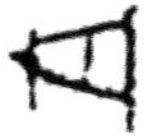 齊合刀 齊幣 160 背文 ～
	 齊合刀 齊幣 185 背文 ～	 合刀 齊幣 161 背文 ～	 齊明刀 考古 1973(1) 背文 ～
	 齊合刀 齊幣 158 背文 ～	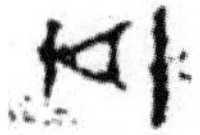 齊合刀 齊幣 159 背文 ～	 齊合刀 齊幣 162 背文 ～
逡	 祈室銅柱 周金文存 6.132 ～戠(侵)逡		
[illegible]*	 璽彙 3931 ～孫埶	 璽彙 3932 ～孫口	 齊口邦[illegible]合刀 齊幣 280 齊口邦～合刀

逕*

 齊口邦逕吞刀 齊幣 275 齊口邦～吞刀	 齊口邦逕吞刀 齊幣 278 齊口邦～吞刀	 齊口邦逕吞刀 齊幣 281 齊口邦～吞刀
 齊口邦逕吞刀 齊幣 276 齊口邦～吞刀	 齊口邦逕吞刀 齊幣 271 齊口邦～吞刀	 齊口邦逕吞刀 齊幣 286 齊口邦～吞刀
 齊口邦逕吞刀 齊幣 272 齊口邦～吞刀	 齊口邦逕吞刀 齊幣 277 齊口邦～吞刀	 齊口邦逕吞刀 齊幣 284 齊口邦～吞刀
 齊口邦逕吞刀 貨系 2575 齊口邦～吞刀	 齊口邦逕吞刀 錢典 859 齊口邦～吞刀	 齊口邦逕吞刀 錢典 857 齊口邦～吞刀
 齊口邦逕吞刀 錢典 864 齊口邦～吞刀	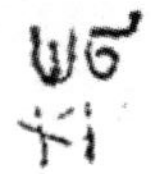 齊口邦逕吞刀 錢典 849 齊口邦～吞刀	 齊口邦逕吞刀 齊幣 273 齊口邦～吞刀
 齊口邦逕吞刀 貨系 2578 齊口邦～吞刀	 齊口邦逕吞刀 錢典 862 齊口邦～吞刀	 齊口邦逕吞刀 錢典 858 齊口邦～吞刀
 齊口邦逕吞刀 齊幣 274 齊口邦～吞刀		
 圖錄 3. 384. 1 ～	 圖錄 3. 384. 2 ～	 圖錄 3. 384. 3 ～
 圖錄 3. 384. 4 ～		

〔⿹𠃌立〕
⿹司立*

陳侯因資敦 集成 09.4649
屎(纘)～(嗣)超文

璽彙 0037
左司馬～

璽彙 0039
左司馬～

璽彙 5540
左司馬～

彙考 37 頁
左司馬聞(門)～信鉨

⿰立⿸厂彡*

鄘公孫朝子鎛 集錄 005
陳～立事歲

鄘公孫朝子鎛 集錄 006
陳～立事歲

鄘公孫朝子鎛 集錄 007
陳～立事歲

鄘公孫朝子鎛 集錄 008
陳～立事歲

⿰立隹*

圖錄 2.200.4
蒦圆匋里人敦～

思

鮑子鼎 中國歷史文物 2009(2)51 頁
中(仲)匋始(姒)返(及)子～

〔憰〕
慮

上曾大子鼎 集成 05.2750
心聖若～

心

叔夷鎛 集成 01.285-1
余既専乃～

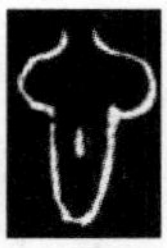
黏鎛 集成 01.217
余彌～畏認(忌)

	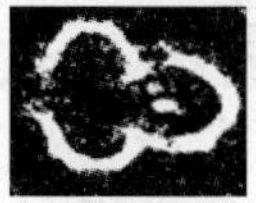	上曾大子鼎 集成 05.2750 ～聖若慵(慮)		圖錄 2.405.1 丘齊里郑大～
志		璽彙 4889 祁事㝵(得)～	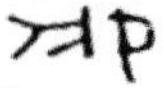	璽彙 4335 㝵(得)～
德〔悳〕		陳侯因資敦 集成 09.4649 合(答)揚氒(厥)～		司馬楙編鎛 山東金文集成 104-108 頁 亦帥刑(型)灋則洗(先)公正～(德)
慎〔昚〕		邾公華鐘 集成 01.245 ～(慎)爲之名(銘)	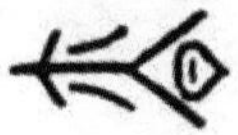	叔夷鎛 集成 01.285-2 ～(慎)中于罰
忻		璽彙 1563 孫～信鉨		
慜		叔夷鎛 集成 01.285-2 尸(夷)不敢弗～戒		
怡		圖錄 2.105.1 繇口大匋里～		
慶		㠱伯子庭父盨 集成 09.4443-1 ～其目(以)臧		㠱伯子庭父盨 集成 09.4443-2 ～其目(以)臧

㥬

異伯子宬父盨 集成 09. 4444-2
~其允臧

異伯子宬父盨 集成 09. 4445-1
~其允臧

倪慶鬲 遺珍 41 頁
兒(倪)~乍(作)秦妊羞鬲

邾君慶壺 遺珍 38 頁(上)
鼄(邾)君~乍(作)秦妊醴壺

邾君慶壺 遺珍 38 頁(下)
鼄(邾)君~乍(作)秦妊醴壺

倪慶匜鼎 遺珍 69 頁
兒(倪)~乍(作)秦妊它(匜)鼎

邾慶簠 遺珍 115 頁
鼄(邾)~乍(作)奏妊𠤳(簠)

邾慶簠 遺珍 116 頁
鼄(邾)~乍(作)奏妊𠤳(簠)

璽彙 0236
瘦~信鉩

璽彙 1146
高~忌

璽彙 1269
辛~忌鉩

璽彙 3427
大口(復？)~

璽彙 5587
王~忌

璽彙 5676
口~

圖錄 2. 661. 3
蒦陽匋里人~

圖錄 2. 243. 1
蒦陽匋里人~

圖錄 3. 340. 1
~

圖錄 3. 340. 2
~

圖錄 3. 340. 3
~

	 圖録 3.340.6 ～	
惟	 陳侯因資敦　集成 09.4649 其～因資	
懼〔⿰忄⿱䀠于〕	 圖録 2.218.4 蒦圆匋(陶)里人～	
怙	 圖録 2.669.1 塙闌榪里曰～	
㤅〔⿱既心〕	 圖録 3.648.3 ～	《説文》：古文。
忞	 圖録 2.134.3 ～	 圖録 2.106.1 繇□大匋里～
慕	 陳侯因資敦　集成 09.4649 大～克成	
惥	 圖録 2.618.2 城圆～	 圖録 2.618.4 城圆～

懽		陳逆簋 集成 09.4630 ～血(恤)宗家				
惄(悥)		邾公華鐘 集成 01.245 余畢龏(恭)威(畏)忌～(淑)穆				圖錄 2.18.2 陳～
悭		圖錄 2.83.1 蒦圆南里公孫～				
忩		圖錄 3.119.1 ～		圖錄 3.119.3 ～		圖錄 3.119.4 ～
愈		魯伯愈父鬲 集成 03.0690 魯白(伯) ～父乍(作)鼄(邾)姬□朕(媵)羞鬲		魯伯愈父鬲 集成 03.0694 魯白(伯) ～父乍(作)鼄(邾)姬□朕(媵)羞鬲		
悍		圖錄 2.15.5 陳～		圖錄 2.219.3 蒦圆匋(陶)里陳～		圖錄 2.117.1 繇□大匋里～
忘		十四年陳侯午敦 集成 09.4646 永世毋～		十四年陳侯午敦 集成 09.4647 永世毋～		十年陳侯午敦 集成 09.4648 永世毋～
惑		璽彙 1255 黃～		彙考 301 公戶～		圖錄 2.741.1 匋(陶)～

忌	 邾公牼鐘 集成 01.149 余畢龏(恭)威(畏)~	 邾公牼鐘 集成 01.150 余畢龏(恭)威(畏)~	
	 邾公牼鐘 集成 01.151 余畢龏(恭)威(畏)~	 邾公華鐘 集成 01.245 余畢龏(恭)威(畏)~忠(淑)穆	
	 叔夷鎛 集成 01.285-1 女(汝)小心愄(畏)~	 郳可忌豆 雪齋學術論文二集 72 頁圖二 郳(簡) 可~乍(作)氒(厥)元子中(仲)姞媵錞(敦)	
	 璽彙 1146 高慶~	 璽彙 1269 辛慶~鉨	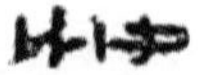 璽彙 5587 王慶~
惎〔亓心〕	 圖錄 2.145.2 大蒦圆匋(陶)者~		
懌	 圖錄 3.14.3 公~	 圖錄 3.168.6 ~	 圖錄 3.170.3 ~
忉*	 圖錄 3.264.1 ~	 圖錄 3.264.4 ~	 圖錄 3.265.1 ~
	 圖錄 3.266.4 ~	 圖錄 3.267.3 ~	 圖錄 3.265.4 ~

忐*

圖錄 3.454.1
～

圖錄 3.454.2
～

圖錄 3.454.3
～

憢*

圖錄 2.17.1
陳和～左廩

陶彙 3.787
□～

悊*

圖錄 2.60.2
蒦圆南里人～

㤄*

璽彙 0654
王～信鉨

陸*

圖錄 3.219.4
～

陶彙 9.107
～

憨*

圖錄 2.252.4
蒦圆北左里人～

虑*

圖錄 2.197.2
蒦圆匋(陶)里人～

圖錄 2.69.1
蒦圆匋(陶)里人～

圖錄 2.309.1
左南郭□辛匋里～

圖錄 2.107.1
繇□大匋(陶)里～

圖錄 2.107.4
繇□大匋(陶)里～

⿰忄柬*	⿱夾心*	⿰亻⿱夂心*	⿱丘心*	⿱霝心*	⿱夵心*	⿱㠯心*	⿱畺心*
 圖錄 3.356.2 ～	 圖錄 3.390.3 ～	 璽彙 3560 定～	 圖錄 2.96.1 繇□大匋(陶)里～	 璽彙 2330 陵～	 璽彙 0589 王～	 圖錄 3.116.3 ～	 璽彙 0657 王～生鉨
 圖錄 3.356.3 ～	 璽彙 3121 抆～				 璽彙 3634 轉～	 圖錄 3.116.6 ～	 璽彙 3667 皐～
							 璽彙 3598 酦～

⿰忄叟*	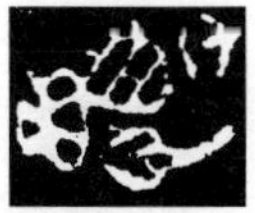 圖錄 3.390.2 ～	 圖錄 3.389.5 ～
⿰忄朋*	 圖錄 3.56.5 ～	
⿰忄帣*	 璽彙 3551 ～傳	
⿰忄𡊑*	 璽彙 3538 ～瑚	 圖錄 2.314.4 □南郭□辛匋里～
⿰忄陳*	 璽彙 1319 盛～	
⿰忄虎*	 璽彙 0243 鑄不～鉨	
⿰忄幾*	 璽彙 0249 ～□信鉨	
慽*	 圖錄 2.13.1 誾門外陳得平棱縣廩豆儈～倉□	

⿱放心*	 璽彙 2197 邙～	 圖錄 3.434.1 ～	 圖錄 3.434.3 ～
	 圖錄 3.434.4 ～	 圖錄 3.433.3 ～	 圖錄 3.433.4 ～
⿰忄牙*	  滕之不忬劍 集成 18.11608 賸(滕)之不～□于		
⿰忄夜*	 璽彙 2673 ～安		
⿰忄矣*	 圖錄 2.169.4 中蒦圆里東方～		
⿰忄斿*	 璽彙 0578 王～		
⿱征心*	 圖錄 2.558.1 東酷里曰□～	 圖錄 2.558.2 東酷里曰□～	
⿱依心*	 圖錄 2.175.4 □□圆里人～		

⿱𡨄心*	 圖錄 2. 188. 4 蒦圆匋(陶)里人～		
⿱訧心*	 陶彙 3. 272 大蒦圆匋(陶)者～		
⿱猶心*	 ⿱猶心節 集成 18. 12089 ～節		
⿱朱心*	 圖錄 3. 477. 3 ～		
忳*	 璽彙 3576 □～	 圖錄 2. 738. 4 曹不～	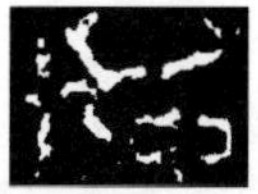 圖錄 2. 738. 5 曹不～
⿱侻心*	 圖錄 3. 293. 5 ～		
⿱宭心*	 圖錄 3. 529. 4 ～	 圖錄 3. 529. 5 ～	 圖錄 3. 529. 6 ～
⿱孜心*	  圖錄 2. 241. 3 蒦圆匋里～		

⿱川心*

璽彙 1326
武～信鉨

璽彙 1472
陳～

璽彙 3570
邵～

⿱⿰靑刂心*

陶彙 3.788
～邙

圖錄 3.17.1
～邙

陶彙 3.789
～

齊文字編卷十一

水

壐彙 3508
~丘塚

圖錄 3.24.6
□~

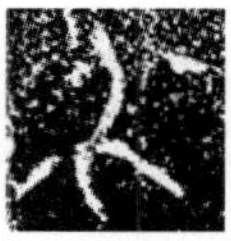
齊明刀范刻文
齊幣 453 ~

齊明刀范刻文
齊幣 452 ~

河

庚壺 集成 15.9733
從~台(以)□伐彘□丘

圖錄 3.96.2
~

圖錄 3.97.4
~

圖錄 3.97.6
~

圖錄 3.98.4
~

圖錄 3.96.3
~

圖錄 3.96.4
~

圖錄 3.99.1
~

沱

曹公子沱戈 集成 17.11120
曹公子~之鋯(造)戈

涂

圖録 3. 479. 6

～

漢

圖録 3. 493. 1

～

洛

璽彙 0322

～□遲(徙)盟金鉨

漸

圖録 2. 164. 3

中蒦圆里匋(陶)～

圖録 2. 164. 4

中蒦圆南里匋～

淮

陶彙 3. 1156

～

圖録 3. 492. 3

～

淠

□淠□散戈 集成 17. 11065

□～□箙(散)戈

洧〔汉〕

齊城左戈 文物 2000(10)75 頁

齊城左冶所～造

濼

鄘叔之仲子平鐘 集成 01. 174

台(以)～(樂)其大酉(酋)

鄘叔之仲子平鐘 集成 01. 175

台(以)～(樂)其大酉(酋)

洹

洹子孟姜壺　集成 15.9729
～子孟姜喪

洹子孟姜壺　集成 15.9730
～子孟姜喪

洹子孟姜壺　集成 15.9730
～子孟姜用乞嘉命

洋

陶彙 3.784
王～

洨

洨陽戟　集錄 1138
～陽右戟（戟）

沽

璽彙 0216
□～之鉩

圖錄 3.330.1
～

淖

十年陳侯午敦　集成 09.4648
陳（陳）侯午～（朝）羣邦者（諸）侯于齊

陳侯因資敦　集成 09.4649
～（朝）昏（問）者（諸）侯

鄺公孫朝子鎛　集錄 004
鄺（莒）公孫～子造器

圖錄 2.410.1
塙闠槹里曰～

圖錄 2.410.3
塙闠槹里曰～

圖錄 2.410.3
塙闠槹里口～

圖錄 2.565.1
城圖櫝里～豆

圖錄 2.567.1
城圖櫝里～豆

圖錄 3.191.3
～

滕〔滕〕		圖錄 3.192.1 ～	
		滕侯昊戈　集成 17.11079 ～侯昊之造	 滕侯昊戈　集成 17.11123 ～侯昊之造䤙(戟)
		滕侯耆戈　集成 17.11077 ～侯耆之造	 滕侯耆戈　集成 17.11078 ～侯耆之造
	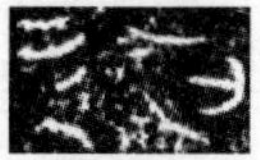	滕之不㣊劍　集成 18.11608 ～之不㣊口于	 滕大宰得匜　集錄 1011 ～大宰得之御鉈(匜)
		者兒戈　古研二十三 98 頁 ～(滕)口公之孫	
〔滕〕		滕侯蘇盨　集成 09.4428 ～(滕)侯穌(蘇)	 滕侯蘇盨　集成 09.4428　朕(滕)侯穌(蘇) 乍(作)氒(厥)文考～(滕)中(仲)旅簋
波		圖錄 3.273.1 ～	
測		上曾大子鼎　集成 05.2750 既穌無～	

清		璽彙 0156 ～墜(陵)柿(市)戠(職)笞帀(師)				
淵		子淵聾戟 集成 17.11105 子～聾之拔(戟)				
潤		陶彙 3.1021 ～		圖錄 3.350.4 ～		圖錄 3.350.5 ～
		圖錄 3.350.6 ～		圖錄 3.520.1 ～		圖錄 3.520.2 ～
砅〔濿〕	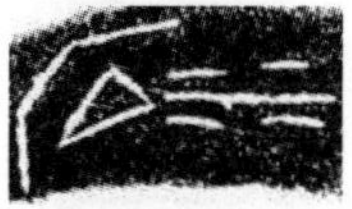	圖錄 3.613.1 ～				
淠		圖錄 3.547.6 ～				
瀞		國差罎 集成 16.10361 卑(俾)旨卑(俾)～				
沬		陳逆簋 集成 07.4096 以匄永命～壽		郘公孫班鎛 集成 01.140 其萬年～壽		《說文》：古文沬從頁。

〔[illegible]〕		公孫𡩋壺 集成 15.9709 用旂(祈)～壽萬年		國差𦉜 集成 16.10361 侯氏受福～壽
〔[illegible]〕		魯大司徒厚氏元舖 集成 09.4690 其～壽萬年無疆		魯大宰原父簋 集成 07.3987 其萬年～壽永寶用
		邾公華鐘 集成 01.245 哉(載)公～壽		鑄公簠蓋 集成 09.4574 其萬年～壽
		邾公釛鐘 集成 01.102 旂(祈)年～壽		魯大司徒子仲伯匜 集成 16.10277 其～壽萬年無疆
		邳伯罍 集成 16.10007 用祈～壽無彊(疆)		邳伯罍 集成 16.10006 用祈～壽無彊(疆)
〔[illegible]〕	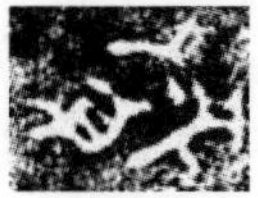	杞伯每亡壺 集成 15.9688 其萬年～壽		齊大宰歸父盤 集成 16.10151 齊大宰歸父口爲㠯(己)～盤
		薛侯匜 集成 16.10263 其～壽萬年		邾叔之伯鐘 集成 01.087 用旂(祈)～壽無疆
〔[illegible]〕		邾來隹鬲 集成 03.670 其用萬年～壽無彊(疆)		鼄叔之仲子平鐘 集成 01.178 其受此～壽

汲

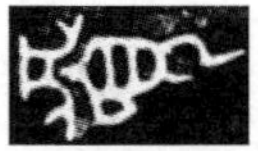
鄭友父鬲 集成 03.717
其～壽永寶用

魯仲齊甗 集成 03.0939
其萬年～壽子子孫孫永寶用

魯仲齊鼎 集成 05.2639
其萬年～壽

魯司徒仲齊盨 集成 09.4441-1
其萬年～壽

魯司徒仲齊盨 集成 09.4441-2
其萬年～壽

杞伯每亡壺蓋 集成 15.9687
其萬年～壽

鑄子叔黑臣簠 集成 09.4570
其萬年～壽

鑄叔作嬴氏簠 集成 09.4560-1
其萬年～壽永寶用

鑄叔作嬴氏簠 集成 09.4560-2
其萬年～壽永寶用

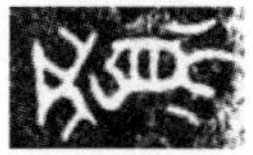
魯伯俞父簠 集成 09.4567
其萬年～壽永寶用

魯伯俞父簠 集成 09.4568
其萬年～壽永寶用

曩伯子窡父盨 集成 09.4443
割(匄)～壽無疆(疆)

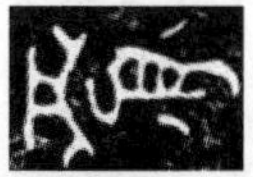
曩伯子窡父盨 集成 09.4444
割(匄)～壽無疆(疆)

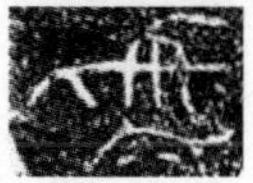
紀侯壺 集成 15.9632
事(使)小臣以～

濯	 右濯戈　集成 17. 10978 右～戈		
汩*	 圖錄 2. 408. 1 丘齊辛里王～兹□	 圖錄 3. 520. 3 ～	
泂*	 圖錄 3. 334. 2 ～	 圖錄 3. 334. 3 ～	 圖錄 3. 334. 6 ～
洴*	 璽彙 2598 ～郢		
泧*	 圖錄 3. 186. 2 ～		
淯*	 彙考 43 頁 右稟(廩)～		
湑*	 彙考 43 頁 左稟(廩)～	 陶彙 3. 645 左敷(廩)～鈢	 陶彙 3. 646 左稟(廩)～鈢
滀*	 璽彙 0259 右稟(廩)～□弱鈢	 山東新出土古璽印 16 頁 右稟(廩)～□弱鈢	

潪*

叔夷鎛 集成 01. 285-1
師于醽(淄)～

叔夷鐘 銘文選八四八
師于醽(淄)～

滾*

圖錄 2. 547. 4
子～子里□

樊*

庚壺 集成 15. 9733
台(以)鑄其～(浣)壺

巠

圖錄 3. 552. 5
～

州

豫州戈 集成 17. 11074
豫～左庫造

叔夷鎛 集成 01. 285-6
咸有九～

泉

齊明刀 考古 1973・1
背文～

永

十四年陳侯午敦 集成 09. 4646
～永世毋忘

十年陳侯午敦 集成 09. 4648
～世毋忘

陳侯因資敦 集成 09. 4649
世萬子孫～為典尚

鄀叔之伯鐘 集成 01. 087
～保用享

陳侯因資敦 集成 09. 4649
世萬子孫～為典尚

邾叔之伯鐘 集成 01. 087
～保用享

邾公華鐘 集成 01. 245
子子孫孫～保用亯(享)

邾友父鬲 集成 03. 717
其賫(眉)壽～寶用

邾訧鼎 集成 04. 2426
子子孫孫～寶用

鼄叔之仲子平鐘 集成 01. 173
子子孫孫～保用之

鼄叔之仲子平鐘 集成 01. 175
子子孫孫～保用之

走馬薛仲赤簠 集成 09. 4556
子子孫孫～保用亯(享)

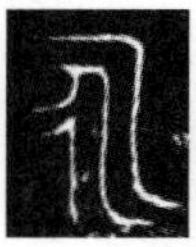
𪒠鎛 集成 01. 217
用旟(祈)侯氏～命萬年

魯大司徒厚氏元鋪 集成 09. 4690
子子孫孫～寶用之鄦

拍敦 集成 09. 4644
～枼(世)母(毋)出

魯伯愈父鬲 集成 03. 0690
其～寶用

魯伯大父作季姬簋 集成 07. 3974
其萬年賫(眉)壽～寶用

魯司徒仲齊盤 集成 16. 10116
其萬年～寶用亯(享)

杞伯每亡簋 集成 07. 3899
子子孫孫～寶用亯(享)

杞伯每亡簋 集成 07. 3901
子子孫孫～寶用亯(享)

〔尗〕

羕

魯大司徒子仲伯匜 集成 16. 10277
子子孫孫～保用之

鑄叔作嬴氏簠 集成 09. 4560
其萬年𦓃(眉)壽～寶用

鑄子叔黑𦤎簠 集成 09. 4570
～寶用

鑄侯求鐘 集成 01. 047
其子子孫孫～亯(享)用之

齊陳曼簠 集成 09. 4596
～保用𠤳(簠)

鮑子鼎 中國歷史文物 2009(2)51 頁
子子孫孫～保用

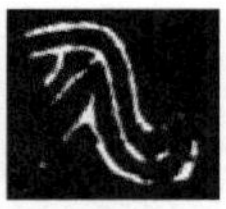

僉父瓶 遺珍 32 頁
𦓃(眉)壽無疆子子孫孫～寶用之

杞伯每亡簋 集成 07. 3897
子子孫孫～寶用亯(享)

杞伯每亡簋 集成 07. 3898
子子孫孫～寶用亯(享)

□君婦媿霝壺 遺珍 65 頁
其年萬子子孫孫～用

魯伯敢匜 集成 16. 10222
其萬年～寶用

杞伯每亡壺蓋 集成 15. 9687
子子孫孫～寶用亯(享)

陳逆簋 集成 07. 4096
以貿～(永)命澒(眉)壽

公孫𢊁壺 集成 15. 9709
～(永)保其身

冰

公孫竈壺　集成 15.9709
子子孫孫～(永)保用

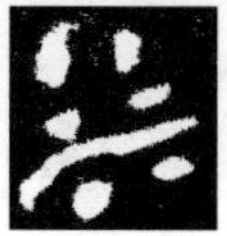
陳逆簋　集成 07.4096
～月

冬

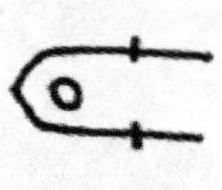
陳璋圓壺　集成 16.9975
孟～戊辰

陳璋方壺　銘文選 2.865
孟～戊辰

璽彙 2207
郗～

《說文》：[glyph]古文冬。

冶

齊城左戟　中國古文字研究 第一輯 206 頁
圖 11　齊城左～膶□□造車戟(戟)

郈左戟　文物 1995(7)77 頁
圖 4　郈左告(造)戟(戟)～膶所□

齊城左戟　中國古文字研究第一輯　206 頁
圖 12　齊城左～膶□□造車戟(戟)

齊城右造刀　集成 18.11815
齊城右造車戟(戟)～膶

郰左冶戈　集錄 1116
郰左～

□□造戟　集成 17.11183
□□郜(造)戈～

子禾子釜　集成 16.10374
子禾子□(屯?)～內者御□

圖錄 3.400.1
～

	 圖錄 3.400.3 ～	 圖錄 3.399.4 ～	 圖錄 3.399.5 ～
	 圖錄 3.400.4 ～	 圖錄 3.400.6 ～	
	 齊明刀　貨系 3786 倌～□	 齊明刀　貨系 3789 倌～□	 齊明刀　貨系 3797 平易～宋
	 齊明刀　貨系 3798 倌～□	 齊明刀　齊幣 346 倌～得	 齊明刀　錢典 1194 鈠～□
雨	 圖錄 3.319.2 ～	 圖錄 3.319.1～	
靁	 洹子孟姜壺　集成 15.9729 齊侯女～□喪其□		
霝	 邾公釛鐘　集成 01.102 揚君～(靈)君㠯(以)萬年	 齊大宰歸父盤　集成 16.10151 ～命難老	
	 僉父瓶　遺珍 32 頁 ～父君僉父乍(作)其金𤭜(瓶)	 僉父瓶　遺珍 33 頁　～父君 僉父乍(作)其金𤭜(瓶)	

	 □君婦媿霝壺 遺珍 65 頁 □君婦媿～乍(作)鑵(旅)壺	 圖錄 2. 735. 2 ～得	
雩	 叔夷鎛 集成 01. 285-2 戮龢(和)三軍徒旃～(與)氒(厥)行師	 璽彙 2185 郱(強)～	
靈*	 叔夷鎛 集成 01. 285-6 戢氒(厥)～(靈)師		
魚	 璽彙 3725 命～敖衾	 圖錄 2. 264. 3 蒦圆～里人□	 圖錄 2. 470. 2 豆里～仹
	 圖錄 3. 364. 4 ～	 圖錄 2. 470. 3 豆里～生	 圖錄 2. 470. 1 豆里～生
	 齊明刀 考古 1973(1) 背文 ～		
鮏	 璽彙 1143 高～		
鯀	 司馬楙鎬鎛 山東金文集成 104-108 頁 哀命(憐)～寡		

鱻	 圖錄 3.513.4 ～	
翼	 陳子翼戈 集成 17.11087 陳子～造戈	 陳子翼戈 周金文存 6.26.1 陳子～造戈
	 陳子翼戈 集成 17.11086 陳子～徒戈	
非	 司馬楙編鎛 山東金文集成 104-108 頁 ～敢□□	 璽彙 3080 ～迪
	 璽彙 3080 ～遂	

齊文字編卷十二

孔

郳大宰簠 集成 09.4623
余□龏(恭)~惠

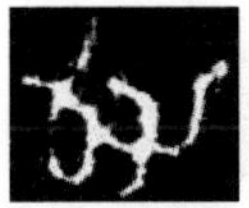

郳大宰簠 集成 09.4624
余□龏(恭)~惠

不

滕之不㺇劍 集成 18.11608
滕之~㺇□于

子禾子釜 集成 16.10374
□關人~用命

邾公華鐘 集成 01.245
~彖(惰)于毕(厥)身

邳伯罍 集成 16.10007
~(邳)白(伯)夏子自乍(作)尊罍

洹子孟姜壺 集成 15.9729
余~其事女(汝)

洹子孟姜壺 集成 15.9730
余~其事女(汝)

鄘侯少子簋 集成 08.4152
乃孝孫~(丕)巨

公典盤 集錄 1009
~(丕)用勿出

齊陳曼簠 集成 09.4596
齊陳曼~敢迖(逸)康

璽彙 0243
纕~㤜鉨

璽彙 0266
公石～夏鉩

璽彙 2301
蒦緦(紀)～

圖錄 3. 39. 3
～安

圖錄　2. 13. 2 平
陵陳得～□王釜

圖錄 2. 738. 4
曹～忳

圖錄 3. 524. 2
～敢

圖錄 2. 429. 4
塙閱不～

齊明刀 考古 1973(1)
背文 ～

至

邾公牼鐘 集成 01. 149
～于萬年

邾公牼鐘 集成 01. 151
～于萬年

黏鎛 集成 01. 217
枼(世)萬～於辝(台)孫子

圖錄 2. 650. 3
～右

臺

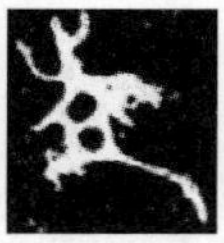
臺于公戈 集成 17. 11124
臺(淳)于公之～豫造

臺于公戈 集成 17. 11125
臺(淳)于公之～豫造

西

國差鐺 集成 16. 10361
攻(工)帀(師)何鑄～臺寶鐺四秉

右伯君權 集成 16. 10383
～里痘

祈室銅柱 周金文存 6. 132
者司～

圖錄 2. 544. 4
夆子～里人為□

	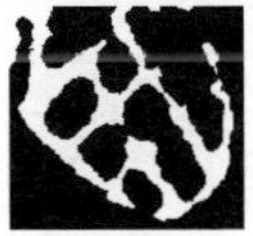	圖錄 2.564.3 ～酷里陳何		圖錄 2.564.2 ～酷里人□□		
鹽		亡鹽戈 集成 17.10975 亡～右				
戶		彙考 301 頁 公～惑				
(床)		陳貽戈 集成 17.11127 陳貽之右～鈛		祈室銅柱 周金文存 6.132 ～北面		
	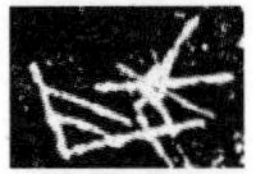	揖芬集 345 頁 圖六-1 左酷右～				
戹		𩠚鎛 集成 01.271 余爲大攻(工)～				
𢨋*		魯士𢨋父簠 集成 09.4517-2 魯士～父乍(作)飤匡(簠)永寶用		魯士𢨋父簠 集成 09.4518 魯士～父乍(作)飤匡(簠)永寶用		
門		庚壺 集成 15.9733 庚入～之		璽彙 0325 □～枋		珍秦齋藏印・戰國篇 14 畟(稷)～

閭（闠）	 圖錄 2.5.2 平～內陳賓左里……	 圖錄 2.7.2 句華～	
	 閭丘戈　集成 17.11073 ～丘為鵙造戈	 是立事歲戈　集成 17.11259 是立事歲～右工戈	
	 圖錄 2.410.1 塙～槕里曰淖	 圖錄 2.414.1 塙～槕里曰鵬	
	 圖錄 2.429.2 塙～匋䢵		
闢	 圖錄 3.134.2 ～	 圖錄 3.137.4 ～	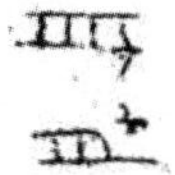 節墨之夻刀　貨系 2541 ～封
	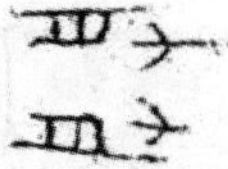 節墨之夻刀　貨系 2544 ～封	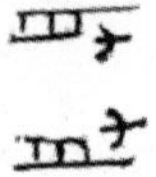 節墨之夻刀　貨系 2545 ～封	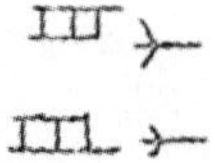 節墨之夻刀　齊幣 36 背文　～封
	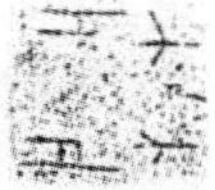 節墨之夻刀　齊幣 37 背文　～封	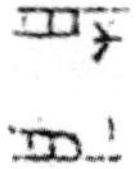 節墨之夻刀　先秦編 397 背文　～封	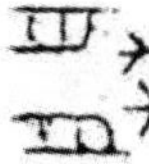 節墨之夻刀　先秦編 397 背文　～封
	 節墨之夻刀　齊幣 38 背文　～封	 節墨之夻刀　錢典 981 背文　～封	 節墨之夻刀　錢典 982 背文　～封

節墨之大刀　錢典 983
背文　~封

閒

璽彙 0650
王~信鉨

閉

子禾子釜　集成 16.10374
~口于口外口釜

關

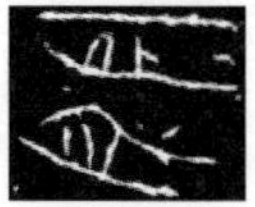
左關之鋓　集成 16.10368
左~之鋓

陳純釜　集成 16.10371
命左~帀(師)口敕宔(主)左關之釜

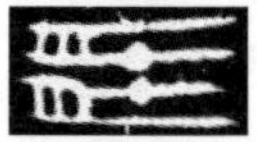
陳純釜　集成 16.10371　命左關
帀(師)口敕宔(主)左~之釜

子禾子釜　集成 16.10374
左~釜節于稟(廩)釜

子禾子釜　集成 16.10374
~人築桿戚釜

子禾子釜　集成 16.10374
~鋓節于稟(廩)料

璽彙 0172
豩~

璽彙 0173
行人~

璽彙 0174
武~敯

璽彙 0177
𨚵相达~

彙考 31 頁
~城君夫人信鉨

圖錄 2.339.3
~里尘

		圖錄 2.341.2 ～里坐		圖錄 2.344.3 ～里坐		
⿵門右*		圖錄 3.522.3 ～				
⿵門丹*		圖錄 2.409.1 丘齊平里王～				
⿵門足*		璽彙 4012 ～(閒)丘邊		璽彙 4013 ～(閒)丘呰		璽彙 4014 ～(閒)丘郢
		璽彙 3239 均～郾		圖錄 2.431.1 塙～口石		圖錄 2.435.1 高～豆里人匋者曰與
〔⿵門疑〕		圖錄 2.432.1 高～厶(私)				
⿵門由*		璽彙 5330 ～				
⿵門畐*		圖錄 2.432.2 高～		圖錄 2.432.3 高～		圖錄 2.433.4 高～

耳

陶彙 3.405
鞊(鞄)里匋～

圖錄 2.92.1
綴□大匋里～

圖錄 2.92.2
綴□大匋里～

耴

圖錄 3.250.6
～

圖錄 3.251.5
～

聖

陳卿聖孟戈 集成 17.11128
陳卿～孟造戈

鄦叔之仲子平鐘 集成 01.172
～智龏(恭)哴(良)

鄦叔之仲子平鐘 集成 01.175
～智龏(恭)哴(良)

鄦叔之仲子平鐘 集成 01.177
～智龏(恭)哴(良)

鯩鎛 集成 01.271 用亯(享)
用孝于皇祖～弔(叔)

上曾大子鼎 集成 05.2750
心～若慮(慮)

洹子孟姜壺 集成 15.9729
～(聽)命于天子

洹子孟姜壺 集成 15.9730
～(聽)命于天子

璽彙 0198 昜(陽)都邑
～遲(徙)盟之鉩

〔戠〕
職

璽彙 0154
～(職)内帀(師)鉩

璽彙 0157 左攻(工)帀(師)
～(職)桼(漆)帀(師)鉩

字頭						
聞		璽彙 0156　清𨹧(陵)柿(市) ～(職)佫帀(師)		璽彙 0314 東𡐤(鄭)～(職)佫		
		彙考 56 頁 ～(職)内帀(師)鉩		圖錄 3. 411. 5 ～		
		璽彙 0028 ～(門)司馬鉩		璽彙 0030 ～(門)司馬鉩		璽彙 0033 右～(門)司馬鉩
		璽彙 0312 鋯～𡷈		彙考 37 頁 左司馬～釘信鉩		
〔䎽〕		陳侯因資敦　集成 09. 4649 淖(朝)～(問)者(諸)侯		鄦叔之仲子平鐘　集成 01. 172 ～(聞)于夏東		
		鄦叔之仲子平鐘　集成 01. 174 ～(聞)于夏東		鄦叔之仲子平鐘　集成 01. 175 ～(聞)于夏東		
		鄦叔之仲子平鐘　集成 01. 177 ～(聞)于夏東		璽彙 0649 王～		
聾		子淵聾戟　集成 17. 11105 子淵～之拔(戟)				

睇*

璽彙 1509
旼生～

璽彙 0645
王生～

臣

鑄子叔黑臣簠 集成 09. 4570
鑄子弔(叔)黑～

鑄子叔黑臣簠 集成 09. 4571
鑄子弔(叔)黑～

鑄子叔黑臣鼎 集成 05. 2587
鑄子弔(叔)黑～

勖*

圖錄 2. 262. 3
昜里人～

掌〔学〕

彙考 33 頁
左～(掌)客亳

捧

洹子孟姜壺 集成 15. 9729
齊侯～(拜)嘉命

叔夷鎛 集成 01. 285-3
乃敢用～(拜)頴首

《說文》：古文拜。

拍

拍敦 集成 09. 4644
～乍(作)朕配平姬䧹宮祀彝

承

叔夷鎛 集成 01. 285-8
毋或～(沉)頪(迷)

揚〔𥋞〕

陳侯因資敦 集成 09. 4649
~皇考

陳侯因資敦 集成 09. 4649
合(答)~氒(厥)德

邾公釳鐘 集成 01. 102
~君霝(靈)君㠯(以)萬年

扱*

璽彙 3120
~武

璽彙 3702
~□信鉨

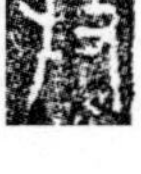

璽彙 3121
~恣

女

洹子孟姜壺 集成 15. 9730
齊侯~靁□喪其□

魯大司徒子仲伯匜 集成 16. 10277 魯大嗣(司)徒
子中(仲)白(伯)其庶~□孟姬賸(媵)它(匜)

尋仲盤 集成 16. 10135 尋中(仲)
賸(媵)中(仲)~〔呂〕子寶般(盤)

公典盤 集錄 1009
男~無碁(期)

庚壺 集成 15. 9733
余台(以)賜~(汝)

鮑子鼎 中國歷史文物 2009(2)51頁
男~無碁(期)

姜

璽彙 3723
~資信鉨

圖錄 3. 431. 1
~

陳逆簠 集成 09. 463
台(以)作氒(厥)元配季~之祥器

黝鎛 集成 01. 217 遵中(仲)之子黝
乍(作)子中(仲)~寶鎛

姬

 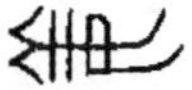 𪒠鎛 集成 01.271 皇礼(妣)聖～	 洹子孟姜壺 集成 15.9729 洹子孟～喪
 洹子孟姜壺 集成 15.9730 洹子孟～喪	 洹子孟姜壺 集成 15.9730 洹子孟～用乞嘉命
 魯伯大父作孟姬姜簋 集成 07.3988 魯白(伯)大父乍(作)孟口～賸(媵)簋	 㠱伯子宼父盤 集成 16.10081 㠱白(伯)宼父朕(媵)～無姬般(盤)
 㠱伯子宼父匜 集成 16.10211 㠱白(伯)宼父朕(媵)～無姬它(匜)	 鑄侯求鐘 集成 01.47 鑄侯求乍(作)季～朕(媵)鐘
 齊侯盂 集成 16.10318 齊侯乍(作)朕(媵)子中(仲)～寶盂	 公典盤 集錄 1009 寺(邿)子～首
 禾簋 集成 07.3939 禾肇(肇) 乍(作)皇母懿龏(恭)孟～饙彝	 拍敦 集成 09.4644 拍乍(作)朕配平～𦎫宮祀彝
 魯伯愈父鬲 集成 03.0690 魯白(伯) 愈父乍(作)鼄(邾)～口朕(媵)羞鬲	 魯伯愈父鬲 集成 03.0694 魯白(伯) 愈父乍(作)鼄(邾)～口朕(媵)羞鬲
 魯伯俞父簠 集成 09.4568 魯白(伯) 俞父乍(作)～口匿(簠)	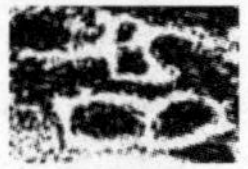 魯姬鬲 集成 03.0593 魯～乍(作)尊鬲永寶用

		齊趫父鬲　集成 03.0685 齊趫父乍(作)孟～寶鬲		魯伯厚父盤　集成 16.10086　魯白(伯)厚父 乍(作)中(仲)～俞賸(媵)般(盤)
		齊侯匜　集成 16.10272　齊侯 乍(作)虢孟～良女寶它(匜)		魯大司徒子仲伯匜　集成 16.10277　魯大嗣(司)徒 子中(仲)白(伯)其庶女口孟～賸(媵)它(匜)
		㠱伯子寍父匜　集成 16.10211 㠱白(伯)寍父朕(媵)姜無～它(匜)		魯大宰原父簋　集成 07.3987 魯大宰遵(原)父乍(作)季～孖賸(媵)簋
		魯侯鼎　文物 1986(4)13 頁 魯侯乍(作)～翏朕(媵)鼎		魯伯大父作仲姬俞簋　集成 07.3989 魯白(伯)大父乍(作)中(仲)～俞賸(媵)簋
姞	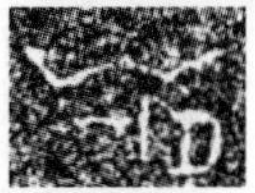	郳可忌豆　集錄 543　郳(節)可忌 乍(作)氒(厥)元子中(仲)～媵錞(敦)		郳可忌豆　雪齋學術論文二集 72 頁圖二　郳(節) 可忌乍(作)氒(厥)元子中(仲)～媵錞(敦)
嬴		鑄叔作嬴氏簠　集成 09.4560-1 鑄弔(叔)乍(作)～氏寶匡(簠)	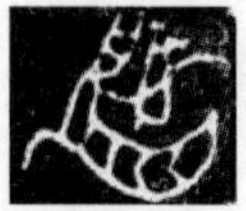	鑄叔作嬴氏簠　集成 09.4560-2 鑄弔(叔)乍(作)～氏寶匡(簠)
		邾口伯鼎　集成 05.2640 鼄(邾)口白(伯)乍(作)此～尊鼎		邾口伯鼎　集成 05.2641 鼄(邾)口白(伯)乍(作)此～尊鼎
妻		賈孫叔子屖盤　山東金文集成 675 頁 ～口壽老無碁(期)		

婦

□君婦媿霝壺 遺珍65頁
□君~媿霝乍(作)籗(旅)壺

妃

陳侯午簋 集成08.4145
大~

十四年陳侯午敦 集成09.4646
乍(作)皇妣孝大~祭器

十四年陳侯午敦 集成09.4647
乍(作)皇妣□□~祭器鋘錞(敦)

鄦侯少子簋 集成08.4152 妳乍(作)
皇妣□君中(仲)~(姒)祭器八

妊

薛侯匜 集成16.10263 薛侯乍(作)
弔(叔)~嫛(襄)朕(媵)它(匜)

鑄公簠蓋 集成09.4574 鑄公乍(作)
孟~車母朕(媵)害(簠)

鑄公簠 三代10.17.3 鑄公
乍(作)孟~車母朕(媵)害(簠)

郜伯鼎 集成05.2601 郜白(伯)
肈(肈)乍(作)孟~譱(膳)鼎

薛侯盤 集成16.10133 薛侯乍(作)
弔(叔)~嫛(襄)朕(媵)般(盤)

倪慶鬲 遺珍41頁
兒(倪)慶乍(作)秦~羞鬲

郲君慶壺 遺珍38頁(下)
鼄(郲)君慶乍(作)秦~醴壺

母

陳逆簠 集成09.4629
皇~

十四年陳侯午敦 集成09.4646
永世~忘 毋下重出

黺鎛　集成01.271
皇～

禾簋　集成07.3939　禾肇(肇)
乍(作)皇～懿龏(恭)孟姬餴彝

郳始鬲　集成03.0596
郳始□～鑄其羞鬲

郜遣簋　集成07.4040-1
用追孝于其父～

鑄公簠蓋　集成09.4574　鑄公
乍(作)孟妊車～朕(媵)害(簠)

拍敦　集成09.4644
繼～皇用祀

璽彙0271
～窹鉨

威

邾公牼鐘　集成01.149
余畢龏(恭)～(畏)忌

邾公華鐘　集成01.245
余畢龏(恭)～(畏)忌思(淑)穆

妣

鄘侯少子簋　集成08.4152　妳乍(作)
皇～□君中(仲)妃(姒)祭器八

〔妣〕

十四年陳侯午敦　集成09.4647
乍(作)皇～□□妃祭器

十四年陳侯午敦　集成09.4646
乍(作)皇～孝大妃祭器鈉錞(敦)

姉

璽彙0331
～□鉨

奴	 賁奴父鼎　集成 05.2589　弗(賁)～父乍(作)孟姒守賸(媵)鼑(鼎)	
奼	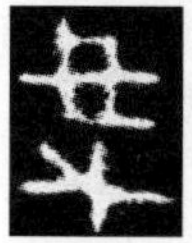 □仲簠　集成 09.4534　□中(仲)乍(作)甫～朕(媵)匠(簠)	
改	 夆叔盤　集成 16.10163　夆弔(叔)乍(作)季～盥般(盤)	 夆叔匜　集成 16.10282　夆弔(叔)乍(作)季～盥它(匜)
始	 鮑子鼎　中國歷史文物 2009(2)51 頁　𩵦(鮑)子䢕(作)朕(媵)中(仲)匋～(姒)	
	 鮑子鼎　中國歷史文物 2009(2)51 頁　中(仲)匋～(姒)返(及)子思	
	 璽彙 0330　～□鉨	
好	 齊鮑氏鐘　集成 01.142　卑(俾)鳴攸～	
如	 璽彙 3924　公孫相～鉨	

媿

□君婦媿霝壺　遺珍 65 頁
□君婦～霝乍(作)簞(旅)壺

妳*

鄘侯少子簋　集成 08. 4152
～乍(作)皇妣□君中(仲)妃祭器八

⿰女白*

郳始鬲　集成 03. 0596
郳～□母鑄其羞鬲

⿰女出*

叔夷鎛　集成 01. 285-6
其配謈(襄)公之～

姒*

費奴父鼎　集成 05. 2589　弗(費)奴父
乍(作)孟～守賸(媵)鼎(鼎)

媵*

梁可忌豆　集錄 543　梁(節)可忌
乍(作)氒(厥)元子中(仲)姞～錞(敦)

梁可忌豆　雪齋學術論文二集 72 頁圖二　梁(節)
可忌乍(作)氒(厥)元子中(仲)姞～錞(敦)

⿱⿰臣巳女*

魯少司寇盤　集成 16. 10154　魯少嗣(司)寇
封孫宅乍(作)其子孟姬～朕(浣)般(盤)它(匜)

婞*

邾友父鬲　遺珍 30 頁　鼄(邾)友父
朕(媵)其子□～寶鬲

邾友父鬲　集成 03. 717　鼄(邾)友父
朕(媵)其子□～寶鬲

嬗*

齊縈姬盤　集成 16.10147
齊縈姬之～(姪)乍(作)寶般(盤)

嫞*〔敦〕

魯伯者父盤　集成 16.10087　魯白(伯)
者父乍(作)孟姬～朕(媵)般(盤)

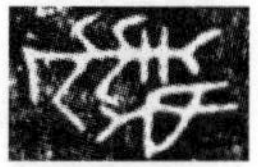

杞伯每亡壺蓋　集成 15.9687
杞白(伯)每亡乍(作)鼄(邾)～寶壺

杞伯每亡壺　集成 15.9688
杞白(伯)每亡乍(作)鼄(邾)～寶壺

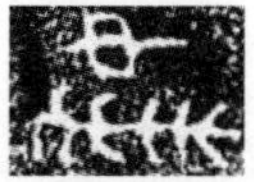

杞伯每亡簋　集成 07.3900
杞白(伯)每亡乍(作)鼄(邾)～寶簋

杞伯每亡簋　集成 07.3901
杞白(伯)每亡乍(作)鼄(邾)～寶簋

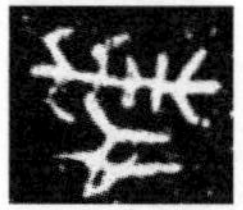

杞伯每亡簋　集成 07.3899-1
杞白(伯)每亡乍(作)鼄(邾)～寶簋

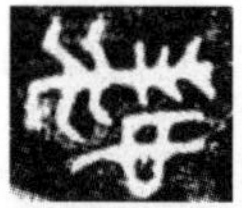

杞伯每亡簋　集成 07.3899-2
杞白(伯)每亡乍(作)鼄(邾)～寶簋

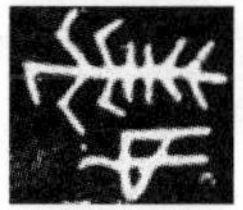

杞伯每亡簋　集成 07.3898-1
杞白(伯)每亡乍(作)鼄(邾)～寶簋

杞伯每亡簋　集成 07.3898-2
杞白(伯)每亡乍(作)鼄(邾)～寶簋

杞伯每亡鼎　集成 04.2495
杞白(伯)每亡乍(作)敉(邾)～寶鼎

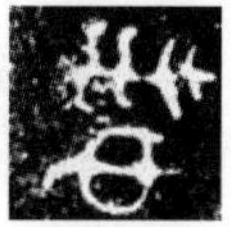

杞伯每亡鼎　集成 05.2642
杞白(伯)每亡乍(作)敉(邾)～寶鼎

杞伯每亡鼎　集成 04.2494-1
杞白(伯)每亡乍(作)敉(邾)～寶鼎

杞伯每亡鼎　集成 04.2494-2
杞白(伯)每亡乍(作)敉(邾)～寶鼎

婧*	 圖錄 2.370.1 楚郭□蘧里～	 圖錄 2.371.2 楚郭□蘧里～	 圖錄 2.375.1 楚郭□蘧里～
毋	 十年陳侯午敦　集成 09.4648 永莹(世)～忘	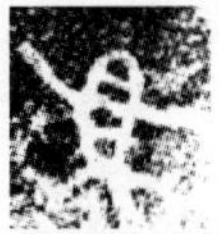 十四年陳侯午敦　集成 09.4646 永莹(世)～忘	
	 國差𦉜　集成 16.1036 侯氏～瘩毋疣	 𬯀鎛　集成 01.217 用旛(祈)壽老(考)～(毋)死	
	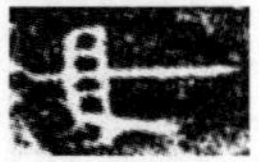 拍敦　集成 09.4644 永枼(世)～(毋)出	 鮑子鼎　中國歷史文物 2009(2)51 頁 其壽君～死	
	 璽彙 3752 坌～豫之	 璽彙 5678 䣙(胡)～塚	
	 彙考 334 頁 䣙(胡)～公信鉨	 圖錄 3.25.4 亓～(母)	
民	 叔夷鎛　集成 01.285-2 諫罰朕庶～	 𬯀鎛　集成 01.217 與鄩之～人都啚(鄙)	
	 洹子孟姜壺　集成 15.9730 其人～都邑堇(僅)宴	 陳喜壺　集成 15.9700 台(以)寺(持)～卬	

也		庚壺　集成 15.9733 不可多～				
⿰⿷匚古⿷匚古*		璽彙 5678 ～(胡)毋塚		圖錄 2.407.1 北齊辛里之～		圖錄 2.407.3 北齊辛里之～
		陶彙 3.612 丘齊辛里之～		陶彙 3.615 丘齊辛里之～		陶彙 3.616 丘齊辛里之～
⿰⿷匚甾⿷匚甾*		叔夷鎛　集成 01.285 師于～(淄)潛(涶)				
氏		陳逆簋　集成 07.4096 陳～裔孫逆	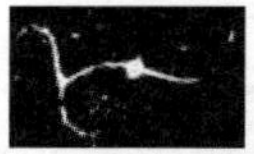	𦅫鎛　集成 01.217 用壽(祈)侯～永命萬年		
		𦅫鎛　集成 01.217 侯～從達之		𦅫鎛　集成 01.217 侯～易(賜)之邑百又九十又九邑		
	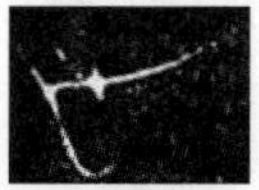	國差𦉜　集成 16.10361 侯～受福釁(眉)壽	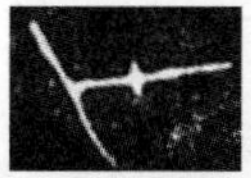	國差𦉜　集成 16.1036 侯～毋瘩毋病		
		齊侯作孟姬盤　集成 16.10123 齊侯乍(作)皇～孟姬寶般(盤)		魯大司徒厚氏元鋪　集成 09.4691 魯大嗣(司)徒厚～元乍(作)譱(膳)匿(鋪)		

氒

鑄叔作嬴氏簠　集成 09. 4560-1
鑄弔(叔)乍(作)嬴～寶匠(簠)

鑄叔作嬴氏簠　集成 09. 4560-2
鑄弔(叔)乍(作)嬴～寶匠(簠)

齊鮑氏鐘　集成 01. 142
齊肇(鮑)～孫□擇其吉金

圖錄 3. 3. 3
邙公～之畬器

陳逆簠　集成 09. 4630
擇～(厥)吉金

陳逆簠　集成 09. 463
台(以)乍(作)～(厥)元配季姜之祥器

陳侯因資敦　集成 09. 4649
合(荅)揚～(厥)德

子禾子釜　集成 16. 10374
中刑～(厥)遂贖以〔金〕鈞

邾叔之伯鐘　集成 01. 87
擇～(厥)吉金

邾公釛鐘　集成 01. 102　陸蟑(終)之孫
邾公釛乍(作)～禾(龢)鍾(鐘)

邾公牼鐘　集成 01. 150
鼄(邾)公牼擇～(厥)吉金

邾公牼鐘　集成 01. 151
鼄(邾)公牼擇(厥)～吉金

邾公華鐘　集成 01. 245
鼄(邾)公華擇～(厥)吉金

邾公華鐘　集成 01. 245
用鑄～(厥)龢鍾(鐘)

邾公華鐘　集成 01. 245
不彖(惰)于～(厥)身

滕侯蘇盨　集成 09. 4428　滕(滕)侯穌(蘇)
乍(作)～(厥)文考滕(滕)中(仲)旅簋

戈

椝可忌豆 集錄 543 椝(節)可忌
乍(作)～(厥)元子中(仲)姑媵錞(敦)

椝可忌豆 雪齋學術論文二集 72 頁圖二 椝(節)
可忌乍(作)～(厥)元子中(仲)姑媵錞(敦)

高密戈 集成 17. 10972
高密～

武城戈 集成 17. 11024
武城徒～

左徒戈 集成 17. 10971
左徒～

陳子皮戈 集成 17. 11126
陳子皮之造～戈

監戈 集成 17. 10893
監～

仕斤徒戈 集成 17. 11049
仕斤徒～

羊子戈 集成 17. 11089
羊子之艁(造)～

高子戈 集成 17. 10961
高子～

武城戈 考古與文物 1999(1)
96 頁 武城～

右庀之戈 中國歷史文物 2007(5)
16 頁圖三 右庀之～

平阿右戈 周金文存 631
平阿右～

陳豫車戈 集成 17. 11037
陳豫車～

亳庀戈 集成 17. 11085
亳庀八族～

曹右庀戈 集成 17. 11070
曹右庀造～

〔鈛〕

者兒戈 古研二十三98頁
□弔(叔)之子者兒為其□～

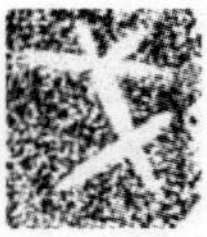
齊夻刀範 中國錢幣1987(4)44頁
～

陳余戈 集成17.11035
陳余造～

陳麗子戈 集成17.11082
陳麗子窹(造)～

陳胎戈 集成17.11127
陳胎之右㝉～

陳卿聖孟戈 集成17.11128
陳卿聖孟造～

武城戈 集成17.11025
武城建～

陳窒散戈 集成17.11036
陳窒箙(散)～

陳卯造戈 集成17.11034
陳卯鋯(造)～

成陽辛城里戈 集成17.11154
成陽辛城里～

平陽高馬里戈 集成17.11156
平陽高馬里～

成陽辛城里戈 集成17.11155
成陽辛城里～

平阿左戈 集成17.11041
平阿左～

高平作戈 集成17.11020
高坪乍(作)～

平阿左戈 集錄1135
平阿左～

平陽散戈 天津古史尋繹63頁
平陽箙(散)～

〔[戈/皿]〕

肇

陳璋圓壺 集成 16. 9975
大臧～□

陳□散戈 集成 17. 11033
陳□散～

叔夷鎛 集成 01. 285-3
女(汝)～(肇)勄(敏)于戎攻(功)

禾簋 集成 07. 3939 禾～(肇)
乍(作)皇母懿龏(恭)孟姬餴彝

魯仲齊鼎 集成 05. 2639
魯中(仲)齊～乍(作)皇考鬻(肆)鼎

魯司徒仲齊盤 集成 16. 10116 魯嗣(司)徒
中(仲)齊～(肇)乍(作)般(盤) 反書

鑄子叔黑臣盨 集成 09. 4423
～(肇)乍(作)寶盨

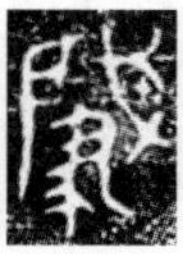
魯司徒仲齊盨 集成 09. 4440 魯嗣(司)徒
中(仲)齊～(肇)乍(作)皇考白(伯)走父餴盨簋

鑄子叔黑臣簠 集成 09. 4570
～(肇)乍(作)寶臣(簠)

魯司徒仲齊盨 集成 09. 4441-1 魯嗣(司)徒
中(仲)齊～(肇)乍(作)皇考白(伯)走父餴盨簋

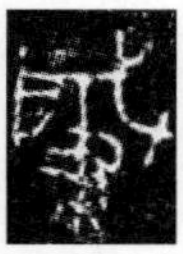
鑄子叔黑臣簠 集成 09. 4571
～(肇)乍(作)寶臣(簠)

魯司徒仲齊盨 集成 09. 4441-2 魯嗣(司)徒
中(仲)齊～(肇)乍(作)皇考白(伯)走父餴盨簋

齊陳曼簠 集成 09. 4596
～(肇)堇(勤)經德

魯司徒仲齊匜 集成 16. 10275 魯嗣(司)徒
中(仲)齊～(肇)乍(作)皇考白(伯)走父寶它(匜)

		司馬楙編鎛 山東金文集成 104-108 頁 用克~諽祧(先)王明(盟)祀		
戎	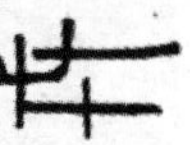	叔夷鎛 集成 01.285-3 女(汝) 肈(肇)勄(敏)于~攻(功)		鄀伯御戎鼎 集成 04.2525 鼄(鄀)白(伯)御~ 乍(作)媵(滕)姬寶鼎
		圖錄 2.159.3 繇□東匋里~		圖錄 2.159.4 繇□東匋里~
⿰車戈〔⿰丰戈〕		武城戟 集成 17.10967 武城~		平阿左戟 集成 17.11158 平阿左造徒~
	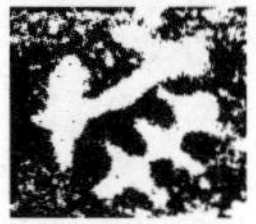	子禾子左戟 集成 17.11130 子禾子左造~		子淵聾戟 集成 17.11105 子淵聾~
		大垔公戟 集成 17.11051 大垔公~		
〔鉞〕		齊城右造戟 集成 18.11815 齊城右造車~治腸		齊城左戟 中國古文字研究第一輯 206 頁圖 11 齊城左冶腸□□造車~
		陵右戟 集成 17.11062 陵右造~		

〔戜〕

賊

滕侯吳戈 集成 17.11123
滕(滕)侯吳之嬉(造)~

司馬楙編鎛 山東金文集成 104-108 頁
亦帥刑(型)灋~(則)祧(先)公正悳(德)

或

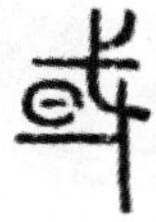
叔夷鎛 集成 01.285-5
尸(夷)用~敢再拜䭫首

鮑子鼎 中國歷史文物 2009(2)51 頁
勿~柬(闌)巳(已)

黔鎛 集成 01.217
勿~俞(渝)改

彙考 282 頁
長~坏

武

武城戈 考古與文物 1999(1)
96 頁 ~城戈

武城戈 集成 17.11025
~城建銭

武成戈 集成 17.10900
~城

武城戈 集成 17.10966
~城戈

阿武戈 集成 17.10923
阿~

阿武戈 小校 10.16.1
阿~

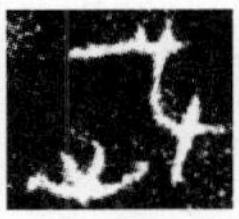
陳侯因資敦 集成 09.4649
皇考孝~超公

陳侯因資敦 集成 09.4649
用乍(作)孝~超公祭器錞(敦)

戠

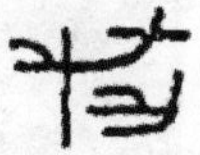 庚壺 集成 15.9733 ~弔(叔)曰庚	 璽彙 0150 東~城 攻(工)帀(師)鉩	 璽彙 0174 ~(武)關[illegible]
 璽彙 0336 ~卲尘嬰鉩	 璽彙 1326 ~川忠信鉩	 璽彙 3120 技~
 璽彙 3483 睘吳~	 彙考 64 頁 ~平尘嬰	 彙考 53 頁 ~關䐗(將)鉩
 圖錄 3.171.1 ~	 圖錄 2.52.1 蒦丘□~昌里	
 圖錄 3.14.1 公~	 圖錄 3.14.2 公~	
 圖錄 3.411.4 ~	 圖錄 3.410.1 ~	
 圖錄 3.410.6 ~		

[illegible]*

 圖錄 2.111.1 繇□大匋(陶)里~	

或*

叔夷鏄　集成 01. 285-3
～徒四千

戠*

祈室銅柱　周金文存 6. 132
竣～逡

我

邾公託鐘　集成 01. 102
用樂～嘉賓及我正卿

邾公託鐘　集成 01. 102
用樂我嘉賓及～正卿

齊鮑氏鐘　集成 01. 142-2
及～□□

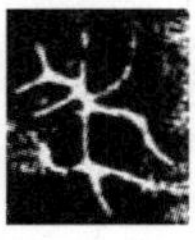

陳肪簋蓋　集成 08. 4190
用追孝於～皇毁(考)

義

叔夷鏄　集成 01. 285-8
篇(肅)篇(肅)～(儀)政

黏鏄　集成 01. 271
篇(肅)篇(肅)～(儀)政

亡

亡鹽戈　集成 17. 10975
～鹽右

杞伯每亡鼎　集成 04. 2494
杞白(伯)每～乍(作)敍(邾)婞寶鼎

杞伯每亡鼎　集成 04. 2495
杞白(伯)每～乍(作)敍(邾)婞寶鼎

杞伯每亡簋　集成 07. 3897
杞白(伯)每～乍(作)敍(邾)婞寶簋

杞伯每亡簋　集成 07. 3898-2
杞白(伯)每～乍(作)敍(邾)婞寶簋

杞伯每亡簋　集成 07. 3899-2
杞白(伯)每～乍(作)敍(邾)婞寶簋

乍

杞伯每亡簋　集成 07.3901
杞白(伯)每~乍(作)殺(邾)媾寶簋

杞伯每亡壺蓋　集成 15.9687
杞白(伯)每~乍(作)鼄(邾)媾寶壺

璽彙 0360
橆~(無)　反書

璽彙 3666
嵣(定)~(無)鐵(斁)

陳逆簋　集成 07.4096
~爲皇祖大宗簋

陳逆簠　集成 09.4630
台(以)~乓(厥)元配季姜之祥器

十四年陳侯午敦　集成 09.4646
~皇妣孝大妃祭器鉠錞(敦)

十四年陳侯午敦　集成 09.4647
~(作)皇妣孝大妃祭器

十年陳侯午敦　集成 09.4648
用~(作)平壽造器臺(敦)

陳侯因資敦　集成 09.4649
用~孝武趄公祭器錞(敦)

鼄君鐘　集成 01.50
用自~(作)其龢鐘鈴　反書

鼄叔之伯鐘　集成 01.087
以~(祚)其皇且(祖)皇考

鼄公牼鐘　集成 01.149
自~(作)龢鍾(鐘)

鼄公釷鐘　集成 01.102 陸鐘(終)之孫
鼄公釷~(作)乓(厥)禾(龢)鍾(鐘)

鼄公華鐘　集成 01.245　台
(以) ~(祚)其皇且(祖)皇考

鼄來隹鬲　集成 03.0670
鼄(邾)來隹~(作)鼎(鼎)

〔攸〕

	鄭大史申鼎 集成 05. 2732 ～(作)其造鼎十		走馬薛仲赤簠 集成 09. 4556 走馬 薛中(仲)赤自～(乍)其匠(簠)
	禾簋 集成 07. 3939 禾肇(肇)～(作) 皇母懿龔(恭)孟姬餴彝	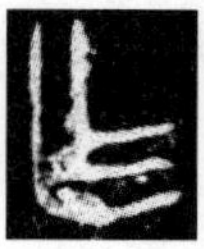	魯大司徒厚氏元鋪 集成 09. 4690 魯大嗣(司)徒厚氏元～(作)譱(膳)匬(鋪)
	拍敦 集成 09. 4644 拍～(作)朕配平姬𩫖宮祀彝		魯伯俞父簠 集成 09. 4567 魯白(伯)俞父～(作)姬□匠(簠)
	㠱甫人匜 集成 16. 10261 茲～(作)寶它(匜)		魯伯大父作季姬簋 集成 07. 3974 魯白(伯)大父～(作)季姬□賸(媵)簋
	杞伯每亡簋 集成 07. 3897 杞白(伯)每亡～(作)鼄(邾)媄寶簋		杞伯每亡簋 集成 07. 3899-2 杞白(伯)每亡～(作)鼄(邾)媄寶簋
	杞伯每亡壺 集成 15. 9688 杞白(伯)每亡～(作)鼄(邾)媄寶壺		夆叔匜 集成 16. 10282 夆弔(叔)～(作)季改盥般(盤)
	圖錄 3. 16. 1 公～		
	叔夷鎛 集成 01. 285-5 女(汝)台(以)戒戎～(作)		鮑子鼎 中國歷史文物 2009(2)51 頁 鞷(鮑)子～(作)朕(媵)中(仲)匋始(姒)

區

子禾子釜 集成 16.10374
于亓(其)事~夫

圖錄 2.8.1
王孫陳陵再左里㲃亳~

圖錄 2.8.3 王孫陳陵
立事歲左里㲃亳~

圖錄 2.44.1
王~

圖錄 2.167.2
中蒦圖里~牛

圖錄 2.5.4
昌櫅陳固南左里㲃亳~

匽

齊鮑氏鐘 集成 01.412-2
用~(宴)用喜

陳璋圓壺 集成 16.9975
陳璋內(入)伐~(燕)勳(勝)邦之隻(獲)

陳璋方壺 銘文選 2.865
陳璋內(入)伐~(燕)勳(勝)邦之隻(獲)

匠

璽彙 0234
卑(裨)醬~匒信鉨

匜〔它〕

魯伯敢匜 集成 16.10222
魯白(伯)敢乍(作)寶~

魯司徒仲齊匜 集成 16.10275 魯嗣(司)徒
中(仲)齊肈(肇)乍(作)皇考白(伯)走父寶~

杞伯每亡匜 集成 16.10255
□□用寶~

魯大司徒子仲伯匜 集成 16.10277 魯大嗣(司)徒
子中(仲)白(伯)其庶女□孟姬賸(媵)~

〔鹽〕

曩甫人匜 集成 16. 10261
茲乍(作)寶～

薛侯匜 集成 16. 10263 胯(薛)侯
乍(作)弔(叔)妊嫛(襄)朕(媵)～

曩伯子宼父匜 集成 16. 10211
曩(紀)白(伯)宼父朕(媵)姜無姬～

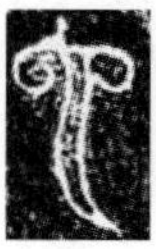

魯少司寇盤 集成 16. 10154 魯少嗣(司)寇
封孫宅乍(作)其子孟姬□朕(浣)般(盤)～

滕大宰得匜 集錄 1011
滕大宰得之御～

匜*

圖錄 2. 535. 3
子𢓊子里人～乘

臧*

璽彙 3087
～逾信鉩

〔牆〕

璽彙 0176
武關～(將)鉩

彙考 53 頁
武關～(將)鉩

〔戲〕

庚壺 集成 15. 9733
獻之于～(莊)公之所

甗

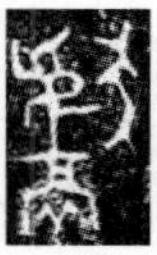

魯仲齊甗 集成 03. 0939
魯中(仲)齊乍(作)旅～(甗)

獻下重見

引

叔夷鎛 集成 01.285-1
余~猒(厭)乃心

叔夷鐘 銘文選八四八
余~猒(厭)乃心

發

陳發戈 文物 2001(10)
48 頁一五 陳~乘鈛(戈)

弦*

鄦叔之仲子平鐘 集成 01.174
中(仲)平譱(善)~叡(且)考(孝)

鄦叔之仲子平鐘 集成 01.178
中(仲)平譱(善)~叡(且)考(孝)

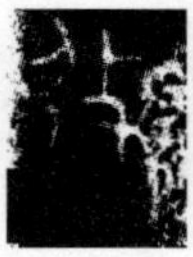
鄦叔之仲子平鐘 集成 01.179
中(仲)平譱(善)~叡(且)考(孝)

璽彙 3923
公孫坐~

彈*

璽彙 1479
陳~高鉩

弨*

璽彙 0336
武~坐罝鉩

圖錄 2.85.3
蒦圆南里人~

彌*〔彇〕

黏鎛 集成 01.271
用求丂(考)命~生

黏鎛 集成 01.271
余~心畏誋(忌)

弻*

圖錄 3.638.2
~

弫*	 圖錄 3.241.1 ～	 圖錄 3.243.1 ～	 圖錄 3.244.3 ～
	 圖錄 3.245.1 ～	 圖錄 3.245.4 ～	 圖錄 3.246.1 ～
弳*	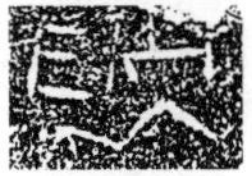 圖錄 3.625.3 ～	 圖錄 3.625.4 ～	
孫	 叔孫戈　集成 17.11040 叔～戈	 陳逆簋　集成 07.4096 陳氏裔～逆	
	 陳逆簋　集成 07.4096 子～是保	 邾公孫班鎛　集成 01.140 鼄(邾)公～班擇其吉金	
	 陳逆簠　集成 09.4630 余陳桓之裔～	 陳侯因資敦　集成 09.4649 世萬子～永為典尚	
	 鄦大史申鼎　集成 05.2732 鄦审之～篖(莒)大史申	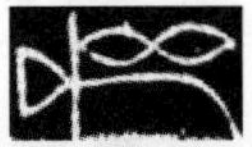 邾公釸鐘　集成 01.102　陸蟎(終)之～ 邾公釸乍氒(厥)禾(龢)鍾(鐘)	
	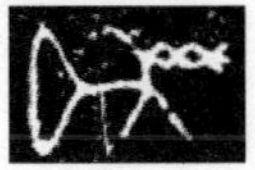 鄦大史申鼎　集成 05.2732 子～是若	 陳助簋蓋　集成 08.4190 余陳中(仲)裔～	

𧩯

 公孫𢶃壺　集成 15.9709 公～𢶃立事歲	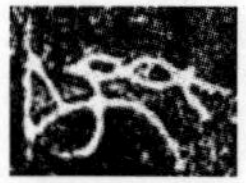 魯少司寇盤　集成 16.10154　魯少嗣(司)寇封 ～宅乍(作)其子孟姬□朕(浣)般(盤)它(匜)	
 𩁹甫人匜　集成 16.10261 余王寬(蒐)叡～	 鄬公孫潮子鎛　集錄 004 鄬(莒)公～潮子造器	
 璽彙 1556 ～它人	 璽彙 1560 ～縛	 璽彙 5625 ～邦
 璽彙 3931 張～埶	 璽彙 3934 㦰(臧)～黑鉨	 圖錄 3.518.5 ～
 圖錄 2.555.2 東酷里～□	 圖錄 3.518.4 ～	 圖錄 3.518.6 ～
 圖錄 3.610.1 ～		
 圖錄 2.99.3 ～□大匋(陶)里	 圖錄 2.113.4 ～□大匋(陶)里冀	 圖錄 2.117.4 ～□大匋(陶)里□
 圖錄 2.105.1 ～□杏匋里佁	 圖錄 2.92.4 ～□杏匋里耳	 圖錄 2.115.1 ～□杏匋里誙

圖錄 2.152.3
～口中匋(陶)里傳

圖錄 2.54.2
～口賊里

圖錄 2.22.4
右～

齊文字編卷十三

緒

圖錄 3.386.3
～

圖錄 3.386.1
～

圖錄 3.387.2
～

圖錄 3.387.3
～

圖錄 3.387.4
～

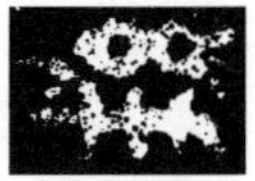
圖錄 3.387.6
～

純

陳純釜 集成 16.10371
敦者曰陳～

經

叔夷鎛 集成 01.285-1
余～乃先祖

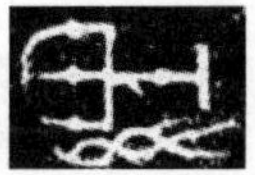
齊陳曼簠 集成 09.4596
肈(肇)堇(勤)～德

紀

璽彙 2610
～□

〔紀〕

璽彙 2301
葽～(紀)不

〔絽〕

璽彙 2611
～賞

彙考 70 頁
～(紀)之口巨

繼

拍敦　集成 09. 4644
～母星用祀

紹

彙考 60 頁　十三(四)
年十一月帀(師)～

十四年銅泡　考古 1985(5)476 頁圖 4
十三(四)年十一月帀(師)～

〔紹卩〕

圖錄 3. 502. 1
～

縱

熊節　集成 18. 12092
亡～一乘

繞

圖錄 2. 515. 1
豆里～

圖錄 2. 516. 1
豆里～

結

圖錄 3. 249. 1
～

縪

璽彙 2654
□～

璽彙 3692
□生～

璽彙 3738
□～

璽彙 3081
馬桼(矢)～

終

陶彙 3.1149
～

〔宂〕

公典盤 集錄 1009
丂～有卒

揖芬集 345 頁圖七-4
中～豆

《說文》：古文終。

練

璽彙 3714
～□信鉩

絇〔約〕

臨淄商王墓地銅盒
～(絇)奠

纓

圖錄 2.208.1
蒦圆匋(陶)里人～

圖錄 2.161.1
繇□東匋(陶)里～

圖錄 3.417.5
～

陶彙 3.283
蒦圆匋(陶)里人～

圖錄 3.416.4
～

緟〔練〕

陳侯因資敦 集成 09.4649
＊(紹)～(緟)高祖黄帝

絬

圖錄 3.133.1
～

圖錄 3.132.1
～

縈		齊縈姬盤 集成 16.10147 齊～姬之⿰女遟(姪)乍(作)寶般(盤)				
縢		璽彙 3827 司馬～		庚壺 集成 15.9733 ～相乘駐(牡)□		
維		璽彙 0225 ～□亳之鉩		圖錄 2.674.2 酷里昜～		圖錄 2.166.1 中蒦圆里～昜
繮		圖錄 2.216.2 蒦圆匋(陶)里人～				
⿰糸封		圖錄 2.71.1 蒦圆南里人～	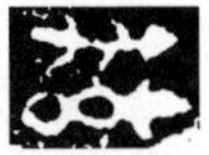	圖錄 2.71.3 蒦圆南里人～		
繆		圖錄 2.141.1 大蒦圆里匋(陶)者～		圖錄 2.141.2 大蒦圆里匋(陶)者～		圖錄 2.158.1 鄬□東匋里～
彝		禾簋 集成 07.3939 禾肈(肇) 乍(作)皇母懿龏(恭)孟姬～	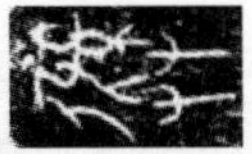	拍敦 集成 09.4644 拍乍作朕配平姬墉宮祀～		
		司馬楙鎛 山東金文集成 104-108頁 楙乍(作)宗～		上曾大子鼎 集成 05.2750 乃擇吉金自乍(作)𩰫(肆)～		

紇*	 圖錄 2.750.1 □里～			
紉*	 圖錄 3.198.1 ～	 圖錄 3.198.4 ～	 圖錄 3.199.1 ～	 圖錄 3.200.2 ～
	 圖錄 3.200.3 ～	 圖錄 3.200.6 ～	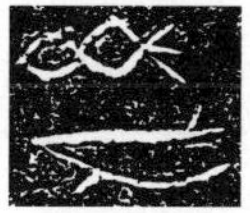 圖錄 3.201.1 ～	
紳*	 圖錄 3.83.1 ～	 圖錄 3.83.2 ～	 圖錄 3.82.1 ～	 圖錄 3.82.4 ～
	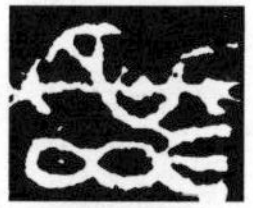 圖錄 3.84.3 ～	 圖錄 3.425.5 ～豕	 圖錄 3.425.4 ～豕	
絧*	 璽彙 4033 敦于～信			
絣*	  辟大夫虎符 集成 18.12107 填(營)丘牙(與)塿～辟(嬖)大夫信節			
	 偏將軍虎節 歷史博物館館刊 1993(2) 填(營)丘牙(與)塿～弁(偏)將軍信節			

繻*

璽彙 1560

孫～

縷*

陶彙 3.1101

～

綳*

圖錄 3.55.1

～

維*

璽彙 0584

～王

纘*

璽彙 0243

～不忼鉨

裁*

叔夷鎛 集成 01.285

余命女(汝)～(職)差(左)卿

叔夷鐘 銘文選八四八

余命女(汝)～(職)差(左)卿

綵*

圖錄 2.280.2

東匋(陶)里公孫～

緐*

圖錄 3.500.3

～

⿰糸⿰虘攵*	 璽彙 3921 公孫～	 圖錄 3.388.1 ～	
	 圖錄 3.388.6 ～	 圖錄 3.388.4 ～	
	 圖錄 3.390.4 ～		
⿰⿱圭糸爰〔緩〕	 陶彙 3.1141 ～	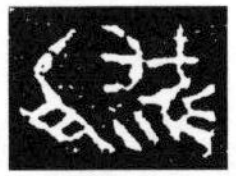 圖錄 2.327.1 楚郭□闕里～	 圖錄 2.328.3 □□□闕里～
⿰⿱圭糸⿱亼卯*	  ⿰⿱圭糸⿱亼卯鎛 集成 01.271 ～保其身		
⿱⿰彳攵蚰*	 彙考 65 頁 蒦圆南里～	 圖錄 2.66.1 蒦圆南里～	
⿱攵蚰*	 圖錄 2.79.3 蒦圆南里人～	 彙考 65 頁 蒦圆南里～	 圖錄 2.79.4 蒦圆南里人～
⿱⿰耑攵蚰*	 圖錄 2.108.1 ⿰⿱圭糸系□大匋(陶)里～	 圖錄 2.108.2 ⿰⿱圭糸系□大匋(陶)里～	

[illegible]*

  鄶侯少子簋 集成 08.4152 ～(合)趣(取)吉金	

鼄

 邾君鐘 集成 01.050 ～(邾)君求吉金	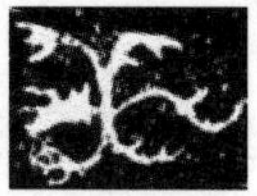 邾叔之伯鐘 集成 01.087 ～(邾)弔(叔)之白(伯)□□
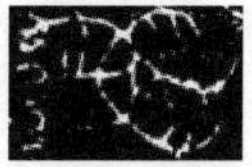 邾公牼鐘 集成 01.150 ～(邾)公牼擇氒(厥)吉金	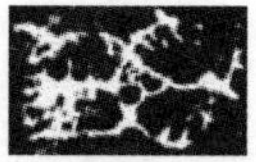 邾公牼鐘 集成 01.151 ～(邾)公牼擇氒(厥)吉金
 邾公華鐘 集成 01.245 ～(邾)公華擇氒(厥)吉金	 邾公華鐘 集成 01.245 ～(邾)邦是保
 邾來隹鬲 集成 03.0670 ～(邾)來隹乍(作)鼒(鼎)	 邾友父鬲 集成 03.717 ～(邾)友父朕(媵)其子□媵寶鬲
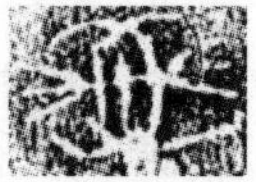 邾訧鼎 集成 04.2426 ～(邾)訧爲其鼎	 魯伯愈父鬲 集成 03.0690 魯白(伯)愈父乍(作)～(邾)姬□朕羞鬲
 杞伯每亡鼎 集成 04.2495 杞白(伯)每亡乍(作)～(邾)媵寶鼎	 杞伯每亡鼎 集成 05.2642 杞白(伯)每亡乍(作)～(邾)媵寶鼎
 杞伯每亡簋 集成 07.3897 杞白(伯)每亡乍(作)～(邾)媵寶簋	 杞伯每亡簋 集成 07.3898 杞白(伯)每亡乍(作)～(邾)媵寶簋

二　卯

 杞伯每亡簋　集成 07. 3899-1 杞白(伯)每亡乍(作)~(邾)嫀寶簋	 杞伯每亡簋　集成 07. 3901 杞白(伯)每亡乍(作)~(邾)嫀寶簋
 杞伯每亡壺　蓋　集成 15. 9687 杞白(伯)每亡乍(作)~(邾)嫀寶壺	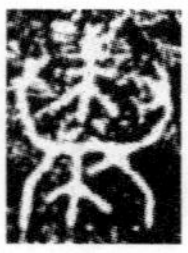 杞伯每亡壺　集成 15. 9688 杞白(伯)每亡乍(作)~(邾)嫀寶壺
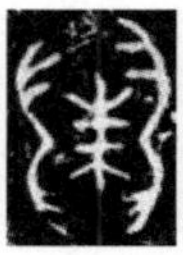 邾友父匜　集成 16. 10236 ~(邾)□寶鬲其□	 邾友父鬲　遺珍 30 頁 ~(邾)友父朕(媵)其子□嫀寶鬲
 邾君慶壺　遺珍 38 頁(上) ~(邾)君慶乍(作)秦妊醴壺	 邾君慶壺　遺珍 38 頁(下) ~(邾)君慶乍(作)秦妊醴壺
 邾公子害簠　遺珍 67 頁 ~(邾)公子害自乍(作)匿(簠)	 邾慶簠　遺珍 115 頁 ~(邾)慶乍(作)奏妊匿(簠)
 邾慶簠　遺珍 116 頁 ~(邾)慶乍(作)奏妊匿(簠)	
 圖錄 3. 311. 6 ~	
 邾公牼鐘　集成 01. 149 鑄辝龢鍾(鐘)~鍺(堵)	 洹子孟姜壺　集成 15. 9730 于南宮子用璧~

〔弍〕	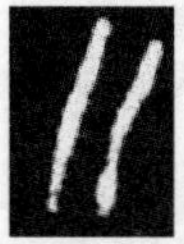 洹子孟姜壺 集成 15.9730 備(佩)玉～嗣(笥)	 齊明刀 考古 1973(1) 背文 ～	
	  臨淄商王墓地 銅杯 鉨大～益冢(重)叁十展		
凡	 圖錄 2.386.3 楚郭口瘻里～		
土	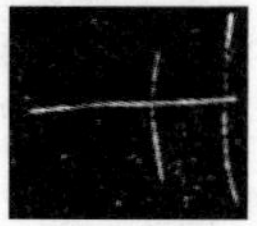 公孫竈壺 集成 15.9709 公子～斧 乍(作)子中(仲)姜盤(鑄)之般(盤)壺		 圖錄 2.496.1 豆里～
	 圖錄 2.600.2 城圆～豆	 圖錄 2.602.1 城圆～	 圖錄 2.497.1 豆里～
	 齊夻刀 貨系 2609 背文 ～	 齊夻刀 貨系 1116 頁 背文 ～	 齊夻刀 先秦編 402 背文 ～
	 齊夻刀 先秦編 402 背文 ～	 齊明刀 考古 1973(1) 背文 ～	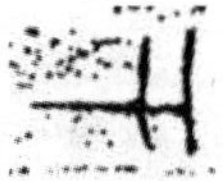 齊明刀 考古 1973(1) 背文 ～
坪	 高平作戈 集成 17.11020 高～乍(作)鉞		

墻

圖錄 2. 410. 1
～闉櫋里曰湻

圖錄 2. 423. 3
～閮隻

基

圖錄 3. 326. 1
～

圖錄 3. 326. 2
～

堵

叔夷鎛　集成 01. 285-6
處瑀（禹）之～（土）

堂

璽彙 3999
高～昁（市）鉨

圖錄 2. 4. 1
～門

在

郘公孫班鎛　集成 01. 140
辰～丁亥

郳可忌豆　集錄 543
辰～丁亥

郳可忌豆　雪齋學術論文二集 72 頁圖二　辰～丁亥

填

偏將軍虎節　歷史博物館館刊 1993（2）
～（營）丘牙（與）塿紒弁（偏）將軍信節

封

圖錄 3. 478. 6
～

《說文》：古文封省。

〔⿰土丰〕

魯少司寇盤　集成 16. 10154　魯少嗣（司）寇～
孫宅乍（作）其子孟姬□朕（浣）般（盤）它（匜）

璽彙 5706
輔匕鞁～

〔坧〕

𨻶

節墨之杏刀 貨系 2541
闢～

節墨之杏刀 貨系 2542
闢～

節墨之杏刀 先秦編 397
闢～

節墨之杏刀 錢典 981
闢～

節墨之杏刀 貨系 2544
闢～

節墨之杏刀 先秦編 397
闢～

節墨之杏刀 貨系 2545
闢～

節墨之杏刀 錢典 982
闢～

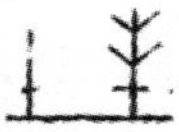
節墨之杏刀 東亞 6.15
闢～

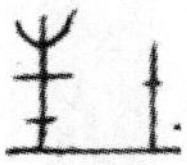
節墨之杏刀 東亞 6.15
闢～

節墨之杏刀 錢典 983
闢～

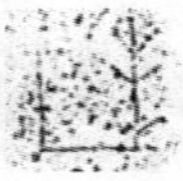
節墨之杏刀 齊幣 37
闢～

節墨之杏刀 齊幣 36
闢～

節墨之杏刀 齊幣 38
闢～

節墨之杏刀 起源圖版 26
闢～

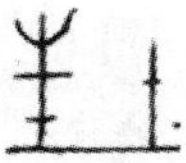
節墨之杏刀 東亞 6.15
闢～

璽彙 0272
匋都～

彙考 69 頁
麇陜□舍～

彙考 282 頁
長或～

圖錄 2. 23. 1
左廩湒～

圖錄 2. 218. 3
蒦圆匋里人～

〔鈢〕

 璽彙 0007 君之信～	 彙考 31 頁 盧成君～	 璽彙 0028 閩(門)司馬～
 彙考 53 頁 雍丘闢～	 璽彙 0330 始□～	 璽彙 2709 中辛信～
 璽彙 0331 姉□～	 璽彙 0342 □□敬～	 璽彙 1185 吳□之～
 璽彙 3681 金□～	 璽彙 5539 司馬設～	 璽彙 5256 ～
 璽彙 5257 ～	 璽彙 0157 左攻(工)帀(師) 戠(職)桼(漆)帀(師)～	
 璽彙 0322 洛□遂(徙)盟金～	 圖錄 2.702.1 □□信～	

墨

 彙考 60 頁 節～之丌坤(市)工	 即墨華戈 集成 17.11160 即～華之造戈	 圖錄 2.33.2 節～之丌市工
 節墨之亳刀 貨系 2525 節～之亳刀	 節墨之亳刀 貨系 2548 節～之亳刀	 節墨之亳刀 齊幣 38 節～之亳刀

 節墨之杏刀 齊幣 39 節~之杏刀	 節墨之杏刀 齊幣 40 節~之杏刀	 節墨之杏刀 齊幣 48 節~之杏刀
 節墨之杏刀 齊幣 49 節~之杏刀	 節墨之杏刀 齊幣 54 節~之杏刀	 節墨之杏刀 齊幣 58 節~之杏刀
 節墨之杏刀 齊幣 60 節~之杏刀	 節墨之杏刀 齊幣 62 節~之杏刀	 節墨之杏刀 齊幣 69 節~之杏刀
 節墨之杏刀 齊幣 73 節~之杏刀	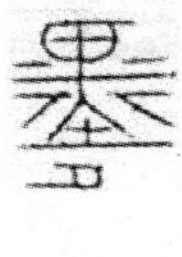 節墨之杏刀 齊幣 74 節~之杏刀	 節墨之杏刀 齊幣 75 節~之杏刀
 節墨之杏刀 齊幣 82 節~之杏刀	 節墨之杏刀 錢典 980 節~之杏刀	 節墨之杏刀 錢典 984 節~之杏刀
 節墨之杏刀 先秦編 394 節~之杏刀	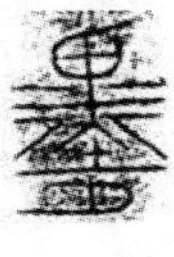 節墨之杏刀 先秦編 394 節~之杏刀	 節墨之杏刀 先秦編 395 節~之杏刀
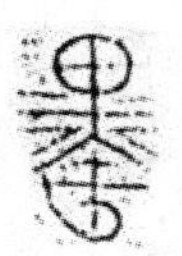 節墨之杏刀 先秦編 395 節~之杏刀	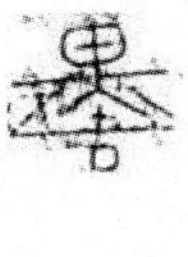 節墨杏刀 貨系 2556 節~之杏刀	 節墨杏刀 貨系 2569 節~之杏刀
 節墨杏刀 齊幣 287 節~之杏刀	 節墨杏刀 齊幣 288 節~之杏刀	 節墨杏刀 先秦編 391 節~之杏刀

城

節墨杏刀 先秦編 391
節～之杏刀

節墨杏刀 先秦編 391
節～之杏刀

節墨杏刀 先秦編 391
節～之杏刀

節墨杏刀 先秦編 391
節～之杏刀

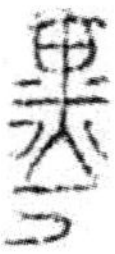
節墨杏刀 先秦編 391
節～之杏刀

節墨杏刀 先秦編 391
節～之杏刀

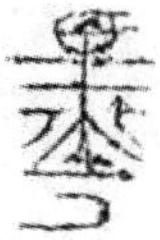
節墨杏刀 先秦編 392
節～之杏刀 此為『晦』本字，借為『墨』。

武成戈 集成 17.10900
武～

武城戈 集成 17.10966
武～戈

工城戈 集成 17.11211
工～佐阵□昌茀(茢)

齊城右造戟 集成 18.11815
齊～右造車栽(戟)冶膇

成陽辛城里戈 集成 17.11154
成陽辛～里戈

成陽辛城里戈 集成 17.11155
成陽辛～里戈

齊城造戈 集成 17.10989
齊～造

昌城右戈 集成 17.10998
昌～右

城左戈 周金文存 6.46
～□左

璽彙 0150 東武～
攻(工)帀(師)鉨

〔𩫨〕

	 彙考 31 頁 關～君夫人信鉨	
	 武城戈　集成 17.11025 武～建鈛	 武城戈　集成 17.11024 武～徒戈
	 武城戟　集成 17.10967 武～戟(戟)	 璽彙 3751 ～陽齊
	 圖錄 2.568.3 ～陽櫃里淖豆	 圖錄 2.609.1 ～陽鹿
	 圖錄 2.627.4 ～陽唯	 圖錄 2.637.4 ～陽固
	 圖錄 2.580.1 ～陽眾	《説文》：𩫨，籀文城从亯。
垔	 垔戈　集成 17.10824 ～	 大垔公戟　集成 17.11051 大～公戟(戟)
塿	  辟大夫虎符　集成 18.12107 填(營)丘牙(與)～絣辟(嬖)大夫信節	

龏

偏將軍虎節 歷史博物館館刊 1993(2)
填(營)丘牙(與)~絣弁(偏)將軍信節

陞冢龏戈 遺珠圖 144
陞冢~

圭

圖錄 3.294.2
~

坊

圖錄 3.639.1
~

坒*

璽彙 3923
公孫~汥

墓*

璽彙 0314
東~戠(職)笸

彙考 41 頁
~(鄭)昜(陽)得三

均*

璽彙 3239
~閔鄙

圖錄 2.9.4 王孫□棱
□□~亳區

圖錄 2.20.4
右毀~亳區

垈*

璽彙 0265
郗~叟

璽彙 0273
□□~鉌

璽彙 0312
鋯聞~叟

呈* 坙* 堉* 埔*

璽彙 0334
□閭(門)~叟

璽彙 0336
武弜~叟鉨

彙考 64 頁
武平~叟

圖錄 2.293.1
王卒左段□圖櫝里~

圖錄 2.325.1
楚郭□關里~

圖錄 2.326.1
楚郭□關里~

圖錄 2.450.1
豆里~

圖錄 2.744.4
~

圖錄 2.744.6
~

圖錄 2.267.3
南里~

陶壺戳印 考古 2008(11)27 頁圖五
南里~

拍敦 集成 09.4644
繼母~用祀

璽彙 1149
高~信鉨

彙考 44 頁
王廗(盧)~鉨

叔夷鎛 集成 01.285-6
~(溥)受天命

圥*	 圖録 2.679.4 □～		
堁*	 陶彙 3.164 蒦圆□里匋(陶)者～	 陶彙 3.165 蒦圆□里匋(陶)者～	
㙇*	 璽彙 5678 㳷(胡)毋～		
墟*	 璽彙 3328 ～尚		
坔*	 圖録 3.339.2 ～	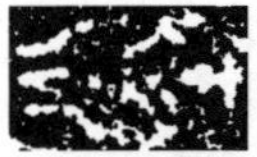 圖録 3.339.3 ～	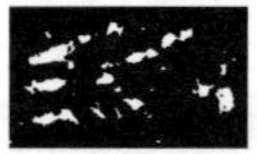 圖録 3.339.5 ～
堛*	 圖録 3.331.1 ～	 圖録 3.331.2 ～	 圖録 3.331.3 ～
	 圖録 3.333.2 ～	 圖録 3.332.5 ～	 圖録 3.333.1 ～
堯	 璽彙 0262 ～相盾鉨		

堇

洹子孟姜壺　集成 15. 9730
其人民部邑～(慬)宴

洹子孟姜壺　集成 15. 9729
其人民部邑～(慬)宴

齊陳曼簠　集成 09. 4596
肇(肇)～(勤)經德

艱〔囏〕

叔夷鎛　集成 01. 285-4
女(汝)専余于～卹

《說文》：籀文艱从喜。

里

成陽辛城里戈　集成 17. 11154
成陽辛城～戈

成陽辛城里戈　集成 17. 11155
成陽辛城～戈

右伯君權　集成 16. 10383
西～疸

平陽高馬里戈　集成 17. 11156
平陽高馬～銊

璽彙 3122
敷～

璽彙 2195
郚正～

彙考 42 頁
左～

圖錄 2. 497. 4
□～□

圖錄 2. 526. 1
絳子～乙

圖錄 2. 290. 2
□～□

圖錄 2. 50. 3
□……～王……

圖錄 2. 393. 4
楚郭□□～腊

釐		叔夷鎛 集成 01.285-3 余易(賜)女(汝)～都脒劉		庚壺 集成 15.9733 齊三軍圍～(萊)		
野		璽彙 3992 東～(野)䢵(市)	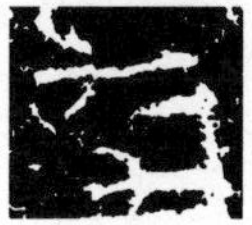	圖錄 3.484.3 ～		
〔坥〕		璽彙 0253 會亓(其)～鉩				
田		璽彙 0307 左～酒(將)騎		圖錄 3.546.2 ～	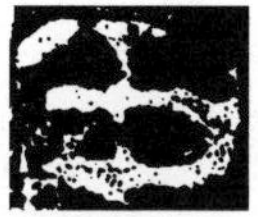	圖錄 3.503.4 ～
		圖錄 3.542.5 ～		圖錄 3.546.1 ～		齊合刀范刻文 中國錢幣 1987(4) 44 頁 ～
		齊明刀錢典 1063 背文 ～				
晼 〔晚〕		圖錄 2.431.1 塙閱～石		圖錄 2.431.2 塙閱～石		
留		圖錄 3.351.1 ～				

畜

璽彙 1953
郐□～

⿱⿰丰刂田*

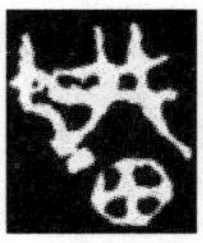
邾大宰簠 集成 09. 4623
鼄(邾)大宰欉子～鑄其匿(簠)

邾大宰簠 集成 09. 4624
鼄(邾)大宰欉子～鑄其匿(簠)

畺

圖錄 3. 530. 3
～

〔疆〕

邾叔之伯鐘 集成 01. 087
用旂(祈)釁(眉)壽無～

璽彙 2204
郝～

璽彙 3479
□～政鉩

璽彙 4031
辜(淳)于～

〔彊〕

邾公華鐘 集成 01. 245
其萬年無～(疆)

邾來隹鬲 集成 03. 670
其用萬年賫(眉)壽無～(疆)

邳伯罍 集成 16. 10007
用廝(祈)釁(眉)壽無～(疆)

魯大司徒厚氏元鋪 集成 09. 4690-2
其釁(眉)壽萬年無～

魯大司徒子仲伯匜 集成 16. 10277
其釁(眉)壽萬年無～(疆)

尋仲盤 集成 16. 10135
其萬年無～(疆)

黃

齊侯匜　集成 16. 10272
其萬年無～(疆)

曩伯子宼父盨　集成 09. 4444
割(匄)睂(眉)壽無～(疆)

僉父瓶　遺珍 33 頁
釁(眉)壽無～(疆)

圖錄 3. 493. 3
～

陳侯因資敦　集成 09. 4649
叚(紹)緟(踵)高祖～帝

黃戟　集錄 1101
～戠(戟)

璽彙 1254
～轇

璽彙 1255
～惑

男

叔夷鎛　集成 01. 285-8
卑(俾)百斯～而執斯字

公典盤　集錄 1009
～女無碁(期)

齊侯作孟姜敦　集成 09. 4645
～女無碁(期)

鮑子鼎　中國歷史文物 2009(2) 51 頁
其隻(獲)□～子

鮑子鼎　中國歷史文物 2009(2)
51 頁　～女無期

陶彙 3. 703
平都□□左□□～□

力

叔夷鎛　集成 01. 285-7
黿(靈)～若虎

勝〔乘力〕	  陳璋方壺 銘文選 2.865 陳璋內(入)伐匽(燕)～邦之隻(獲)		
	 陳璋圓壺 集成 16.9975 陳璋內(入)伐匽(燕)～邦之隻(獲)		
	 圖錄 3.152.4 ～	 圖錄 3.154.2 ～	 圖錄 3.154.1 ～
	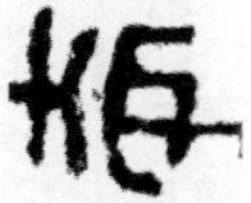 陶彙 3.1304 ～		
勞	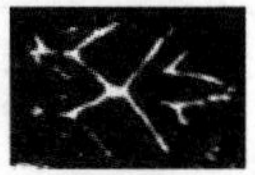  𬘡鎛 集成 01.271 𬘡(鮑)弔(叔)又成～于齊邦		
劦	 圖錄 3.11.4 ～祭	 圖錄 3.837 ～	

齊文字編卷十四

金

陳逆簋　集成 09.4630
擇氒（厥）吉～

十四年陳侯午敦　集成 09.4646
台（以）群者（諸）侯獻（獻）～

陳侯因資敦　集成 09.4649
者（諸）侯寅薦吉～

陳侯因資敦　集成 09.4649
者（諸）侯寅薦吉～

邾君鐘　集成 01.50
鼄（邾）君求吉～

邾叔之伯鐘　集成 01.87
擇氒（厥）吉～

邾公牼鐘　集成 01.151
鼄（邾）公牼擇氒（厥）吉～

邾公華鐘　集成 01.245
鼄（邾）公華擇氒（厥）吉～

邾公孫班鎛　集成 01.140
鼄（邾）公孫班擇其吉～

上曾大子鼎　集成 05.2750
乃擇吉～自乍（作）䵼（肆）彝

僉父瓶　遺珍 33 頁
䨓父君僉父乍（作）其～敊（瓶）

璽彙 0322
洛□遯（徙）盟～鉨

銅　鏤　鑄

璽彙 3681

~□鉩

璽彙 3728

~□信鉩

齊明刀 考古 1973(1)

背文~

齊明刀 考古 1973(1)

背文~

齊明刀 考古 1973(1)

背文~

洹子孟姜壺 集成 15.9729

用鑄爾羞~

洹子孟姜壺 集成 15.9730

用鑄爾羞~

璽彙 3687

營~

陳逆簠 集成 09.4630

~茲寶笑(簠)

邾公牼鐘 集成 01.149

~辝龢鍾(鐘)二鍺(堵)

邾公牼鐘 集成 01.150

~辝龢鍾(鐘)二鍺(堵)

邾公牼鐘 集成 01.152

~辝龢鍾(鐘)二鍺(堵)

邾公華鐘 集成 01.245

用~乒(厥)龢鍾(鐘)

邾公華鐘 集成 01.245

~其龢鍾(鐘)

鄦叔之仲子平鐘 集成 01.175

~其游鍾(鐘)

鄦叔之仲子平鐘 集成 01.177

~其游鍾(鐘)

〔⿱⿰火金皿〕

鎬

錐

鑄叔作嬴氏簠 集成 09. 4560-2
~弔(叔)乍(作)嬴氏寶匠(簠)

鑄叔作嬴氏簠 集成 09. 4560-1
~弔(叔)乍(作)嬴氏寶匠(簠)

鑄子叔黑臣簠 集成 09. 4570
~子弔(叔)黑臣

鑄公簠蓋 集成 09. 4574
~公乍(作)孟妊車母朕(媵)害(簠)

鑄公簠 三代 10. 17. 3 ~公
乍(作)孟妊車母朕(媵)害(簠)

鑄侯求鐘 集成 01. 47
~侯求乍(作)季姜朕(媵)鐘

國差𦉜 集成 16. 10361
攻(工)帀(師)何~西𩫖寶𦉜四秉

㺿公孫敦 集成 09. 4642
㺿公孫~其譱(膳)𩫖(敦)

庚壺 集成 15. 9733
台(以)~其縈(浣)壺

鑄司寇鼎 新收 1917 ~𤔲(司)寇尤
肇乍(作)𪔁(肆)貞(鼎)

公孫𢦏壺 集成 15. 9709 公子土斧
乍(作)子中(仲)姜~之般(盤)壺

璽彙 3760
~事

叔夷鎛 集成 01. 285-7
𢊁(選)擇吉金鈇~錛鋁

叔夷鎛 銘文選 八四八
𢊁(選)擇吉金鈇~錛鋁

上曾大子鼎 集成 05. 2750
哀哀利~

鈞

子禾子釜 集成 16.10374

中刑氒(厥)遂贖以〔金〕~

《說文》：古文鈞從旬。

鈴

鄀君鐘 集成 01.50

用自乍(作)其龢鐘~

鍾

鄀君鐘 集成 01.50

用自作其龢~鈴　與鐘為一字

鄀叔之伯鐘 集成 01.87

用□其龢~(鐘)

洹子孟姜壺 集成 15.9729

鼓~一肆(肆)

鄀公牼鐘 集成 01.149

自乍(作)龢~(鐘)

鄀公牼鐘 集成 01.151

自乍(作)龢~(鐘)

洹子孟姜壺 集成 15.9730

鼓~一肆(肆)

鄀公牼鐘 集成 01.149

鑄辝龢~(鐘)二銘(堵)

鄀公華鐘 集成 01.245

用鑄氒(厥)龢~(鐘)

鄀公華鐘 集成 01.245

鑄其龢~(鐘)

〔鍊〕

鄘叔之仲子平鐘 集成 01.172-1

鄘(鄘)弔(叔)之中(仲)子平自乍(作)鑄其游~

鐘

鄦叔之仲子平鐘　集成 01.172-2

簷(莒)弔(叔)之中(仲)子平自乍(作)鑄其游~

鄦叔之仲子平鐘　集成 01.173

簷(莒)弔(叔)之中(仲)子平自乍(作)鑄其游~

鄦叔之仲子平鐘　集成 01.174

簷(莒)弔(叔)之中(仲)子平自乍(作)鑄其游~

鄦叔之仲子平鐘　集成 01.175

簷(莒)弔(叔)之中(仲)子平自乍(作)鑄其游~

鑄侯求鐘　集成 01.47

鑄侯求乍(作)季姜朕(媵)~

中國古文字研究第一輯 141 頁 4

王~

鏄

邾公孫班鏄　集成 01.140

爲其龢~

叔夷鏄　集成 01.285-7

用敀(作)鑄其寶~

𩱼鏄　集成 01.217

遹中(仲)之子𩱼乍(作)子中(仲)姜寶~

錞

槼可忌豆　集錄 543　槼(節)可忌

乍(作)氒(厥)元子中(仲)姞媵~(敦)

十四年陳侯午敦　集成 09.4646

乍(作)皇妣孝大妃祭器鈘~(敦)

鏐

陳侯因資敦 集成 09. 4649
用乍(作)孝武桓公祭器～(敦)

邾公牼鐘 集成 01. 150
玄～膚(鑪)呂(鋁)

邾公華鐘 集成 01. 245
玄～赤鏞

鄦叔之仲子平鐘 集成 01. 172
玄～鏽鏞

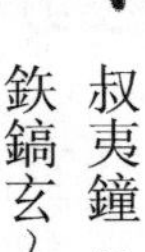
叔夷鐘 銘文選八四八
鈇鎬玄～鐈鋁

鋪〔匬〕

魯大司徒厚氏元鋪 集成 09. 4689
魯大嗣(司)徒厚氏元乍(作)譱(膳)～

魯大司徒厚氏元鋪 集成 09. 4690-1
魯大嗣(司)徒厚氏元乍(作)譱(膳)～

魯大司徒厚氏元鋪 集成 09. 4690-2
魯大嗣(司)徒厚氏元乍(作)譱(膳)～

魯大司徒厚氏元鋪 集成 09. 4691
魯大嗣(司)徒厚氏元乍(作)譱(膳)～

釺*

邾公釺鐘 集成 01. 102 陸𩏩(終)之孫
邾公～乍(作)氒(厥)禾(龢)鍾(鐘)

鈇*

叔夷鎛 集成 01. 285-7
雩(選)擇吉金～鎬鐈鋁

鋯*

璽彙 0019
～司徒帀(師)

璽彙 0312
～聞尘叟

〔呂〕

鋁ˣ

叔夷鎛 集成 01. 285-7
孱(選)擇吉金鈇鎬鐈～

邾公牼鐘 集成 01. 149
玄鏐膚(鑪)～(鋁) 不從金

銇*

璽彙 0064
右司馬～

鍈*

十四年陳侯午敦 集成 09. 4646
乍(作)皇妣孝大妃祭器～錞(敦)

鉚*

左關之鉚 集成 16. 10368
左關之～

子禾子釜 集成 16. 10374
關～節于稟(廩)翓

鍺*

邾公牼鐘 集成 01. 149
鑄辝龢鍾(鐘)二～(堵)

鎵*

陶彙 3. 717
市～　鍾之異體

鋿*

鄦叔之仲子平鐘 集成 01. 172
玄鏐～鏞

鐺*

陳昉簋蓋 集成08.4190
～(蓋)

鐺頃戈 文物1993(4)94頁
圖一：1 ～頃

鐱*

鵬公劍 集成18.11651
鵬公圑自乍(作)元～(劍)

鐓*

璽彙3666
㞷亡(無)～(斁)

鐈*

叔夷鎛 集成01.285-7
㞷(選)擇吉金鈇鎬～鋁

叔夷鐘 銘文選八四八
鈇鎬玄鏐～鋁

銉*

洹子孟姜壺 集成15.9730
鼓鐘一～(肆)

鋻*

璽彙0355
鄭口坤(市)～

彙考31頁
子李子～

彙考58頁
不簹(其)坤(市)～

彙考59頁
右里段～

圖錄2.35.3
於棱市木～

圖錄2.29.1
大市豆～

鈈*

銅杯 臨淄商王墓地27頁
～大式益冢(重)叁十展

鉦*

陶彙 3. 703
平都□左□□男~

鏞*

邾公牼鐘 集成 01. 151
玄鏐~(鑪)呂(鋁) 不從金

邾公華鐘 集成 01. 245
玄鏐赤~

鄘叔之仲子平鐘 集成 01. 172
玄鏐鏞~

処〔處〕

邾君鐘 集成 01. 50
用~大是□□

叔夷鎛 集成 01. 285-6
~堣(禹)之堵(土)

《說文》：處，処或从虎聲。

且

邾叔之伯鐘 集成 01. 87
以乍(祚)其皇~(祖)皇考

邾公華鐘 集成 01. 245
台(以)乍(祚)其皇~(祖)皇考

陳侯因資敦 集成 09. 4649
盟(紹)緟(踵)高~(祖)黄帝

斤

仕斤徒戈 集成 17. 11049
仕~徒戈

仕斤徒戈 集成 17. 11050
仕~徒戈

斧

公孫窹壺 集成 15. 9709 公子土~
乍(作)子中(仲)姜盤(鑄)之般(盤)壺

所

叔夷鎛 集成 01. 285-6
又(有)敢(嚴)才(在)帝~

齊城左戈 文物 2000(10)75 頁
齊城左冶~洧造

庚壺 集成 15. 9733
執者獻于霝(靈)公之~

郿左戟 文物 1995(7)77 頁圖 4
郿左告(造)戕(戟)冶腘~□

庚壺 集成 15. 9733
歸獻〔于〕□公之~

圖錄 2. 39. 1
大蒦圖壽~□

圖錄 2. 150. 4
大蒦圖壽~□

斯

叔夷鎛 集成 01. 285-8
卑(俾)百~男而執斯字

⿰司斤*

璽彙 0175
豖母~(司)闢

料〔㪷〕

子禾子釜 集成 16. 10374
闢鉌節于稟(廩)~

䂂*

璽彙 1278
童~

升

圖錄 2. 220. 1
蒦圖匋(陶)里人~

車

陳戈 集成 17. 11031
陳□~戈

陳豫車戈 集成 17. 11037
陳豫~戈

齊城右造戟 集成 18. 11815
齊城右造~戟(戟)冶䐑

子禾子釜 集成 16. 10374
而(爾)~人制之

鑄公簠 三代 10. 17. 3 鑄公
乍(作)孟妊~母朕(媵)害(簠)

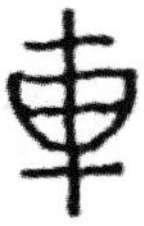

庚壺 集成 15. 9733
商(賞)之台(以)邑嗣(司)衣裘~馬

鑄公簠蓋 集成 09. 4574 鑄公
乍(作)孟妊~母朕(媵)害(簠)

䡐

𬭽鎛 集成 01. 271
余爲大攻(工)~ 不从車

軍

叔夷鎛 集成 01. 285-1
余命女(汝)政于朕三~

庚壺 集成 15. 9733
齊三~圍釐(萊)

璽彙 0095
痏(將)~之鉨

偏將軍虎節 歷史博物館館刊 1993 (2)
填(營)丘牙(與)塿絣弁(偏)將~信節

輔		璽彙 5706 ～匕斁坓(封)		
軌*		彙考 314 頁 吾丘～		
⿰車它*		圖錄 3. 289. 3 ～		圖錄 3. 288. 3 ～
⿰車隹*		圖錄 3. 309. 1 ～		圖錄 3. 307. 5 ～
輤*		璽彙 0196 ～口右毁		
轇*		璽彙 1254 黄～		
〔宣〕宫*		石磬 文物 2008(1) 95 頁圖 2 樂～		
〔陵〕陵		陵右戟 集成 17. 11062 ～右造戟(戟)		陳純釜 集成 16. 10371 於兹安～

陰

	鐘磬架銅構件 臨淄商王墓地 42-43頁 陵之～夫人		陳侯因資造陵左戟 中國歷史文物 2007(5)15頁圖一 陳侯因資造～左
	銅雁足燈 臨淄商王墓地 42-43頁 陵之～夫人		璽彙 0156 清～(陵)栫(市) 戠(職)啬币(師) 段
	璽彙 1128 高～(陵)		璽彙 2330 ～憲  彙考 37頁 敝～(陵)右司馬 鉩
	曩伯子宼父盨 集成 09.4445 其～其陽		曩伯子宼父盨 集成 09.4443 其～其陽
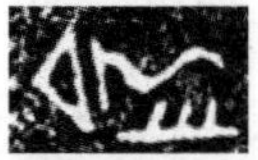	曩伯子宼父盨 集成 09.4444-1 其～其陽		曩伯子宼父盨 集成 09.4444-2 其～其陽

〔陰〕

	陰平劍 集成 18.11609 ～平左庫之腨(造)		

陽

	高陽劍 集成 18.11581 高～左庫		平陽矛 集成 18.11471 平～
	平陽左庫戈 集成 17.11017 平～左庫		陽右戈 集成 17.10945 ～右

〔陽〕 〔陽〕

曩伯子㝬父盨 集成 09. 4445
其陰其～

曩伯子㝬父盨 集成 09. 4443-1
其陰其～

曩伯子㝬父盨 集成 09. 4443-2
其陰其～

曩伯子㝬父盨 集成 09. 4444
其陰其～

成陽辛城里戈 集成 17. 11154
成～辛城里戈

成陽辛城里戈 集成 17. 11155
成～辛城里戈

洨陽戟 集錄 1138
洨～右戟(戟)

平陽高馬里戈 集成 17. 11156
平～高馬里鈛

平陽散戈 天津古史尋繹 63 頁
平～散戈

陸

平陸戈 集成 17. 10926
平～

平陸左戟 集成 17. 11056
平～左戟(戟)

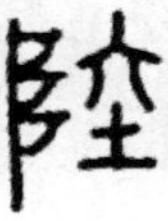
庚壺 集成 15. 9733
庚伐～□

邾公釛鐘 集成 01. 102 ～䡵(終)之孫
邾公釛作氒(厥)禾(龢)鍾(鐘)

阿

平阿左戟 集成 17. 11158
平～左造徒戟(戟)

阿武戈 集成 17. 10923
～武

〔⿱阿土〕

阿武戈 小校10.16.1
～武

平阿左戈 集成17.11001
平～左

平阿右戈 周金文存6.31
平～右戈

平阿左戈 集成17.11041
平～左銭

平阿左戈 集錄1135
平～左戈

璽彙0313
平～左稟(廩)

陟

圖錄3.196.1
～

圖錄3.195.1
～

圖錄3.194.6
～

圖錄3.649.4
～

《說文》：，古文陟。

陳

〔⿱陳土〕

陳子戈 集成17.11038
～子□□

陳戈 集成17.11031
～□車戈

陳子山徒戟 集成17.11084
～子山徒戟(戟)

陳戈 集成17.10816
～

陳窒散戈 集成17.11036
～窒箙(散)銭

陳子皮戈 集成17.11126
～子皮之造戈

 陳侯因咨戈 集成 17.11260 ～侯因咨造	 陳侯因資戈 集成 17.11081 ～侯因資錯(造)
 陳胎戈 集成 17.11127 ～胎之右床(戶)鈛	 陳□散戈 集成 17.11033 ～□箙(散)戈
 陳御寇戈 集成 17.11083 ～御寇箙(散)□	 陳卿聖孟戈 集成 17.11128 ～卿聖孟造戈
 陳余戈 集成 17.11035 ～余造戈	 陳卯造戈 集成 17.11034 ～卯造戈
 陳麗子戈 集成 17.11082 ～麗子造(造)戈	 陳子翼戈 集成 17.11087 ～子翼造戈
 陳卯造戈 集成 17.11034 ～卯錯(造)戈	 陳豫車戈 集成 17.11037 ～豫車戈
 陳豖邑戈 集成 17.10964 ～豖邑	 陳逆簋 集成 07.4096 ～氏裔孫逆
 陳逆簠 集成 09.4630 少子～逆	 陳逆簠 集成 09.4630 余～桓之裔孫

	十四年陳侯午敦 集成 09.4646 ～侯午		陳侯因資敦 集成 09.4649 ～侯因資
	十四年陳侯午敦 集成 09.4647 ～侯午		十年陳侯午敦 集成 09.4648 ～侯午淖(朝)羣邦者(諸)侯于齊
	陳純釜 集成 16.10371 ～猶立事歲		陳純釜 集成 16.10371 敦者曰～純
	子禾子釜 集成 16.10374 □□命□～得		陳肪簋蓋 集成 08.4190 余～中(仲)𤔲孫
	陳窒車轄 集成 18.12023 ～窒鍛(散)		陳窒車轄 集成 18.12024 ～窒鍛(散)
	陳喜壺 集成 15.9700 ～喜再立事歲		璽彙 1478 ～□信鉨
	璽彙 0289 ～窒立事歲安邑亳釜		璽彙 0290 ～榑三立事歲 右稟(廩)釜
	璽彙 1460 ～綴		璽彙 1462 ～□

璽彙 1468
～王

璽彙 1468
～齒

璽彙 1473
～□

圖錄 2. 564. 3
西酷里～何

璽彙 1472
～忈(順)

陶彙 3. 19
奠(鄭)昜～得三

圖錄 2. 13. 2
平陵～得不□王釜

圖錄 2. 14. 3
平陵～得不□王釜

圖錄 2. 3. 1 內郭
～賫叁立事左里段亳豆

圖錄 2. 5. 2
平門內～賫左里……

圖錄 2. 6. 2 昌櫅～圂(固)
南左里段亳區

圖錄 2. 8. 2 王孫～棱
立事歲左里段亳區

圖錄 2. 11. 1 ～棱再立事
左里段亳釜

圖錄 2. 11. 3
～棱□段亳□

圖錄 2. 11. 4
……～……左里□亳豆

圖錄 2. 15. 4
～导(得)

	 圖錄 2.15.5 ~悍	 圖錄 2.16.2 ~□立事□	
	 圖錄 2.17.1 ~枏忐左敼(廩)	 圖錄 2.17.2 ~榑三立事歲 右稟(廩)釜	
	 圖錄 2.18.1 ~□	 圖錄 2.18.3 ~辰	
	 圖錄 2.20.3 ……~……左里	 圖錄 2.21.1 ~……	
⿰阝⿱喜土*	 陳喜壺 集成 15.9700 詩(寶)客敢爲~壺九	 圖錄 2.185.4 蒦圆匋里人~	 圖錄 2.185.3 蒦圆匋里人~
⿰阝美*	 彙考 69 頁 廩~□舍坊		
⿰阝⿱丰土*	 圖錄 2.191.3 蒦圆匋里人~	 圖錄 2.191.1 蒦圆匋里人~	 圖錄 2.403.1 丘齊炶□里王~
⿰阝⿱乍土*	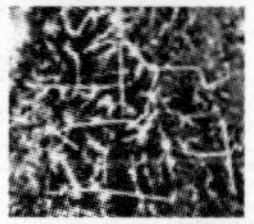 阼冢戈 遺珠圖 144 ~冢戈		

四	 圖錄 3.604.5 ~		
〔三〕	 十四年陳侯午敦 集成 09.4646 隹(唯)十又~年	 𩒱鎛 集成 01.271 余~事是台(治)	
	 陳侯午簋 集成 08.4145 隹(唯)十又~〔年〕	 國差𦉜 集成 16.10361 攻(工)帀(師)何鑄西𩫏寶𦉜~秉	
	 彙考 60 頁 十~年十一月帀(師)紹	 圖錄 3.522.6 ~	
	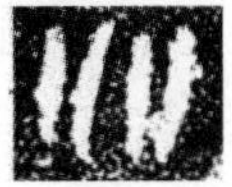 齊明刀范刻文 齊幣 449 ~	 圓錢 齊幣 315 賹~刀	 圓錢 齊幣 315 賹~刀
緻〔綴〕	 璽彙 1460 陳~	 璽彙 3519 𢉖~	
	 圖錄 2.82.1 蒦圆南里人~	 圖錄 2.82.2 蒦圆南里人~	
巫	 圖錄 3.496.3 ~	 圖錄 3.24.5 □~	 揖芬集 345 頁 圖七-9 ~

五		陳肪簋蓋 集成08.4190 隹(唯)王～月		𦅫鎛 集成01.217 隹(唯)王～月初吉丁亥
	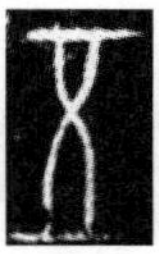	鄘侯少子簋 集成08.4152 隹(唯)～年正月丙午	 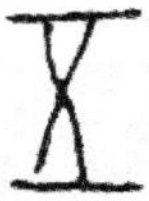	陳璋方壺 銘文選2.865 隹(唯)王～年
		陳璋圓壺 集成16.9975 隹(唯)王～年		圖錄2.269.4 北里～
		圖錄2.498.3 豆里～		圖錄2.723.2 ～
	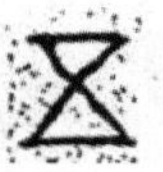	齊明刀 考古1973(1) 背文～	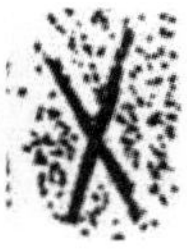	齊明刀 考古1973(1) 背文～
		齊明刀 考古1973(1) 背文～		齊明刀 考古1973(1) 背文～
六		陳侯因資敦 集成09.4649 隹(唯)正～月癸未		邾叔之伯鐘 集成01.87 隹(唯)王～〔月〕初吉壬午
	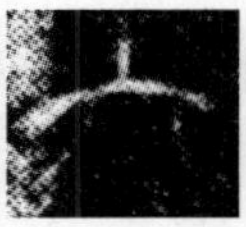	耳杯 三代18.26.3 冢(重)十～展		節墨夻刀 貨系2554 背文～

七

齊夻刀 貨系 2589
背文～

齊明刀范刻文 齊幣 451
～

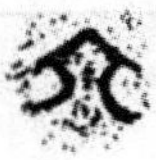
齊明刀 考古 1973(1)
背文～

齊明刀 考古 1973(1)
背文～

齊明刀 考古 1973(1)
背文～

圓錢 齊幣 314
賹～刀

圖錄 2. 493. 1
～

齊明刀 考古 1973(1)
背文～

齊夻刀 貨系 2590
背文～

節墨夻刀 貨系 2556
背文～

九

叔夷鎛 集成 01. 285-6
咸有～州

𦅫鎛 集成 01. 217
侯氏易(賜)之邑百又～十又九邑

𦅫鎛 集成 01. 217
侯易(賜)之邑百又九十又～邑

梁可忌豆 集錄 543
隹(唯)王正～月

陳喜壺 集成 15. 9700
敢爲𨽻壺～

梁可忌豆 雪齋學術論文二集 72 頁圖二
隹(唯)王正～月

圖錄 2. 31. 3
大市～月

節墨夻刀 貨系 2557
背文～

萬

陳侯因資敦 集成 09. 4649
世~子孫永為典尚

郳來隹鬲 集成 03. 670
其~年眚(眉)壽無彊(疆)

鄦叔之仲子平鐘 集成 01. 175
~年無諆(期)

薛侯匜 集成 16. 10263
其釁(眉)壽~年

公孫瘔壺 集成 15. 9709
用旂(祈)釁(眉)壽~年

魯大司徒元盂 集成 16. 10316
~年眚(眉)壽

魯大司徒厚氏元鋪 集成 09. 4690
其釁(眉)壽~年無疆

魯伯俞父簠 集成 09. 4566
其~年眚(眉)壽永寶用

魯伯大父作季姬簋 集成 07. 3974
其~年眚（眉）壽永寶用

魯大宰原父簋 集成 07. 3987
其~年釁(眉)壽永寶用

魯司徒仲齊盤 集成 16. 10116
其~年永寶用亯(享)

魯大司徒子仲伯匜 集成 16. 10277
其釁(眉)壽~年無疆

杞伯每亡壺蓋 集成 15. 9687
其~年眚(眉)壽

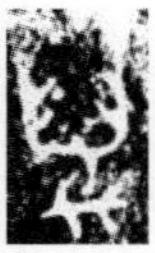

杞伯每亡壺 集成 15. 9688
其~年眚(眉)壽

鑄子叔黑叵簠 集成 09. 4570
其~年眚(眉)壽

鑄公簠蓋 集成 09. 4574
其~年釁(眉)壽

郙伯祀鼎 集成 05. 2602
其~年賫(眉)壽無疆

尋仲盤 集成 16. 10135
其~年無疆

正叔之士□俞簠(蓋) 遺珍 44 頁
其賫(眉)壽~年

郳公䩧鐘 集成 01. 151
至于~年

〔墓〕

郳公釪鐘 集成 01. 102
揚君霝(靈)君㠯(以)~年

郳公䩧鐘 集成 01. 149
至于~年

郳公華鐘 集成 01. 245
其~年無彊(疆)

司馬楙編鎛 山東金文集成 104-108 頁
子孫~年是保

〔萬〕

陳逆簠 集成 09. 4630
湏(眉)壽~年

〔邁〕

□君婦媿霝壺 遺珍 65 頁
其~年子子孫孫永用

禹 〔壐〕

叔夷鎛 集成 01. 285-6
處~之堵(土)

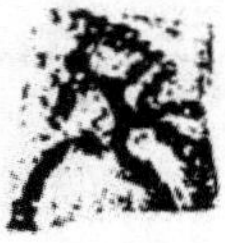
圖錄 2. 576. 3
~

曡

郭公子戈 集錄 1164
郳郭公子~□戈

乙

郳公䥶鐘 集成 01. 149
辰才(在)~亥

郳公䥶鐘 集成 01. 151
辰才(在)~亥

郳公䥶鐘 集成 01. 152
辰才(在)~亥

郳公華鐘 集成 01. 245
隹(唯)王正月初吉~亥

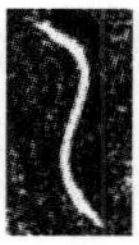
拍敦 集成 09. 4644
隹(唯)正月吉日~丑

圖錄 2. 137. 3
大蒦圆匋者~

圖錄 2. 526. 1
(子)袶子里~

圖錄 3. 474. 6
~

齊明刀范刻文 齊幣 435
~

齊明刀 考古 1973(1)
背文 ~

齊明刀 考古 1973(1)
背文 ~

齊明刀 考古 1973(1)
背文 ~

尤

鑄司寇鼎 新出 1917 鑄嗣(司)寇~
肈乍(作)鬻(肆)貞(鼎)

丙

鄘侯少子簋 集成 08. 4152
隹(唯)五年正月~午

子禾子釜 集成 16. 10374
禝(稷)月~午

丁	 圖録 3.21.4 ～出	 圖録 2.757.1 楚郭□……～	
	 陳逆簋　集成 07.4096 ～亥	 陳逆簠　集成 09.4630 隹(唯)王□月初吉～亥	 邾公孫班鎛　集成 01.140 辰在～亥
	 𪒠鎛　集成 01.217 隹(唯)王五月初吉～亥	 國差𦉜　集成 16.10361 弌日～亥	 陳助簋蓋　集成 08.4190 元日～亥
	 夆叔盤　集成 16.10163 隹(唯)王正月初吉～亥	 齊鮑氏鐘　集成 01.142 隹(唯)正月初吉～亥	 郳可忌豆　集録 543 辰在～亥
	 庚壺　集成 15.9733 隹(唯)王正月初吉～亥		
戊	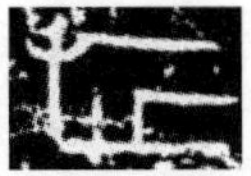 陳純釜　集成 16.10371 ～寅	 陳璋圓壺　集成 16.9975 孟冬～辰	
	 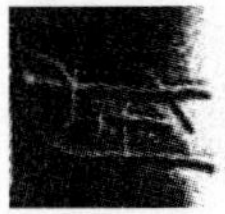 陳璋方壺　銘文選 2.865 孟冬～辰		
成	 成陽辛城里戈　集成 17.11154 ～陽辛城里戈	 陳侯因資敦　集成 09.4649 大慕克～	

己

 武城戈 考古與文物 1999(1) 96 頁 武～(城)戈	 成陽辛城里戈 集成 17.11155 ～陽辛城里戈	
 彙考 31 頁 盧～君鉨	 璽彙 3700 右～信鉨	
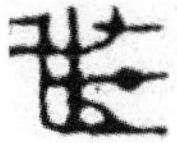 彙考 32 頁 大司～鉨	 圖錄 3.176.1 ～	 圖錄 3.176.2 ～
 圖錄 3.176.3 ～	 圖錄 3.177.1 ～	 圖錄 3.176.6 ～
 禾簋 集成 07.3939 隹(唯)正月～亥	 陳喜壺 集成 15.9700 □月～酉	
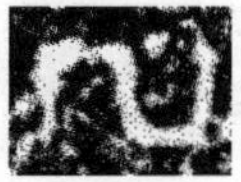 紀侯鬲 集錄 0134 ～(紀)侯作姜鬲	 鄺公孫朝子鎛 集錄 004 十月～丑	
 璽彙 1475 陳～鉨	 璽彙 2191 □～	
 璽彙 3638 羊厶(參)～	 圖錄 3.476.4 ～	 齊明刀 考古 1973(1) 背文 ～

〔㠱〕

曩

齊大宰歸父盤　集成 16.10151
齊大宰歸父弁爲～(己)沬般(盤)

曩伯子𡨦父盨　集成 09.4443-1
～白(伯)子𡨦父乍(作)其征(征)盨

曩伯子𡨦父盨　集成 09.4443-2
～白(伯)子𡨦父乍(作)其征(征)盨

曩伯子𡨦父盨　集成 09.4444
～白(伯)子𡨦父乍(作)其征(征)盨

曩伯子𡨦父盤　集成 16.10081
～白(伯)𡨦父朕(媵)姜無姬般(盤)

曩伯子𡨦父匜　集成 16.11021
～白(伯)子𡨦父乍(作)其征(征)它(匜)

庚

鄘叔之仲子平鐘　集成 01.173
隹(唯)正月初吉～午

庚壺　集成 15.9733
～逵(率)百乘舟入鄘(莒)

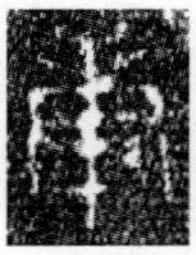
庚壺　集成 15.9733
～入門之

司馬楙編鎛　山東金文集成 104-108 頁
隹(唯)正孟歲十月～午

庚壺　集成 15.9733
武弔(叔)曰～

山東金文集成 634 頁
莒大叔平瓠壺鄘(莒)大弔(叔)之～子平

璽彙 3695
□～信鉨

圖錄 3.395.5
～

圖錄 3.20.3
～女

圖錄 3.395.1
～

辛		成陽辛城里戈　集成 17.11154 成陽～城里戈		成陽辛城里戈　集成 17.11155 成陽～城里戈
	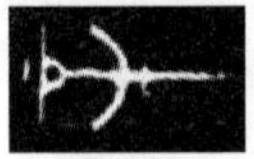	鄦大史申鼎　集成 05.2732 隹(唯)正月初吉～亥		璽彙 1269 ～慶忌鉩
		璽彙 2709 中～信鉩		彙考 295 頁 ～奉
		彙考 295 頁 ～多		圖錄 2.408.1 丘齊～里王汩兹逐
		圖錄 2.645.1 ～□□市		
辠		璽彙 3667 ～㥯		
辤〔辝〕		邾公牼鐘　集成 01.149 鑄～龢鍾(鐘)二鍺(堵)		《說文》：𤔲籒文辤从台。
		叔夷鎛　集成 01.285-1 女(汝)敬共(恭)～(台)命		𥂴鎛　集成 01.217 枼(世)萬至於～(台)孫子

辭〔𤔲〕

	鎗鎛 集成 01.271 是～(台)司事(使)		邾公牼鐘 集成 01.151 鑄～龢鍾(鐘)二鍺(堵)
	叔夷鎛 集成 01.285-3 余命女(汝)～(司)辝(台)釐遡		《說文》：𤔲籀文辭从司。
	鑄司寇鼎 新收 1917 鑄～(司)寇尤肈乍(作)鬻(肆)貞(鼎)		洹子孟姜壺 集成 15.9729 于上天子用璧玉備(佩)一～(笥)
	洹子孟姜壺 集成 15.9729 于大無(巫)～(司)折(誓)		魯司徒仲齊盨 集成 09.4441 魯～(司)徒 中(仲)齊肈(肇)乍(作)皇考白(伯)走父鑄盨簋
	洹子孟姜壺 集成 15.9730 于大～(司)命用璧兩壺八鼎		洹子孟姜壺 集成 15.9730 于南宮子用璧二備(佩)玉二～(笥)
	魯大司徒厚氏元鋪 集成 09.4689 魯大～(司)徒厚氏元乍(作)譱(膳)圃(鋪)		魯大司徒厚氏元鋪 集成 09.4690-1 魯大～(司)徒厚氏元乍(作)譱(膳)圃(鋪)
	魯大司徒厚氏元鋪 集成 09.4691 魯大～(司)徒厚氏元乍(作)譱(膳)圃(鋪)		魯司徒仲齊盨 集成 09.4440-1 魯～(司)徒 中(仲)齊肈(肇)乍(作)皇考白(伯)走父鑄盨簋
	洹子孟姜壺 集成 15.9730 于大無(巫)～(司)折(誓)		魯司徒仲齊盨 集成 09.4440-2 魯～(司)徒 中(仲)齊肈(肇)乍(作)皇考白(伯)走父鑄盨簋

		魯大左司徒元鼎　集成 05.2592 魯大左～(司)徒元乍(作)譱(膳)鼎		魯司徒仲齊盤　集成 16.10116　魯～(司)徒 中(仲)齊肈(肇)乍(作)般(盤)　反書
		魯司徒仲齊匜　集成 16.10275　魯～(司)徒 中(仲)齊肈(肇)乍(作)皇考白(伯)走父寶它(匜)		
	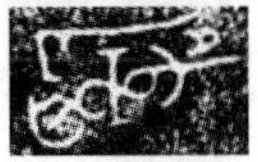	魯少司寇盤　集成 16.10154　魯少～(司)寇 封孫宅乍(作)其子孟姬□朕(浣)般(盤)它(匜)		
		魯大司徒子仲伯匜　集成 16.10277 魯大～(司)徒 子中(仲)白(伯)其庶女□孟姬賸(媵)它(匜)		
壬		邾叔之伯鐘　集成 01.87 隹(唯)王六〔月〕初吉～午		圖錄 2.275.1 北里～
		圖錄 2.275.2 北里～		圖錄 3.519.1 ～
癸		陳侯因資敦　集成 09.4649 隹(唯)正六月～未	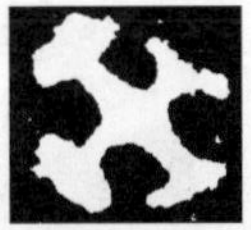	圖錄 2.323.4 楚郭□關里～
		圖錄 2.285.3 ……大匋里～		圖錄 3.604.4 ～

子

	陳子皮戈 集成 17.11126 陳～皮之造戈		陳麗子戈 集成 17.11082 陳麗～䢜(造)戈
	陳子翼戈 集成 17.11087 陳～翼造戈		高子戈 集成 17.10961 高～戈
	子禾子左戟 集成 17.11130 ～禾子左造戟(戟)		子禾子左戟 集成 17.11130 子禾～左造戟(戟)
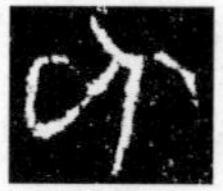	子淵聾戟 集成 17.11105 ～淵聾戟(戟)		□子戈 集成 17.11076 □～之腊(造)戈
	□子戈 集成 17.11080 □～之腊(造)戈		陳逆簋 集成 07.4096 ～孫是保
	陳逆簠 集成 09.4630 少～陳逆		陳侯因資敦 集成 09.4649 世萬～孫永為典尚
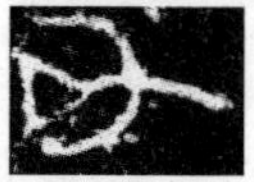	子禾子釜 集成 16.10374 ～禾子□(屯?)治内者御□		子禾子釜 集成 16.10374 子禾～□(屯?)治内者御□
	郘公華鐘 集成 01.245 台(以)宴士庶～		郳友父鬲 集成 03.717 鼄(郳)友父朕(媵)其～□媾寶鬲

季　字

鄦大史申鼎　集成 05. 2732
～孫是若

鄦叔之仲子平鐘　集成 01. 172　簷(莒)弔(叔)
之中(仲)～平自乍(作)鑄其游鐘

𩛥鎛　集成 01. 217　適中(仲)之～
𩛥乍(作)子中(仲)姜寶鎛

鮑子鼎　中國歷史文物 2009(2)51 頁
㔥(鮑)～忮(作)朕(媵)中(仲)匋始(姒)

鑄子叔黑臣簠　集成 09. 4571
鑄～弔(叔)黑臣

魯少司寇盤　集成 16. 10154　乍(作)
其～孟姬嬰朕(浣)般(盤)它(匜)

圖錄 3. 605. 5
～

圖錄 3. 477. 1
～

叔夷鎛　集成 01. 285-8
而執斯～

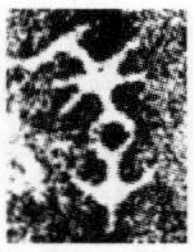
陳逆簠　集成 09. 463
台作乎(厥)元配～姜之祥器

魯伯大父作季姬簠　集成 07. 3974
魯白(伯)大父乍(作)～姬□賸(媵)簠

夆叔盤　集成 16. 10282
夆弔(叔)乍(作)～改盥般(盤)

夆叔盤　集成 16. 10163
夆弔(叔)乍(作)～改盥般(盤)

魯大宰原父簠　集成 07. 3987　魯大宰
遵(原)父乍(作)～姬牙賸(媵)簠

鑄侯求鐘　集成 01. 47
鑄侯求乍(作)～姜朕(媵)鐘

孟

 圖錄 2.48.4 右 毁□□尚畢里～	
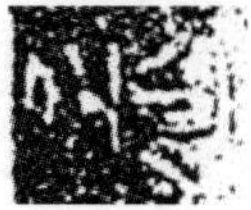 陳璋方壺　銘文選 2.865 ～冬戊辰	 司馬楙編鎛　山東金文集成 104-108 頁 隹(唯)正～歲十月庚午
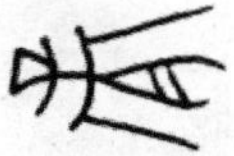 陳璋圓壺　集成 16.9975 ～冬戊辰	 陳卿聖孟戈　集成 17.11128 陳卿聖～造戈
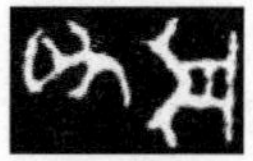 洹子孟姜壺　集成 15.9729 洹子～姜喪	 洹子孟姜壺　集成 15.9730 洹子～姜喪
 洹子孟姜壺　集成 15.9730 洹子～姜用乞嘉命	 禾簋　集成 07.3939 禾肇(肇)乍(作)皇母懿韓(恭)～姬饙彝
 鑄公簠　三代 10.17.3　鑄公 乍(作)～妊車母朕(媵)𠲎(簠)	 魯伯大父作孟姬姜簋　集成 07.3988 魯白(伯)大父乍(作)～□姜賸(媵)簋
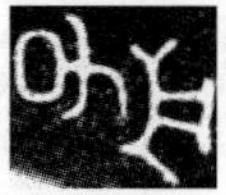 齊趫父鬲　集成 03.685 齊趫父乍(作)～姬寶鬲	 魯大司徒子仲伯匜　集成 16.10277　魯大𤔲(司)徒 子中(仲)白(伯)其庶女□～姬賸(媵)它(匜)
 璽彙 1365 ～□	 圖錄 2.550.2 ～常匋(陶)里人逌　 圖錄 2.549.2 ～常匋(陶)里纓

孖*

璽彙 4025
淳于～

孨

圖錄 2. 182. 1
蒦圖里匋人～

圖錄 3. 220. 3
～

圖錄 3. 223. 3
～

圖錄 2. 645. 3
～

丑

拍敦　集成 09. 4644
隹(唯)正月吉日乙～

鄦公孫潮子鎛　集錄 004
十月己～

羞

洹子孟姜壺　集成 15. 9730
用鑄爾～銅

郳始鬲　集成 03. 596
郳始□母鑄其～鬲

倪慶鬲　遺珍 41 頁
兒(倪)慶乍(作)秦妊～鬲

魯伯愈父鬲　集成 03. 690　魯白(伯)愈父
乍(作)鼄(邾)姬□朕(媵)～鬲

寅

陳逆簠　集成 09. 4630
余～事齊侯

陳純釜　集成 16. 10371
戊～

子禾子釜　集成 16. 10374
則～……

叔夷鎛　集成 01. 285-1
辰才(在)戊～

卯	 陳卯造戈　集成 17.11034 陳～造戈	 右卯戈　集成 17.10944 右～	 陶彙 3.928 ～
	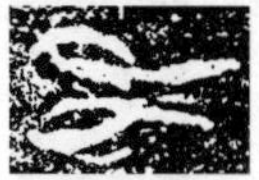 圖錄 3.311.3 ～		
辰	 梁可忌豆　集錄 543 ～在丁亥	 梁可忌豆　雪齋學術論文二集 72 頁圖二 ～在丁亥	
	 陳璋圓壺　集成 16.9975 孟冬戊～	  陳璋方壺　銘文選 2.865 孟冬戊～	
	 邾公牼鐘　集成 01.149 ～才(在)乙亥	 邾公牼鐘　集成 01.150 ～才(在)乙亥	 叔夷鐘　集成 1.272 ～在戊寅
	 邾公牼鐘　集成 01.152 ～才(在)乙亥	 璽彙 0579 王～	 璽彙 3499 夆～
	 璽彙 3727 ～口信鉨	 璽彙 3718 顔～信鉨	 璽彙 3106 箕～
	 圖錄 2.18.4 陳～		

巳

叔夷鎛　集成 01. 285-8
齊侯左右母（毋）疾母（毋）～（已）

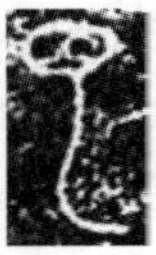
鮑子鼎 中國歷史文物 2009（2）51 頁
勿或柬（闌）～（已）

㠯〔以〕

陳逆簋　集成 07. 4096
～匄永命湏（眉）壽

邾叔之伯鐘　集成 01. 87
～乍（作）其皇且（祖）皇考

邾公託鐘　集成 01. 102
揚君霝（靈）君～萬年

曩伯子窛父盨　集成 09. 4443
～征（征）以行

午

十四年陳侯午敦　集成 09. 4646
陳侯～

十四年陳侯午敦　集成 09. 4647
陳侯～

子禾子釜　集成 16. 10374
稷（稷）月丙～

邾叔之伯鐘　集成 01. 87
隹（唯）王六〔月〕初吉壬～

鄺叔之仲子平鐘　集成 01. 173
隹（唯）正月初吉庚～

鄺侯少子簋　集成 08. 4152
隹（唯）五年正月丙～

圖錄 3. 138. 5
～

司馬楙編鎛　山東金文集成 104-108 頁
隹（唯）正孟歲十月庚～

齊明刀　考古 1973（1）
背文～

齊明刀　考古 1973（1）
背文～

未

陳侯因資敦 集成 09.4649
隹(唯)正六月癸～

申

鄺大史申鼎 集成 05.2732
鄺中之孫簷(莒)大史～

圖錄 3.476.5
～

圖錄 3.536.4
～

圖錄 3.536.5
～

齊明刀 考古 1973(1)
背文～

酉

鄺叔之仲子平鐘 集成 01.172
台(以)濼(樂)其大～(酋)

鄺叔之仲子平鐘 集成 01.175
台(以)濼(樂)其大～(酋)

鄺叔之仲子平鐘 集成 01.177
台(以)濼(樂)其大～(酋)

國差鑰 集成 16.10361
用實旨～(酒)

陳喜壺 集成 15.9700
□月己～

正叔之士□俞簠(蓋) 遺珍 44 頁
魯～子安母肇乍(作)匿(簠)

圖錄 3.478.1
～

醴

邾君慶壺 遺珍 38 頁(上)
鼄(邾)君慶乍(作)秦妊～壺

邾君慶壺 遺珍 38 頁(下)
鼄(邾)君慶乍(作)秦妊～壺

酷

圖錄 2.564.3
西～里陳何

圖錄 2.560.1
～里……

圖錄 2.674.2
～里易維

配

叔夷鎛 集成 01.285-6
其～䍜(襄)公之姑

陳逆簋 集成 09.4630
台(以)作乒(厥)元～季姜之祥器

拍敦 集成 09.4644
拍乍(作)朕(媵)～平姬䇭宮祀彝

瘖*

璽彙 0095
～(將)軍之鉨

璽彙 0307
左田～(將)騎

圖錄 3.547.5
～

酖*

圖錄 3.559.2
～

醬*

圖錄 2.588.2
東酷里曰～忎

酓*

圖錄 3.3.4
邙公氏之～器

陶彙 3.1184
～

醭*

圖錄 2.76.3
蒦圆南里匋(陶)者～

[illegible]*	 璽彙 2096 ～邾	
[illegible]*	 璽彙 0177 ～枳汶關	 璽彙 0234 卑(裨)～匠蜀信鉨
尊〔[illegible]〕	 魯姬鬲　集成 03.0593 魯姬乍(作)～鬲永寶用	 璽彙 1956 郤～信鉨
	 邳伯罍　集成 16.10007 不(邳)白(伯)夏子自乍(作)～罍	
亥	 陳逆簋　集成 07.4096 丁～	 陳逆簠　集成 09.4630 隹(唯)王囗月初吉丁～
	 邾公牼鐘　集成 01.150 辰才(在)乙～	 邾公牼鐘　集成 01.151 辰才(在)乙～
	 邾公華鐘　集成 01.245 隹(唯)王正月初吉乙～	 邾公孫班鎛　集成 01.140 辰在丁～
	 鄺大史申鼎　集成 05.2732 隹(唯)正月初吉辛～	 陳昉簋蓋　集成 08.4190 元日丁～

 邳伯罍 集成 16.10007 隹(唯)正月初吉丁～	 紷鎛 集成 01.217 隹(唯)王五月初吉丁～
 國差罎 集成 16.10361 弌日丁～	 禾簋 集成 07.3939 隹(唯)正月己～
 郹可忌豆 集錄 543 辰在丁～	 郹可忌豆 雪齋學術論文二集 72 頁圖二 辰在丁～
 庚壺 集成 15.9733 隹(唯)王正月初吉丁～	 璽彙 2192 □～

齊文字編重文

子子

郳叔之伯鐘　集成 01.87
～～孫孫

郳公華鐘　集成 01.245
～～孫孫永保用亯(享)

郳公孫班鎛　集成 01.140
其～～孫孫羕(永)保用之

郳訧鼎　集成 04.2426
～～孫孫永寶用

鄦叔之仲子平鐘　集成 01.175
～～孫孫永保用之

走馬薛仲赤簠　集成 09.4556
～～孫孫永保用亯(享)

公孫𡨄壺　集成 15.9709
～～孫孫永保用之

魯大司徒厚氏元鋪　集成 09.4689
～～孫孫永寶用之

魯大司徒子仲伯匜　集成 16.10277
～孫孫永保用之

孫孫

郳叔之伯鐘　集成 01.87
子子～～

郳公華鐘　集成 01.245
子子～～永保用亯(享)

	 郑公孫班鎛　集成01.140 其子子～～羕(永)保用之	  郑訧鼎　集成04.2426 子子～～永寶用
	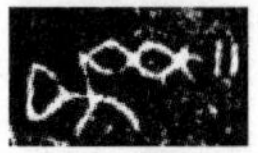 鄦叔之仲子平鐘　集成01.175 子子～～永保用之	 走馬薛仲赤簠　集成09.455 子子～～永保用亯(享)
	 公孫竈壺　集成15.9709 子子～～永保用之	 魯大司徒厚氏元鋪　集成09.4689 子子～～永寶用之
	 魯大司徒子仲伯匜　集成16.10277 子子～～永保用之	
戲戲	 鄦叔之仲子平鐘　集成01.172 ～～(肅肅)雝雝(雍雍)	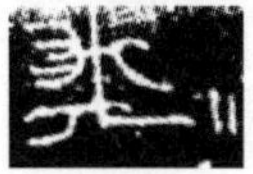 鄦叔之仲子平鐘　集成01.174 ～～(肅肅)雝雝(雍雍)
	 鄦叔之仲子平鐘　集成01.179 ～～(肅肅)雝雝(雍雍)	 叔夷鎛　集成01.285-7 ～～(肅肅)辟辟
雝雝	 鄦叔之仲子平鐘　集成01.172 戲戲～～(雍雍)	
號號	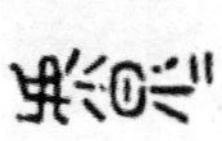 叔夷鎛　集成01.285 ～～(赫赫)成唐(湯)	

重　文

嚣嚣

叔夷鎛　集成 01. 285-8
戕戕(嚱嚱)～～

箾箾

龢鎛　集成 01. 271
～～(肅肅)義(儀)政

它它

夆叔盤　集成 16. 10163
～～(佗佗)熙熙

夆叔匜　集成 16. 10282
～～(佗佗)熙熙

公典盤　集錄 1009
～～(佗佗)熙熙

賈孫叔子屖盤　山東金文集成 675 頁
～～(佗佗)熙熙

鮑子鼎　中國歷史文物 2009(2)51 頁
～～(佗佗)熙熙

熙熙

夆叔匜　集成 16. 10282
它它(佗佗)～～

賈孫叔子屖盤　山東金文集成 675 頁
它它(佗佗)～～

公典盤　集錄 1009
它它(佗佗)～～

鮑子鼎　中國歷史文物 2009(2)51 頁
它它(佗佗)～～

哀哀

上曾大子鼎　集成 05. 2750
～～利錐

環環

司馬楙編鎛　山東金文集成 104–108 頁

~~羊羊

羊羊

司馬楙編鎛　山東金文集成 104–108 頁

環環~~

齊文字編合文

小心

叔夷鎛 集成 01. 285-1
女(汝)~~愄(畏)忌

鑄其

鄦叔之仲子平鐘 集成 01. 172
簷(莒)弔(叔)之中(仲)子平自乍(作)~游鐘

車右

璽彙 5682
簾~~鉨

弌日

國差鑰 集成 16. 10361
~~丁亥

陶彙 3. 658
大坤~月

無疆

郙伯祀鼎 集成 05. 2602
其萬年賷(眉)壽~

工帀

師□鼎 文物 1997(6)17 頁
~~□

孝孫

鄘侯少子簋 集成 08. 4152
乃~~不(丕)巨

公子

曹公子沱戈 集成 17. 11120
曹~~沱之鋯(造)戈

璽彙 0240
迵~~信鉨

大夫

辟大夫虎符 集成 18. 12107
填(營)丘牙(與)塿絣辟(嬖)~~信節

璽彙 0098
罣郙~~鉨

彙考 50 頁
芐~~之鉨

□節大夫馬節 集成 18. 12090
□節~~□(御?)五乘

司寇

璽彙 0220
~~□之鉨

甘士

璽彙 1285
~~毀

它人

璽彙 1556
孫~~

亡朱

璽彙 2097
邿~~

亡戚	 璽彙 0615 王～～	 圖錄 2.35.1 ～～居左市	 圖錄 3.411.6 ～～
石子	 璽彙 202 邵～～		
亡巳	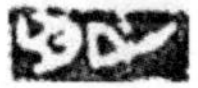 璽彙 2209 邴～～		
公乘	 璽彙 3554 ～～胥		
公孫	 璽彙 3726 ～～□信鉨	 璽彙 3912 ～～□	 璽彙 3914 ～～隻
	 璽彙 3918 ～～□	 璽彙 3921 ～～縷婸	 璽彙 3922 ～～安信鉨
	 璽彙 3923 ～～坒攼	 璽彙 3924 ～～相如鉨	 璽彙 3925 ～～冢鉨
	 璽彙 5687 ～～佚	 彙考 311 頁 ～～隻	 圖錄 2.280.2 東匋里～～緤

敦于	 璽彙 4026 ～～敗	 璽彙 4027 ～～□	 璽彙 4031 ～～疆
	 璽彙 4032 ～～貼	 璽彙 4025 ～～圩	 珍秦齋藏印・戰國篇 34 ～～吉
公卿	 圖錄 2.381.3 楚郭□蘧里～～	 圖錄 2.381.4 楚郭□蘧里～～	
公區	 圖錄 2.37.1 ～～	 圖錄 2.37.1 ～～	 圖錄 2.38.1 ～～
	 圖錄 2.39.1 ～～		
内郭	 璽彙 0241 ～～□信鉨	 璽彙 0247 ～～□信鉨	 圖錄 2.3.1 ～～陳賁叁 立事左里段亳豆
	 圖錄 2.3.2 ～～陳賁叁 立事左里段亳豆	 圖錄 2.3.3 ～～陳賁叁 立事左里段亳豆	
	 圖錄 2.3.4 ～～陳賁叁 立事左里段亳豆		

夫人

鐘磬架銅構件　臨淄商王墓地 42-43 頁
烗之陵～～

銅雁足燈　臨淄商王墓地 42-43 頁
烗之陵～～

杏疕

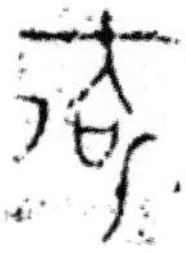

節墨杏刀　錢典 1013
節墨～～

十一

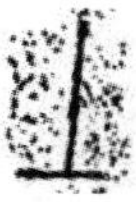

齊明刀　考古 1973(1)
背文～～

十二

齊明刀　考古 1973(1)
背文～～

二十

齊明刀　考古 1973(1)
背文～～

齊明刀　考古 1973(1)
背文～～

齊明刀　考古 1973(1)
背文～～

二十八

齊明刀　考古 1973(1)
背文～～

齊明刀　考古 1973(1)
背文～～

三十

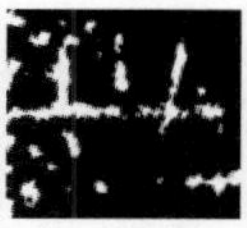

厶之十杯　集錄 1047
冢(重)一益(鎰)～～八展

圖錄 3. 520. 5
～～

圖錄 3. 240. 4
～～

齊夻刀 先秦編 401
背文～～

齊明刀 考古 1973(1)
背文～～

齊明刀 考古 1973(1)
背文～～

齊明刀 考古 1973(1)
背文～～

三十一

齊明刀 考古 1973(1)
背文～～

五十

叔夷鏄 集成 01. 285 余易(賜)女(汝)
馬車戎兵釐僕三百又～～家

一百

齊夻刀 貨系 2652
背文～～

齊夻刀 貨系 2653
背文～～

齊夻刀 齊幣 156
背文～～

齊夻刀 齊幣 157
背文～～

一八一

齊明刀 考古 1973(1)
背文～～

三百

叔夷鏄 集成 01. 285-3
其縣～～

叔夷鏄 集成 01. 285-5 余易(賜)女(汝)
馬車戎兵釐僕～～又五十家

一刀		齊明刀 考古1973(1) 背文～～
八刀		齊明刀 考古1973(1) 背文～～
二千		齊明刀 考古1973(1) 背文～～
四千		叔夷鎛 集成01.285 戜徒～～
五千		齊明刀 考古1973(1) 背文～～
二丏		齊明刀 考古1973(1) 背文～～
三丏		齊明刀 考古1973(1) 背文～～
五丏		齊明刀 考古1973(1) 背文～～

七丏		齊明刀 考古1973(1) 背文 ～～		
八丏		齊明刀 考古1973(1) 背文 ～～		齊明刀 考古1973(1) 背文 ～～
六六丏		齊明刀 考古1973(1) 背文 ～～		
十丏		齊明刀 考古1973(1) 背文 ～～		
千丏		齊明刀 考古1973(1) 背文 ～～		齊明刀 考古1973(1) 背文 ～～

齊文字編附錄

001

陳子戈　集成 17.11038
陳子□～

002

□子戈　集成 17.11076
～子之造戈

003

□子戈　集成 17.11080
～子之造戈

004

陳戈　集成 17.11031
陳～車戈

005

亡□右戈　集錄 1121
亡～右

006

陳純釜　集成 16.10371
於茲安陵～

007

陳純釜　集成 16.10371
命左關帀(師)～敕宔(主)左關之釜

008

郳□伯鼎　集成 05.2640
鼄(郳)□白(伯)乍(作)～嬴尊鼎

009

子禾子釜　集成 16.10374
子禾子～(屯？)冶內者御□

010

子禾子釜　集成 16.10374
子禾子□(屯？)冶內者御～

011

子禾子釜　集成 16.10374
～□命□陳得

012

子禾子釜　集成 16.10374
□～命□陳得

013

子禾子釜　集成 16.10374
□□命～陳得

014
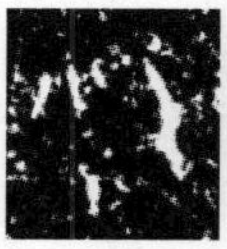
子禾子釜　集成 16.10374
閉～于□外□釜

015
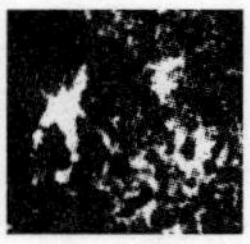
子禾子釜　集成 16.10374
閉□于~外□釜

016

子禾子釜　集成 16.10374
閉□于□外~釜

017

子禾子釜　集成 16.10374
而台(以)……~退

018

子禾子釜　集成 16.10374
~闢人不用命

019

□節大夫馬節　集成 18.12090
~節大夫□(御？)五乘

020

□節大夫馬節　集成 18.12090
□節大夫~(御？)五乘

021

子禾子釜　集成 16.10374
□□亓(其)~

022
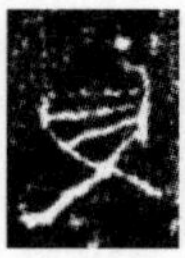
陳□散戈　集成 17.11033
陳~散戈

陳□散戈　周金文存 6.30
陳~散戈

023

□遄造戈　周金文存 6.35
~遄造戈

024

子□子戈　周金文存 6.36.1
子~子戈

025

谷(？)□造戟　集成 17.11183
~□郜(造)戈冶

026

谷(？)□造戟　集成 17.11183
□~郜(造)戈冶

谷(？)□造戟　周金 6.22.2
□~郜(造)戈冶

027

陳子戈　集成 17.11038
陳子~(翼？)□

028

吁戈　集成 17.11032
~吁

編號	字形	出處
029		者兒戈 古研二十三98頁 賸(滕)~公之孫
030		者兒戈 古研二十三98頁 ~弔(叔)之子者兒為其□戈
031		者兒戈 古研二十三98頁 □弔(叔)之子者兒為其~戈
032		者兒戈 古研二十三98頁 ~
033		子備□戈 集成 17. 11021 子備~戈
		子備□戈 三代 19. 35. 2 子備~戈
034	 	陳璋方壺 銘文選 2. 865 大臧□~
		陳璋圓壺 集成 16. 9975 大臧錢~
035		郳友父鬲 集成 03. 717 鼄(郳)友父朕(媵)其子~嫴寶鬲
		郳友父鬲 遺珍 30 頁 鼄(郳)友父朕(媵)其子~嫴寶鬲
036		洹子孟姜壺 集成 15. 9729 齊侯女靁~喪其□
	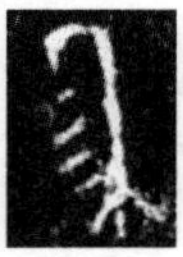	洹子孟姜壺 集成 15. 9730 齊侯女靁~喪其□
037		洹子孟姜壺 集成 15. 9730 齊侯女靁□喪其~
		洹子孟姜壺 集成 15. 9730 齊侯女靁□喪其~
038		洹子孟姜壺 集成 15. 9730 齊侯命大子乘~(遽?)來命宗白(伯)
		洹子孟姜壺 集成 15. 9729 齊侯命大子乘~(遽?)來命宗白(伯)

039

洹子孟姜壺 集成 15.9730
女(汝)受~遄傳□御

040

洹子孟姜壺 集成 15.9729
女(汝)受□遄傳~御

洹子孟姜壺 集成 15.9730
女(汝)受□遄傳~御

041

國子鼎 集成 04.1935-1
~□

042

國子鼎 集成 04.1935-1
□~

043

魯姬鬲 集成 03.0593
郳始~母鑄其羞鬲

044

魯伯愈父鬲 集成 03.0690 魯白(伯)
愈父乍(作)鼄(邾)姬~朕羞鬲

魯伯俞父簠 集成 09.4566 魯白(伯)
俞父乍(作)姬~匿(簠)

魯伯俞父簠 集成 09.4567 魯白(伯)
俞父乍(作)姬~匿(簠)

魯伯俞父簠 集成 09.4568 魯白(伯)
俞父乍(作)姬~匿(簠)

045

魯伯大父作季姬簋 集成 07.3974
魯白(伯)大父乍(作)季姬~賸(媵)簋

046

邾□伯鼎 集成 05.2641
鼄(邾)~白(伯)乍(作)此嬴尊鼎

邾□伯鼎 集成 05.2640
鼄(邾)~白(伯)乍(作)此嬴尊鼎

047

□仲簠 集成 09.4534
~中(仲)乍(作)甫妣朕(媵)匿(簠)

048

陳喜壺 集成 15.9700
~月己酉

049

師□鼎 文物 1997(6)17頁
工市~~

050

齊侯盤　集成 16. 10159　齊侯
乍(作)朕(媵)寡~孟姜盥盤

齊侯作孟姜敦　集成 09. 4645　齊侯
乍(作)朕(媵)寡~孟姜膳辜(敦)

051

魯少司寇盤　集成 16. 10154
魯少嗣(司)寇封孫~

052

鄽侯少子簋　集成 08. 4152　妳乍(作)
皇妣~君中(仲)妃祭器八

053

陳□造戈　考古與文物 1991(2)
109 頁圖二　陳~造戈

054

城左戈　周金文存 6. 46
城~左

055

□淠□散戈　集成 17. 11065
~淠□簸(散)戈

056

□淠□散戈　集成 17. 11065
□淠~簸(散)戈

057

徒戟　集録 1132
子~徒戟(戟)

058

□之辛戈　集録 1149
~之□□戈

059

薛比戈　集録 1163
……戈

060

薛比戈　集録 1163
……戈

061

薛比戈　集録 1163
……戈

062

薛比戈　集録 1163
……戈

063

□之□戈　集録 1149
□之~□戈

064

郭公子戈　集録 1164
郘郭公子曽~□戈

065

齊(?)宛(?)銅量　集錄 1051
~□(宛?)□□里

066
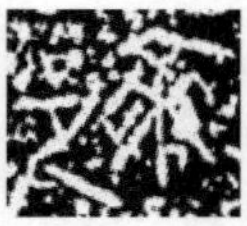
齊(?)宛(?)銅量　集錄 1051
□□(宛?)□~里

067

郳大宰簠　集成 09. 4623
余~(諡?)龏(恭)孔惠

068

郳大宰簠　銘文選 280
余~(必?)龏(恭)孔惠

069

司馬楙編鎛　山東金文集成
104-108 頁　非敢~□

070

司馬楙編鎛　山東金文集成
104-108 頁　非敢□~

071

司馬楙編鎛　山東金文集成 104-108 頁
曰古朕皇祖~(悼?)公

072

司馬楙編鎛　山東金文集成
104-108 頁　用旂吉□~楙

073

庚壺　集成 15. 9733
~王之孫

074

庚壺　集成 15. 9733
從河台(以)~伐彘□丘

075
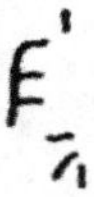
庚壺　集成 15. 9733
從河台(以)□伐彘~丘

076

庚壺　集成 15. 9733
□旬~(四?)舟□□丘□□于梁

077

庚壺　集成 15. 9733
□旬□(四?)舟~□丘□□于梁

078
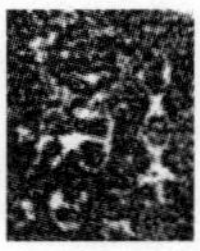

庚壺　集成 15. 9733 □旬(?)
□(四?)舟□~丘□□于梁

079

庚壺　集成 15. 9733 □旬(?)
□(四?)舟□□丘□~于梁

080

庚壺　集成 15. 9733
庚伐陸~

081

庚壺 集成 15.9733
其王駟䮚(？)～□

082

庚壺 集成 15.9733
其王駟䮚(？)□～

083

庚壺 集成 15.9733
縢相乘駐(牡)～(創？)

084

庚壺 集成 15.9733
不□其王乘駐(牡)～

085

庚壺 集成 15.9733
～

086

庚壺 集成 15.9733
天～受(授)女(汝)

087

正叔之士□(？)俞簠(器) 遺珍 43 頁
正叔之士～俞

088

畢仲□簠 遺珍 48 頁 畢中(仲)～
乍(作)為其□譱(膳)匿(簠)

089

畢仲□簠 遺珍 48 頁 畢中(仲)
□乍(作)為其～譱(膳)匿(簠)

090
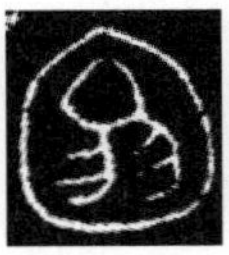
□君婦媿霝壺 遺珍 65 頁
～君婦媿霝乍(作)肇(旅)壺

091

鮑子鼎 中國歷史文物 2009(2)51 頁
其隻(獲)～男子

092

司馬楙編鎛 山東金文集成 104-108 頁
用旂吉～□楙

093

□侯慶鼎 集錄 290
……～

094

□侯慶鼎 集錄 290
～侯慶……

095

陳逆簠 集成 09.4630
乍(祚)～今命

096

璽彙 0063
王～右司馬鈢

097

璽彙 0083
~□司辭

098

璽彙 0083
□~司辭

099

璽彙 0155 ~昜(陽)
迯(遂)帀(師)鉨

100

璽彙 0194
~訙殹鉨

101

齊(?)宛(?)銅量 集錄 1051
□□(宛?)~□里

璽彙 0196
輤~右殹

璽彙 0322 洛~
遟(徙)盟金鉨

圖錄 2. 52. 1
𢉖丘□武昌里

圖錄 2. 55. 1
繇~□里□資

圖錄 2. 105. 1
繇~大匋(陶)里□

圖錄 2. 117. 3
繇~大匋(陶)里

圖錄 2. 331. 1
楚郭~關里艸

圖錄 2. 309. 1
左南~辛匋里悊

102

璽彙 0211
~宅之鉨

103

璽彙 0216
~沽之鉨

104

璽彙 0220
司寇~之鉨

105 
璽彙 0225
維～亳之鉩

106 
璽彙 0232
璋～郙迯(遂)信鉩

107 
璽彙 0241
□～信鉩

璽彙 0247
□～信鉩

108 
璽彙 0286
～昜(陽)□鉩

109 
璽彙 0286
□昜(陽)～鉩

110 
璽彙 0244
～□信鉩

111 
璽彙 0244
□～信鉩

112 
璽彙 0245
～□信鉩

113 
璽彙 0245
□～信鉩

114 
璽彙 0259
右盧濬～𦐊鉩

山東新出土古璽印
16 右盧濬～𦐊鉩

115 
璽彙 0273
～□尘鉩

116 
璽彙 0273
□～尘鉩

117 
璽彙 0306
～瞜斁信鉩

118 
璽彙 0325
～門枋

119 
璽彙 0330
始～鉩

120 
璽彙 0331
姊～鉩

121  璽彙 0334 ~聞(門)坌叜

122 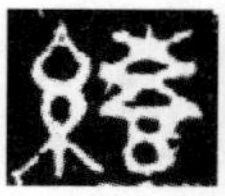 璽彙 0342□ ~敬鉨

123  璽彙 0344 膚~唛

124  璽彙 0546 王~

125  璽彙 0587 王~

126  璽彙 0603 王~  璽彙 1947 郤~

127  璽彙 0629 王~

128  璽彙 0632 王~  璽彙 1185 吳~之鉨

129  璽彙 1950 郤~  璽彙 0633 ~王□

130  璽彙 0648 王~□

131  璽彙 0648 王□~

132  璽彙 0652 王~信鉨

133  璽彙 1148 高咤~鉨

134  璽彙 1366 孟~信鉨

135  璽彙 0586 王~  璽彙 1462 陳~

		璽彙 3664 □□～		璽彙 3112 䉶(籐)～
136		璽彙 1478 陳～信鉨		
137		璽彙 1562 孫～信鉨		璽彙 3754 孫～信鉨
138		璽彙 1949 郐～		
139		璽彙 1953 郐～畜		
140		璽彙 2057 邗～		
141		璽彙 2203 ～□		
142		璽彙 2205 郗～		

143		璽彙 2235 ～丘		
144		璽彙 2303 ～□		圖錄 2.49.3 右敀□□～里
145		璽彙 2303 □～		
146		璽彙 2414 椢～信鉨		
147		璽彙 2599 ～鐵		璽彙 3651 ～鐵
148		璽彙 2610 ～紀□		
149		璽彙 2654 ～緈		
150		璽彙 3225 肖～		璽彙 3702 抆～信鉨

151

璽彙 3479
~疆政鉨

152

璽彙 3521
~親

153

璽彙 3575
~□

154

璽彙 3575
□~

155

璽彙 3576
~□

156

璽彙 3589
~□□

157

璽彙 3589
□~□

158

璽彙 3678
~孫賨

159

璽彙 3685
~圂(固)

160

璽彙 3692
~生緙

161

璽彙 3695
~庚信鉨

162

璽彙 3697
~□信鉨

163

璽彙 3701
~梩□信鉨

164

璽彙 3705
俶段~鉨

165

璽彙 3706
~戦□鉨

166

璽彙 3706
□戦~鉨

編號	印	釋文
167		璽彙 3707 窒中～鈢
168		璽彙 3712 ～□信鈢
169		璽彙 3712 □～信鈢
170		璽彙 3714 練～信鈢
171		璽彙 3715 敢～信鈢
172		璽彙 3717 ～□信鈢
173		璽彙 3717 □～信鈢
174		璽彙 3722 ～登信鈢
175		璽彙 3726 公孫～（疾？）信鈢
176	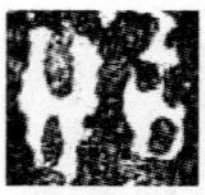	璽彙 3733 ～夫立鈢
177		璽彙 3738 ～緙
178		璽彙 3912 公孫～
179		璽彙 3915 公孫～
180		璽彙 3916 公孫～
181		璽彙 3917 公孫～
182		璽彙 3918 公孫～

183		璽彙 3935 珹(臧)孫～鉩
184		璽彙 3937 窒孫～
185		璽彙 3940 正孫～鉩
186		璽彙 2199 邛～
187		璽彙 4027 敦于～
188		璽彙 5557 ～之信鉩
189		璽彙 5644 敀～
190		璽彙 5646 ～郯
191		璽彙 5676 ～慶
192		璽彙 5677 ～适
193		璽彙 2191 ～己
		璽彙 2192 ～亥
194		璽彙 3689 ～膞
195		皇□(宛?)戈　集成 17.10984 皇～(宛?)左
		皇□(宛?)右鶴嘴斧形器　集成 18.11836 皇～(宛?)右
		言□(宛?)左戈　集成 17.10985 言～(宛?)左戈
		齊(?)宛(?)銅量　集錄 1051 □～(宛?)□□里

彙考 52 頁
南～

彙考 51 頁
高宓（密）左～（宛？）

彙考 59 頁
辛～（宛）□坊（市）粁

196

彙考 69 頁
麋陕～舍坾

197

彙考 67 頁
日里～

198

彙考 69 頁
～舍

199

彙考 70 頁
～□之鉩

200

彙考 70 頁
□～之鉩

201

彙考 70 頁
絽（紀）之～巨

202

彙考 315 頁
臧（臧）孫～鉩

203

璽彙 1365
孟～

204

彙考 311 頁
公孫～信鉩

205

璽彙 3925
公孫～鉩

206

彙考 67 頁
攵圖昜（陽）里王不～・千

207

彙考 68 頁
～（㒯？）□□

208

璽彙 0576
王～

璽彙 1465
陳～

璽彙 3544
鞄～

璽彙 1954
郐～信鉨

209

璽彙 3427
大～(復？)慶

璽彙 3677
卑～(復？)貼

210

璽彙 1473
陳～

211

璽彙 0583
王～

212

璽彙 0195
畢～左𣪘

213

璽彙 0342
～□敬鉨

214

璽彙 5657
郱～

彙考 344 頁
大□(復？)～

215

彙考 59 頁
辛□～坤(市)粁

216

圖錄 2. 7. 2 句華門陳棱
再～稟(廩)坸亳釜鎜

217

圖錄 2. 12. 3
……～冢立……釜

218

圖錄 2. 13. 1 誾門外
陳得平棱縣廩豆㮣～倉

219

圖錄 2. 13. 2
平陵陳得不～王釜

圖錄 2. 14. 2
平陵陳得不～王釜

220

圖錄 2. 18. 1
陳～

221

圖錄 2. 16. 4
陳～立事歲廩釜

222

圖錄 2. 35. 2
～市

223

圖録 2. 48. 2
右段□~尚畢里季𦓤

圖録 2. 48. 3
右段□~尚畢里季𦓤

圖録 2. 49. 1
右段□~尚畢里季𦓤

224

圖録 2. 49. 4
乘□□里~它人(?)

225

圖録 2. 50. 1
~邦臧里王□貽

226

圖録 2. 50. 4
~□□里□石

227

圖録 2. 50. 1
□邦臧里王~貽

228
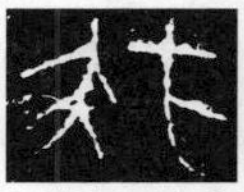
圖録 2. 56. 1
繇□上~里郤吉

圖録 2. 56. 2
繇□上~里郤吉

圖録 2. 50. 4
□□~里□石

229

圖録 2. 50. 4
□□□里~石

230

圖録 2. 52. 2
乏~

231

圖録 2. 53. 1
昜~

232

圖録 2. 55. 1
繇□~里□賫

圖録 2. 55. 4
繇□~里□賫

233

圖録 2. 55. 3
繇□~圖里邵齊

234

圖錄 2. 55. 2
繇□□里～賁

235

圖錄 2. 81. 2
蒦圖南里人不～

236

圖錄 2. 61. 3
蒦圖南里匋(陶)者～

237

圖錄 2. 97. 2
繇□大匋里～

238

圖錄 2. 97. 4
繇□大……～□

239

圖錄 2. 97. 4
繇□大……□～

240

圖錄 2. 98. 1
繇□大匋里～

241

圖錄 2. 99. 3
繇□大匋里～

242

圖錄 2. 101. 1
繇□大匋(陶)里～(迲？)疾

圖錄 2. 101. 2
繇□大匋(陶)里～(迲？)疾

243

圖錄 2. 102. 2
繇□大匋里～

圖錄 2. 104. 1
繇□大匋里～

圖錄 2. 104. 2
繇□大匋里～

244

圖錄 2. 111. 2
繇□大匋里～

245

圖錄 2. 111. 3
繇□大匋里～

246

圖錄 2. 120. 2
繇□大匋里～

247

圖錄 2.129.1
大匋里～

248

圖錄 2.144.4
～

249

圖錄 2.150.4
大蒦昜壽所～

250

圖錄 2.153.2
繇□中匋里～

251

圖錄 2.153.3
繇□大匋(陶)里～

252

圖錄 2.154.1
繇□中匋(陶)里～

253

圖錄 2.154.3
繇□東匋里～

254

圖錄 2.158.2
繇□東匋里～

255

圖錄 2.168.1
中蒦昜里司馬□～

256

圖錄 2.179.1
東蒦昜～

257

圖錄 2.180.2
東蒦昜匋分～

258

圖錄 2.181.2
東蒦昜里～

259

圖錄 2.186.3
蒦昜匋里人～

260

圖錄 2.200.4
蒦昜匋(陶)里人～雄

261

圖錄 2.219.1
蒦昜匋里人～

262

圖錄 2.235.1
蒦昜匋里人～

263 
圖録 3. 660. 3
～

264 
圖録 2. 240. 4
蒦圆匋里辛～(救？)

265 
圖録 2. 241. 4
蒦圆匋里～

266 
圖録 2. 251. 4
蒦圆匋里人～

267 
圖録 2. 257. 1
匋里人～

268 
圖録 2. 257. 3
匋里人～

269 
圖録 2. 259. 2
蒦圆昜里王不～

270 
圖録 2. 264. 3
蒦圆魚里人～

271 
圖録 2. 262. 1
昜里人～

272 
圖録 2. 280. 4
平里人～

273 
圖録 2. 286. 2
安昜□里～

274 
圖録 2. 287. 2
鹿～東里章

275 
圖録 2. 291. 1
菼～圆□豆

276 
圖録 2. 291. 1
菼□圆～豆

277 
圖録 2. 293. 1
王卒左毁～圆櫝里坣

圖録 2. 301. 1
王卒左毁～圆櫝里坣

278

圖録 2. 376. 4
……蕿里～

279

圖録 2. 382. 1
……蕿里～

280

圖録 2. 382. 3
……蕿里～

圖録 2. 382. 4
……蕿里～

圖録 2. 383. 1
……蕿里～

281

圖録 2. 389. 1
……蕿里～

282
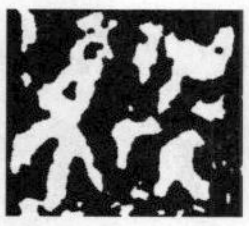
圖録 2. 389. 2
……蕿里～

283

圖録 2. 390. 1
楚郭□～里□

284
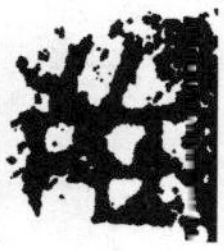
圖録 3. 261. 3
～

285

圖録 3. 660. 5
～

286
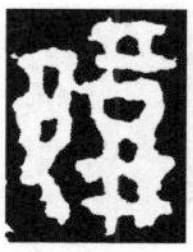
圖録 2. 390. 1
楚郭□□里～

圖録 2. 390. 2
楚郭□□里～

287

圖録 2. 390. 4
……蕿里～

288

圖録 2. 394. 1
楚郭□～里腊

圖録 2. 394. 2
楚郭□～里腊

圖録 2. 394. 3
楚郭□～里腊

289

圖錄 2.397.1
丘齊炶里王～

圖錄 2.397.2
丘齊炶里王～

290

圖錄 2.397.4
丘齊炶里王～

291

圖錄 2.397.3
丘齊炶里王～

292

圖錄 2.398.1
丘齊炶里王～

圖錄 2.398.2
丘齊炶里王～

圖錄 2.398.4
丘齊炶里王～

293

圖錄 2.403.3
丘齊炶里王～

294

圖錄 2.406.4
□□辛里�～□

陶彙 3.614
□□辛里遉～□

295

圖錄 2.434.3
高閭豆里人匋者曰～

296

圖錄 2.436.4
高閭豆里人匋者曰～

297

圖錄 2.466.2
豆里人～

圖錄 2.468.1
豆里人～

298

圖錄 2.498.4
～□

299

圖錄 2.498.4
□～

300

圖録 2.518.2
豆里～

301

圖録 2.519.1
豆里～

302

圖録 2.520.4
豆里～

303

圖録 2.523.1
豆里～□

304

圖録 2.543.2
子袶子里人～

305

圖録 2.544.3
夆子西里人爲～

306

圖録 2.547.4
子淺子里～

307

圖録 2.549.3
孟常匋里人～

308

圖録 2.551.4
孟常匋里人～

309

圖録 2.554.1
東酷里～□

圖録 2.554.2
東酷里～□

310

圖録 2.554.2
東酷里□～

圖録 2.554.3
東酷里□

311

圖録 2.555.2
東酷里孫～

圖録 2.556.1
東酷里孫～

圖録 2.556.4
東酷里孫～

312 
圖錄 2. 557. 3
東酷里～

313 
圖錄 2. 560. 4
東酷里夌谷丘～

314 
圖錄 2. 561. 4
酷里人匋者～

315 
圖錄 2. 563. 1
西酷里匋～

316 
圖錄 2. 564. 1
西酷里匋～

317 
圖錄 2. 603. 2
城圆～

318 
圖錄 2. 648. 1
矢～

圖錄 2. 649. 1
矢～

319 
圖錄 2. 650. 4
～□

320 
圖錄 2. 650. 4
□～

321 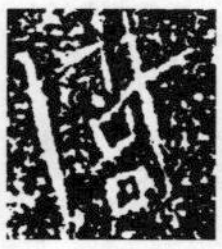
圖錄 2. 651. 1
～丘

322 
圖錄 2. 651. 3
……～

323 
圖錄 2. 654. 1
陳～立事左釜

324 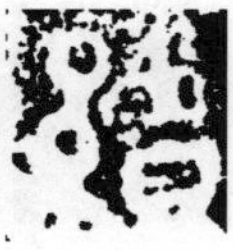
圖錄 2. 658. 3
繇□東匋里～

325 
圖錄 2. 659. 3
蒦圆匋里王～

圖錄 2. 226. 1
蒦圆匋里王～

編號	字形	出處
		圖録 2.227.2 蒦昜匋里王～
326		圖録 2.660.3 中蒦昜里匋～
327		圖録 2.677.4 ～坔
328		圖録 2.701.2 ～
329		圖録 2.702.3 馬粀(矢)～鍁
330		圖録 2.708.2 ～
331		圖録 2.726.1 丹～
		圖録 2.726.6 丹～
		圖録 2.728.1 丹～
332		圖録 2.737.1 曹～
		圖録 2.738.2 曹～
333		圖録 2.750.4 ～
334		圖録 2.752.1 …………～
335	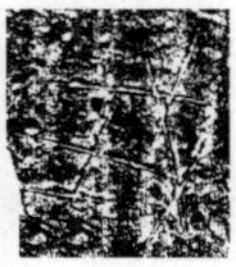	圖録 2.752.1 …………～
336		圖録 2.752.1 …………～
337		圖録 2.753.1 ～□

338		圖錄 2.753.1 □～
339		圖錄 3.1.3 ～公之廩□□二豆
340		圖錄 3.1.3 □公之廩～□二豆
341		圖錄 3.1.3 □公之廩□～二豆
342		圖錄 3.8.4 ～□
343		圖錄 3.8.4 ～□
344		圖錄 3.9.3 祭～
345		圖錄 3.18.4 ……～
346		圖錄 3.18.6 ……
347		圖錄 3.20.2 ……
348		圖錄 3.20.4 ～
349		圖錄 3.20.5 ～
350		圖錄 3.23.1 ～干
351		圖錄 3.23.2 ～之
352		圖錄 3.24.1 ～□
353		圖錄 3.24.1 □～

354		圖錄 3.24.6 水～
355		圖錄 3.33.1 ～角
356	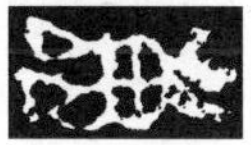	圖錄 3.36.4 丘～
		圖錄 3.37.4 丘～
357		圖錄 3.40.5 ～□
358	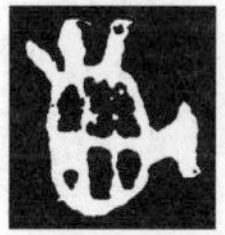	圖錄 3.40.5 □～
359		圖錄 3.41.5 隻～
360	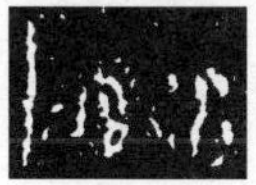	圖錄 3.41.6 □～

361		圖錄 3.42.1 旬～		圖錄 3.42.2 旬～
362		圖錄 3.54.3 ～	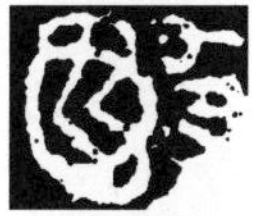	圖錄 3.54.6 ～
363		圖錄 3.42.3 ～		圖錄 3.42.4 ～
364		圖錄 3.138.2 ～		
365		圖錄 3.138.4 ～		
366		圖錄 3.151.5 ～		
367		圖錄 3.154.4 ～		圖錄 3.155.4 ～
		圖錄 3.156.1 ～		

368		圖錄 3.170.6 ～
369		圖錄 3.159.1 ～
		圖錄 3.159.3 ～
370		圖錄 3.172.2 ～
371		圖錄 3.172.1 ～
372		圖錄 3.172.3 ～
373		圖錄 3.179.3 ～
		圖錄 3.179.5 ～
		圖錄 3.179.6 ～
374		圖錄 3.180.1 ～
375		圖錄 3.180.3 ～
		圖錄 3.180.4 ～
376		圖錄 3.182.1 ～
		圖錄 3.182.2 ～
		圖錄 3.182.3 ～
377		圖錄 3.190.1 ～

		圖錄 3. 190. 2 ～		
		圖錄 3. 190. 3 ～		
	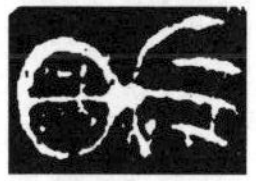	圖錄 3. 190. 4 ～		
378		圖錄 3. 194. 2 ～		
	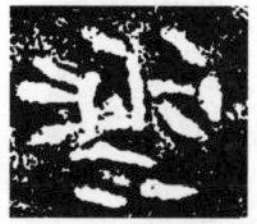	圖錄 3. 194. 3 ～		
379		圖錄 3. 201. 3 ～		
380		圖錄 3. 201. 6 ～		
381		圖錄 3. 226. 6 ～		
382		圖錄 3. 227. 5 ～		圖錄 3. 229. 1 ～
		圖錄 3. 229. 3 ～		
383		圖錄 3. 229. 5 ～		圖錄 3. 227. 6 ～
384		圖錄 3. 228. 5 ～		
385		圖錄 3. 240. 6 ～		
386		圖錄 3. 248. 1 ～		圖錄 3. 248. 4 ～
387	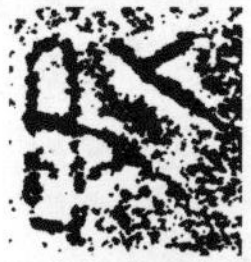	圖錄 3. 250. 4 ～		
388		圖錄 3. 250. 5 ～		

389

圖錄 3.252.1
～

圖錄 3.252.6
～

390

圖錄 3.258.2
～

圖錄 3.258.3
～

391

圖錄 3.257.6
～

392

圖錄 3.259.1
～

圖錄 3.259.3
～

圖錄 3.259.4
～

393

圖錄 3.259.6
～

394

圖錄 3.261.6
～

395

圖錄 3.262.6
～

圖錄 3.262.4
～

396

圖錄 3.272.4
～

圖錄 3.272.5
～

圖錄 3.272.6
～

397

圖錄 3.277.3
～

圖録 3.277.2 ~

圖録 3.277.1 ~

398

圖録 3.296.3 ~

圖録 3.297.5 ~

399

圖録 3.279.2 ~

圖録 3.279.3 ~

400

圖録 3.278.1 ~

401

圖録 3.290.6 ~

402

圖録 3.291.1 ~

圖録 3.291.5 ~

圖録 3.292.1 ~

圖録 3.498.1 腜~

圖録 3.498.4 腜~

403

圖録 3.292.2 ~

圖録 3.292.3 ~

圖録 3.292.5 ~

		圖錄 3.292.6 ～
404		圖錄 3.293.1 ～
405		圖錄 3.290.1 ～
		圖錄 3.290.2 ～
		圖錄 3.290.3 ～
406		圖錄 3.293.6 ～冗
407		圖錄 3.294.1 ～
408	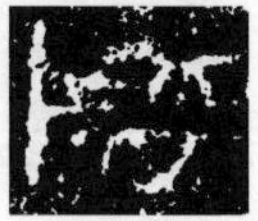	圖錄 3.294.3 ～

409		圖錄 3.294.4 ～
410	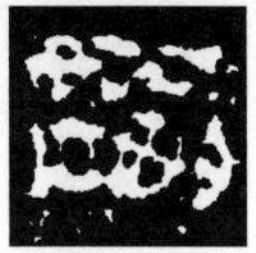	圖錄 3.294.6 ～
411		圖錄 3.295.3 ～
412		圖錄 3.306.1 ～
413		圖錄 3.324.5 ～
414		圖錄 3.325.1 ～
415		圖錄 3.327.3 ～
		圖錄 3.327.5 ～

		圖録 3. 327. 6 ～
416		圖録 3. 328. 1 ～
		圖録 3. 329. 1 ～
417		圖録 3. 329. 2 ～
418		圖録 3. 329. 4 ～
419		圖録 3. 330. 3 ～
		圖録 3. 330. 4 ～
420		圖録 3. 333. 6 ～
421		圖録 3. 339. 1 ～
		圖録 3. 339. 4 ～
422		圖録 3. 339. 6 ～
423		圖録 3. 340. 4 ～
424		圖録 3. 343. 1 ～
		圖録 3. 343. 5 ～
425		圖録 3. 344. 1 ～
426		圖録 3. 344. 2 ～（雱？）

427		圖錄 3.344.3 ～
428		圖錄 3.344.4 ……
429		圖錄 3.344.5 ～
430		圖錄 3.344.6 ～
431		圖錄 3.351.2 ～
432		圖錄 3.351.5 ～
433	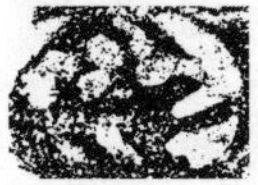	圖錄 3.351.6 ～
434		圖錄 3.356.6 ～

435		圖錄 3.385.1 ～
436		圖錄 3.385.2 ～
437		圖錄 3.385.4 ～
438		圖錄 3.385.5 ～
439		圖錄 3.391.1 ～
		圖錄 3.391.2 ～
440		圖錄 3.392.1 ～
		圖錄 3.392.2 ～

圖録 3.392.3 ~

441

圖録 3.394.1 ~

442

圖録 3.396.1 ~

圖録 3.396.2 ~

圖録 3.396.5 ~

443

圖録 3.397.1 ~

圖録 3.397.2 ~

圖録 3.397.4 ~

圖録 3.398.1 ~

圖録 3.398.2 ~

444

圖録 3.402.3 ~

圖録 3.402.6 ~

圖録 3.403.1 ~

圖録 3.403.3 ~

圖録 3.403.6 ~

圖録 3.404.6 ~

445		圖錄 3.405.1 ～
		圖錄 3.405.3 ～
446		圖錄 3.406.1 ～
		圖錄 3.406.2 ～
447		圖錄 3.407.2 ～
		圖錄 3.407.3 ～
448		圖錄 3.407.4 ～
449		圖錄 3.408.2 ～

450		圖錄 3.408.5 ～
		圖錄 3.409.2 ～
		圖錄 3.409.4 ～
		圖錄 3.412.1 ～
		圖錄 3.412.4 ～
		圖錄 3.412.6 ～
		圖錄 3.413.1 ～
		圖錄 3.413.4 ～

圖録 3. 413. 6 ~

451

圖録 3. 414. 4 ~

452

圖録 3. 415. 1 ~

圖録 3. 415. 3 ~

453

圖録 3. 415. 4 ~

圖録 3. 415. 6 ~

454

圖録 3. 418. 1 ~

圖録 3. 418. 5 ~

圖録 3. 418. 6 ~

圖録 3. 419. 4 ~

455

圖録 3. 427. 1 ~

圖録 3. 427. 4 ~

圖録 3. 427. 5 ~

456

圖録 3. 429. 1 ~

圖録 3. 429. 4 ~

圖録 3. 429. 5 ~

		圖錄 3.429.6 ～
		圖錄 3.430.3 ～
457		圖錄 3.431.4 ～
	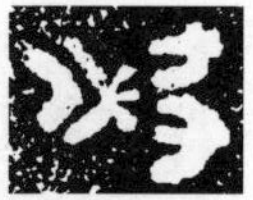	圖錄 3.431.6 ～
458		圖錄 3.433.2 ～
459		圖錄 3.432.2 ～
		圖錄 3.432.3 ～
		圖錄 3.432.6 ～

460		圖錄 3.433.5 ～
		圖錄 3.433.6 ～
461		圖錄 3.444.1 ～
462		圖錄 3.444.2 ～
463		圖錄 3.444.3 ～
464		圖錄 3.444.4 ～
465		圖錄 3.444.5 ～
466		圖錄 3.444.6 ～

467

圖錄 3. 454. 5 ～

圖錄 3. 454. 6 ～

圖錄 3. 455. 2 ～

468

圖錄 3. 455. 3 ～

圖錄 3. 455. 4 ～

圖錄 3. 455. 5 ～

圖錄 3. 455. 6 ～

469

圖錄 3. 456. 6 ～

470

圖錄 3. 485. 6 ～

471

圖錄 3. 472. 2 ～

圖錄 3. 473. 4 ～

472

圖錄 3. 473. 2 ～

圖錄 3. 473. 5 ～

473

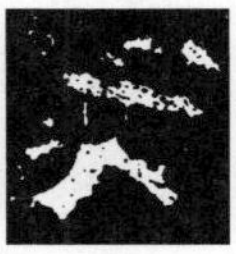
圖錄 3. 474. 1～

474

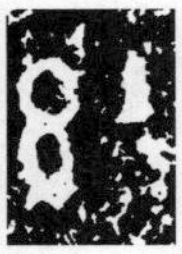
圖錄 3. 474. 3～

475

圖錄 3. 474. 4～

476  圖錄 3.474.5 ～

477  圖錄 3.475.6 ～

 圖錄 3.476.6 ～

478  圖錄 3.477.4 ～

479  圖錄 3.477.6 ～

480  圖錄 3.478.2 ～

481  圖錄 3.478.3 ～

482 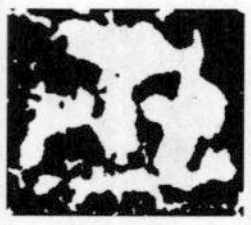 圖錄 3.478.5 ～

483  圖錄 3.479.1 ～

484  圖錄 3.479.3 ～

485  圖錄 3.479.4 ～

486  圖錄 3.480.1 ～

487  圖錄 3.480.2 ……

488  圖錄 3.480.4 ～

489  圖錄 3.481.1 ～

490  圖錄 3.481.2 ～

491

～ 圖録 3. 481. 1

492

～ 圖録 3. 483. 3

493

～ 圖録 3. 483. 4

494

～ 圖録 3. 483. 5

495

～ 圖録 3. 483. 6

496

～ 圖録 3. 454. 4

497

～ 圖録 3. 470. 4

～ 圖録 3. 471. 5

498

～□ 圖録 3. 485. 1

499

□～ 圖録 3. 485. 1

500

～ 圖録 3. 485. 2

501

～ 圖録 3. 485. 3

502

～ 圖録 3. 485. 4

503

～ 圖録 3. 486. 3

504

～ 圖録 3. 486. 4

505

～ 圖録 3. 486. 5

編號	字形	出處
506		圖録 3. 486. 6 ～
507		圖録 3. 487. 2 ～
		圖録 3. 487. 3 ～
508		圖録 3. 487. 5 ～
509		圖録 3. 487. 6 ～
510		圖録 3. 489. 1 ～
		圖録 3. 489. 2 ～
511		圖録 3. 489. 4 ～(脖？)
512		圖録 3. 489. 6 ～
513		圖録 3. 490. 1 ～
514		圖録 3. 490. 2 ～
515		圖録 3. 490. 3 ～
516		圖録 3. 490. 4 ～
517		圖録 3. 490. 5 ～
518		圖録 3. 490. 6 ～
519		圖録 3. 491. 1 ～

520	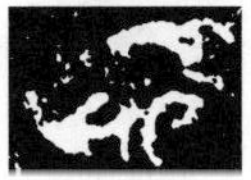	圖錄 3.491.2 ～
521		圖錄 3.491.4 ～
522		圖錄 3.491.5 ～
523	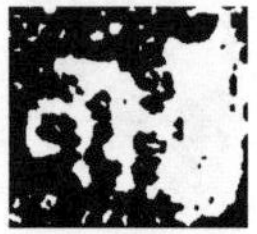	圖錄 3.491.6 ～
524		圖錄 3.492.1 ～
525		圖錄 3.492.4 ～
526		圖錄 3.493.4 ～
527		圖錄 3.493.6 ～
528		圖錄 3.494.1 ～
529		圖錄 3.494.2 ～
530		圖錄 3.494.3 ～身
531		圖錄 3.494.4 ～
532		圖錄 3.494.5 ～
533		圖錄 3.494.6 ～
534		圖錄 3.495.4 ～
		圖錄 3.495.6 ～

535		圖錄 3. 496. 6 ～
536		圖錄 3. 493. 3 ～
537		圖錄 3. 497. 4 ～
538		圖錄 3. 498. 6 ～
539		圖錄 3. 499. 1 ～
540	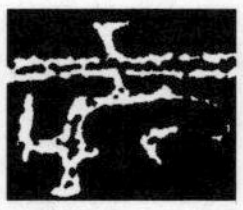	圖錄 3. 499. 2 ～
541		圖錄 3. 499. 3 ～
542		圖錄 3. 499. 4 ～
543		圖錄 3. 499. 5 ～
544	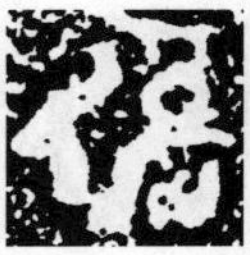	圖錄 3. 499. 6 ～
545		圖錄 3. 500. 1 ～
546		圖錄 3. 500. 2 ～
547		圖錄 3. 500. 4 ～
548		圖錄 3. 500. 5 ～
549		圖錄 3. 500. 6 ～
550		圖錄 3. 501. 1 ～

551

圖録 3.501.2 ~

552

圖録 3.501.3 ~

553

圖録 3.502.3 ~

554

圖録 3.502.4 ~

555

圖録 3.502.6 ~

556

圖録 3.503.2 ~

557

圖録 3.503.3 ~

558

圖録 3.503.5 ~

559

圖録 3.503.6 ~

560

圖録 3.504.2 ~

561

圖録 3.504.3 ~

562

圖録 3.504.5 ……

563

圖録 3.504.6 ……

564

圖録 3.505.1 ~

565

圖録 3.505.2 ~

566

圖録 3.505.3 ~

567

圖錄 3.505.4 ~

圖錄 3.505.5 ~

568

圖錄 3.505.6 ~

569

圖錄 3.506.1 ~

570

圖錄 3.506.2 ~

571

圖錄 3.506.3 ~

572

圖錄 3.506.4 ~

573

圖錄 3.506.6 ~

574

圖錄 3.508.3 ~

575

圖錄 3.508.4 ~

576

圖錄 3.508.5 ~

577

圖錄 3.508.6 ~

578

圖錄 3.509.2 ~

圖錄 3.509.3 ~

579

圖錄 3.510.4 ~

圖錄 3.510.5 ~

580  圖録 3.511.2 ～

 圖録 3.511.5 ～

581  圖録 3.511.4 ～

582  圖録 3.511.3 ～

 圖録 3.511.6 ～

583  圖録 3.514.1 ～

 圖録 3.515.1 ～

 圖録 3.515.2 ～

584  圖録 3.515.4 ～

585  圖録 3.519.4 ～

 圖録 3.519.5 ～

586  圖録 3.519.6 ～

587  圖録 3.520.6 ～

588  圖録 3.521.3 ～

589  圖録 3.521.6 ～

590  圖録 3.522.2 ～

591		圖錄 3. 522. 4 ～
592		圖錄 3. 522. 5 ～
593	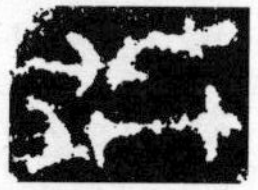	圖錄 3. 523. 3 ～
594		圖錄 3. 523. 4 ～
595		圖錄 3. 523. 6 ～
596		圖錄 3. 524. 4 ～
		圖錄 3. 524. 5 ～
		圖錄 3. 531. 1 ～

		圖錄 3. 531. 2 ～
597		圖錄 3. 529. 2 ～□
598		圖錄 3. 529. 2 □～
599		圖錄 3. 529. 3 ～
600		圖錄 3. 530. 1 ～
601	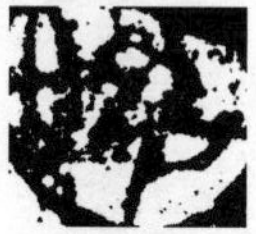	圖錄 3. 530. 2 ～
602		圖錄 3. 530. 4 左～
603		圖錄 3. 531. 5 ～

604		圖錄 3.532.6 〜
605		圖錄 3.534.3 〜
606		圖錄 3.534.4 〜
607		圖錄 3.534.5 〜
608		圖錄 3.535.1 〜
	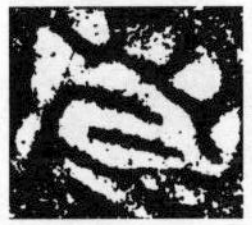	圖錄 3.535.2 〜
		圖錄 3.535.3 〜
609	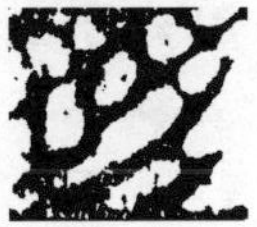	圖錄 3.535.4 〜
610		圖錄 3.535.6 〜
611		圖錄 3.536.1 〜
		圖錄 3.536.3 〜
612		圖錄 3.536.6 〜
613	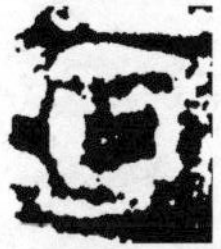	圖錄 3.537.4 〜
614		圖錄 3.537.5 〜
615		圖錄 3.537.6 〜
616		圖錄 3.538.4 〜

617  圖錄 3.538.5 ～

618  圖錄 3.538.6 ～

619  圖錄 3.539.1 ～

 圖錄 3.539.3 ～

620  圖錄 3.540.1 ～

 圖錄 3.540.2 ～

621  圖錄 3.540.3 ～

622  圖錄 3.540.5 ～

623  圖錄 3.541.1 ～

 圖錄 3.541.2 ～

624  圖錄 3.541.4 ～

625  圖錄 3.541.5 ～

626  圖錄 3.541.6 ～

627  圖錄 3.542.4 ～

628  圖錄 3.543.1 ～

 圖錄 3.543.3 ～

		圖錄 3.543.4	～
		圖錄 3.543.6	～
629		圖錄 3.544.2	～
		圖錄 3.544.5	～
630		圖錄 3.544.3	～
631	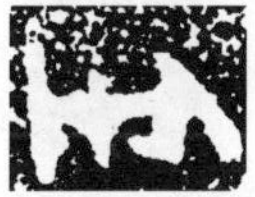	圖錄 3.544.6	～
632		圖錄 3.545.1	～
		圖錄 3.545.3	～
633		圖錄 3.547.3	～
		圖錄 3.547.4	～
634		圖錄 3.548.3	……
635		圖錄 3.548.5	……
636		圖錄 3.548.6	齒～
637		圖錄 3.549.1	吳～
638		圖錄 3.549.2	～

639  圖錄 3.549.3 ～

640  圖錄 3.549.4 ～

641 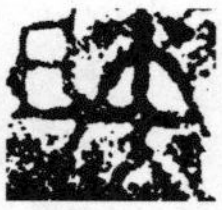 圖錄 3.550.1 ～

 圖錄 3.550.2 ～

642  圖錄 3.550.4 ～

643  圖錄 3.550.5 ～

644  圖錄 3.550.6 ～

645  圖錄 3.551.1 ～

646  圖錄 3.551.2 ～

647  圖錄 3.551.3 ～

648  圖錄 3.551.4 ～

649  圖錄 3.551.5 ～

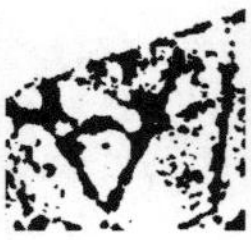 圖錄 3.551.6 ～

650  圖錄 3.552.1 ～

651  圖錄 3.552.3 ～

 圖錄 3.552.4 ～

652  圖錄 3.552.6 ～

653  圖錄 3.553.2 ～

654  圖錄 3.553.3 ～

655  圖錄 3.553.4 ～

656  圖錄 3.553.5 ～

657  圖錄 3.553.6 ～

658  圖錄 3.554.1 ～

659  圖錄 3.554.2 ～

660  圖錄 3.554.3 ～

661  圖錄 3.554.4 ～

662  圖錄 3.554.5 八～

663  圖錄 3.554.6 ～

664  圖錄 3.555.1 ～

665  圖錄 3.555.2 ～

666  圖錄 3.555.3 ～

667  圖錄 3.555.4 ～

668		圖錄 3.556.1 ～
669		圖錄 3.556.2 ～
670		圖錄 3.556.3 ～
671		圖錄 3.556.4 ～
672		圖錄 3.556.6 ～
673		圖錄 3.557.2 ～
674		圖錄 3.557.3 ～□
675		圖錄 3.557.3 □～
676		圖錄 3.557.4 □～
677		圖錄 3.557.5 ～
678		圖錄 3.557.6 ～
679		圖錄 3.558.1 ～
680		圖錄 3.558.2 ～
681		圖錄 3.558.3 ～
682		圖錄 3.558.4 ～
683		圖錄 3.558.5 ～

684  圖録 3.558.6 ～

685  圖録 3.559.3 ……

686  圖録 3.559.4 ～

687  圖録 3.560.1 ～

 圖録 3.560.2 ～

 圖録 3.560.3 ～

688  圖録 3.560.5 ～

 圖録 3.560.6 ～

 圖録 3.561.2 ～

689  圖録 3.561.5 ～

690  圖録 3.561.6 ～

691  圖録 3.562.1 ～

692  圖録 3.562.2 ～

693  圖録 3.562.3 ～

694  圖録 3.562.5 ～

695  圖録 3.562.6 ～

696

圖錄 3.563.5
～

697

圖錄 3.564.1
～□

698

圖錄 3.564.1
□～

699

圖錄 3.564.2
～

700

圖錄 3.564.4
～

701

圖錄 3.565.1
～

702

圖錄 3.565.2
～

703

圖錄 3.565.3
～□

704

圖錄 3.565.3
□～

705

圖錄 3.565.4
～

706

圖錄 3.565.5
～

707
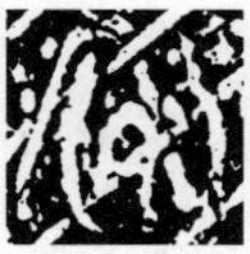
圖錄 3.565.6
～

708

圖錄 3.566.1
～

709

圖錄 3.566.2
～

710

圖錄 3.566.4
～

711

圖錄 3.566.5
……

712  圖錄 3.566.6 ……

713 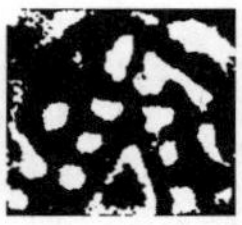 圖錄 3.567.1 ~□

714  圖錄 3.567.1 □~

715  圖錄 3.567.2 ~□

716  圖錄 3.567.2 □~

717  圖錄 3.567.3 ~□

718  圖錄 3.567.4 ~

719  圖錄 3.567.5 ~

720  圖錄 3.567.6 ~

721  圖錄 3.568.1 ~

722  圖錄 3.568.2 ~

723  圖錄 3.568.4 ~

724  圖錄 3.569.4 ~

 圖錄 3.569.6 ~

725  圖錄 3.570.1 ~

726  圖錄 3.570.2 ~

727		圖錄 3.570.5 ～
728		圖錄 3.570.6 ……
729		圖錄 3.571.1 ～
730		圖錄 3.571.2 ～
731		圖錄 3.571.3 ～
732		圖錄 3.571.5 ～
733		圖錄 3.572.1 ～
		圖錄 3.572.2 ～

		圖錄 3.572.6 ～
734		圖錄 3.573.2 ～
735		圖錄 3.573.3 ～
736		圖錄 3.573.4 ～
737		圖錄 3.573.5 ～
738		圖錄 3.573.6 ～
739		圖錄 3.574.1 ～
740		圖錄 3.574.2 ～

741		圖録 3.574.3 ～
742		圖録 3.574.4 ～
743		圖録 3.575.1 ～□
744		圖録 3.575.1 □～
745		圖録 3.575.2 ～
746		圖録 3.575.5 ～
747		圖録 3.576.2 ～
748		圖録 3.576.3 ～
749		圖録 3.576.4 ～
750		圖録 3.576.5 ～
751		圖録 3.576.6 ～
752		圖録 3.577.1 ～
753		圖録 3.577.2 ～
754		圖録 3.577.3 ～
755		圖録 3.577.5 ～
756		圖録 3.578.2 ～

757 
圖錄 3.578.3
~□

758 
圖錄 3.578.3
□~

759 
圖錄 3.578.4
~

760 
圖錄 3.578.5
~

761 
圖錄 3.578.6
□~

762 
圖錄 3.578.6
~□

763 
圖錄 3.579.1
~

764 
圖錄 3.579.2
~

765 
圖錄 3.579.2
~

766 
圖錄 3.579.4
~

767 
圖錄 3.579.5
~

768 
圖錄 3.580.1
行~

769 
圖錄 3.580.4
~

770 
圖錄 3.580.6
~

771 
圖錄 3.581.1
~

772 
圖錄 3.581.2
~

773		圖錄 3.581.4 ～
774	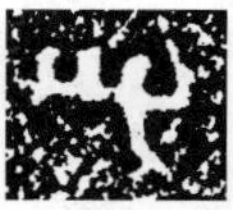	圖錄 3.581.5 ～
775		圖錄 3.582.1 ～
776		圖錄 3.582.2 ～
777		圖錄 3.582.3 ～
778		圖錄 3.583.1 ～
779		圖錄 3.583.4 ～
780		圖錄 3.584.2 ～

781		圖錄 3.584.3 ～
782		圖錄 3.584.4 ～
783		圖錄 3.584.5 ……
784		圖錄 3.584.6 ～
785		圖錄 3.585.3 ～
786		圖錄 3.585.5 ～
787		圖錄 3.586.2 ～□
788		圖錄 3.586.2 □～

789  圖録 3. 586. 3 □～

790  圖録 3. 586. 3 ～□

791  圖録 3. 586. 6 ～□

792  圖録 3. 586. 6 □～

793  圖録 3. 587. 3 ……

794  圖録 3. 587. 4 ～

795  圖録 3. 587. 5 ～

796  圖録 3. 588. 2 ～

797  圖録 3. 588. 3 ～

798  圖録 3. 588. 5 ～

799  圖録 3. 588. 6 ～

800  圖録 3. 589. 2 ～

 圖録 3. 589. 3 ～

 圖録 3. 589. 5 ～

 圖録 3. 590. 4 ～

801  圖録 3. 591. 1 ～

802 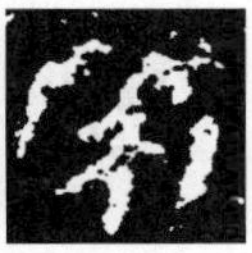 圖録 3.592.6 ～

803  圖録 3.593.4 彫～

804  圖録 3.593.1 ～

805  圖録 3.594.4 ～

806  圖録 3.594.5 ～

807  圖録 3.596.4 ～

808  圖録 3.596.1 ～

809  圖録 3.596.5 ～

 圖録 3.596.6 ～

810  圖録 3.597.1 ～

811  圖録 3.597.2 ～

812  圖録 3.597.4 ～

813  圖録 3.598.1 日～

814  圖録 3.598.2 □～

815  圖録 3.598.3 丘～

816  圖録 3.598.4 ～子

817  圖錄 3.599.2 ～

818  圖錄 3.599.4 ～

819  圖錄 3.599.5 ～

820  圖錄 3.599.6 ～

821  圖錄 3.600.1 ～

822  圖錄 3.600.2 ～

823  圖錄 3.600.3 ～

824  圖錄 3.601.1 ～

825  圖錄 3.601.2 ～

826  圖錄 3.601.4 ～

827  圖錄 3.601.5 ～

828  圖錄 3.601.5 ～

829  圖錄 3.602.4 ～

830  圖錄 3.602.5 ～

831  圖錄 3.602.6 ～

832  圖錄 3.603.1 ～

833		圖錄 3.603.4 ～
834		圖錄 3.603.5 ～
835		圖錄 3.604.1 ～
836		圖錄 3.604.2 ～
837		圖錄 3.604.3 ～
838		圖錄 3.604.6 ～
839		圖錄 3.605.1 ～
840		圖錄 3.605.2 ～

841		圖錄 3.605.3 ～
842		圖錄 3.605.6 ～
843		圖錄 3.606.1 ～
844		圖錄 3.606.2 ～
845		圖錄 3.606.3 ～□
846		圖錄 3.606.3 □～
847		圖錄 3.606.4 ～
848		圖錄 3.607.1 ～□

849 
圖録 3.607.1
□～

850 
圖録 3.607.2
～

851 
圖録 3.607.3
～

852 
圖録 3.607.4
～

853 
圖録 3.610.2
～

圖録 3.624.4
～

854 
圖録 3.610.3
～

855 
圖録 3.610.4
～

856 
圖録 3.611.3
～

857 
圖録 3.611.4
□～

858 
圖録 3.612.1
……

859 
圖録 3.612.2
……

860 
圖録 3.612.3
……

861 
圖録 3.612.4
……

862 
圖録 3.613.4
～

863  圖録 3.614.2 ～

864  圖録 3.614.4 田～

865  圖録 3.615.2 ～

866  圖録 3.615.4 ～

867  圖録 3.616.2 ～

868  圖録 3.616.3 ……

869  圖録 3.616.4 ～

870  圖録 3.617.1 ～

871  圖録 3.617.2 ～

872  圖録 3.617.3 ～

873  圖録 3.617.4 ～

874  圖録 3.618.1 ～

875  圖録 3.618.2 ～

876  圖録 3.618.3 ～

877  圖録 3.618.4 ～

878  圖録 3.620.2 ～□

879		圖錄 3.620.2 □~
880		圖錄 3.620.3 ~
881		圖錄 3.620.4 ~
882		圖錄 3.621.1 ~
883		圖錄 3.621.2 ~
884		圖錄 3.621.3 ~
885		圖錄 3.621.4 ~
886		圖錄 3.621.5 ~

887		圖錄 3.621.6 ~
888		圖錄 3.622.2 ~
889		圖錄 3.622.3 ~
890		圖錄 3.622.4 ~
891		圖錄 3.622.5 ~
892		圖錄 3.622.6 ~
893		圖錄 3.623.2 ~
894		圖錄 3.623.4 ~

895  圖録3.623.5 ～

896  圖録3.624.3 ～公

897  圖録3.626.1 ～

898  圖録3.626.4 ～

899  圖録3.626.3 ～

900  圖録3.627.3 ～

901  圖録3.627.1 ～

902  圖録3.627.2 ～

903  圖録3.627.6 ～

904  圖録3.628.3 ～

905  圖録3.628.4 ～

906  圖録3.630.3 ～

907  圖録3.631.2 ～

908  圖録3.631.3 ～

909		圖錄 3.631.4 ～
910		圖錄 3.632.1 ～
911		圖錄 3.632.2 ～
912		圖錄 3.632.3 ～
913		圖錄 3.632.4 ～
914		圖錄 3.632.5 ～
915		圖錄 3.173.1 ～
		圖錄 3.173.2 ～

916		圖錄 3.636.5 ～
917		圖錄 3.636.6 ～
918		圖錄 3.639.5 ～
919		圖錄 3.648.6 ～
920		圖錄 3.650.4 ～
920		圖錄 3.650.6 ～
922		圖錄 3.651.1 ～
923		圖錄 3.651.2 ～

924  圖錄 3.651.3 ～

925  圖錄 3.651.4 ～

926  圖錄 3.651.5 ～

927  圖錄 3.652.1 ～

928  圖錄 3.653.1 ～

929  圖錄 3.653.5 ～

930  圖錄 3.653.6 ～

931  圖錄 3.654.1 ～

932  圖錄 3.654.5 ～

933  圖錄 3.654.6 ～

934  圖錄 3.655.1 ～

935  圖錄 3.656.3 ～

936  圖錄 3.656.5 ～

937  圖錄 3.656.6 ～

938  圖錄 3.658.1 ～

939  圖錄 3.658.2 ～

940  圖錄 3.658.5 ～

941  圖錄 3.658.6 ～

942  圖錄 3.659.1 ～

943  圖錄 3.319.6 ～

 圖錄 3.320.1 ～

944  陶彙 3.703 平都～□左□□男□

945  陶彙 3.703 平都□～左□□男□

946  陶彙 3.703 平都□～左□□男□

947  陶彙 3.787 ～忐

948  陶彙 9.107 ～

949  陶彙 3.1324 ～

950  陶彙 3.1302 ～

951  圖錄 3.41.3 晉～(蒦？)

952  齊明刀范刻文 齊幣 421 ～

953  齊明刀范刻文 齊幣 418 ～

954  齊明刀 考古 1973(1) 背文～

齊明刀 考古 1973(1)
背文～

955

齊明刀 考古 1973(1)
背文～

956

齊明刀 考古 1973(1)
背文～

957

齊明刀 考古 1973(1)
背文～

958

齊明刀 考古 1973(1)
背文～

959

齊明刀 考古 1973(1)
背文～

960

齊明刀 考古 1973(1)
背文～

961

齊明刀 考古 1973(1)
背文～

962

齊明刀 齊幣 392
背文～

963

齊明刀 考古 1973(1)
背文～

964

齊明刀 考古 1973(1)
背文～

965

齊明刀 考古 1973(1)
背文～

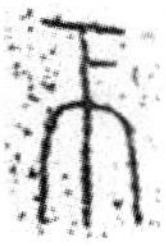
齊明刀 考古 1973(1)
背文～

966

安昜之夻刀 先秦編 390
背文～

967

齊夻刀 先秦編 401
背文～

968

齊夻刀 先秦編 402
背文～

969

齊杏刀　先秦編 402

背文～

970

齊□邦長杏刀　先秦編 405

齊～邦長杏刀

齊□邦長杏刀　先秦編 405

齊～邦長杏刀

齊□邦長杏刀　齊幣 275

齊～邦長杏刀

齊□邦長杏刀　齊幣 271

齊～邦長杏刀

齊□邦長杏刀　齊幣 272

齊～邦長杏刀

齊□邦長杏刀　齊幣 277

齊～邦長杏刀

齊□邦長杏刀　齊幣 278

齊～邦長杏刀

齊□邦長杏刀　貨系 2575

齊～邦長杏刀

齊□邦長杏刀　齊幣 286

齊～邦長杏刀

齊□邦長杏刀　貨系 2578

齊～邦長杏刀

齊□邦長杏刀　錢典 856

齊～邦長杏刀

971

齊□邦長杏刀　先秦編 406

齊～邦長杏刀

972

齊杏刀　齊幣 208

背文～

973

齊明刀貨系 3787

背文　□治□～

974

齊明刀　貨系 3798

背文　鄺治～

975

齊明刀 貨系 3796
□□～

—

齊明刀 貨系 1135
□□～

976
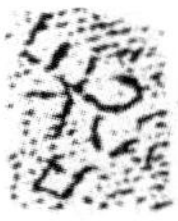
齊明刀 齊幣 347
背文 欐～□

977
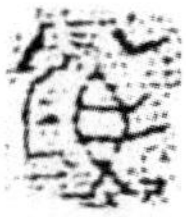
齊明刀 齊幣 347
背文 欐□～

978
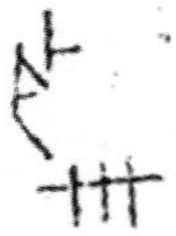
齊明刀 錢典 1192
背文 笴冶～

979
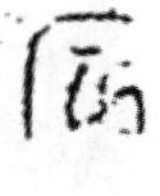
齊明刀 貨系 3796
□～□

980

齊明刀 貨系 3795
節□～

981

齊明刀 貨系 3784
背文 鄺冶～

982

齊明刀 貨系 3786
背文 鄺冶～

983

齊明刀 貨系 3795
節～□

984
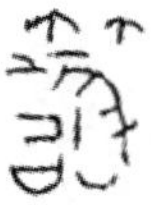
齊明刀 貨系 3796
□～□

985

齊明刀 貨系 3787
背文 □冶～

986

齊明刀 考古 1973(1)
背文 ～

987

齊明刀 考古 1973(1)
背文 ～

—

齊明刀 考古 1973(1)
背文 ～

988

齊明刀 考古 1973(1)
背文 ～

齊明刀 考古1973(1)
背文～

齊明刀 考古1973(1)
背文～

989

齊明刀 考古1973(1)
背文～

齊明刀 考古1973(1)
背文～

齊明刀 考古1973(1)
背文～

990

齊明刀 考古1973(1)
背文～

991

齊明刀 考古1973(1)
背文～

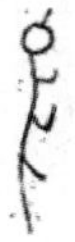
齊明刀 考古1973(1)
背文～

齊明刀 考古1973(1)
背文～

齊明刀 考古1973(1)
背文～

齊明刀 考古1973(1)
背文～

齊明刀 考古1973(1)
背文～

齊明刀 考古1973(1)
背文～

齊明刀 考古1973(1)
背文～

992

齊明刀 考古1973(1)
背文～

993

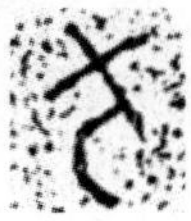
齊明刀 考古1973(1)
背文～

994

齊明刀 考古 1973(1)
背文～

995

齊明刀 考古 1973(1)
背文～

996
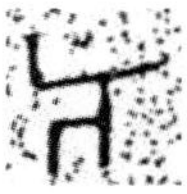
齊明刀 考古 1973(1)
背文～

997

齊明刀 考古 1973(1)
背文～

998

齊明刀 考古 1973(1)
背文～

999

齊明刀 考古 1973(1)
背文～

1000

齊明刀 考古 1973(1)
背文～

1001

齊明刀 考古 1973(1)
背文～

1002

齊明刀 考古 1973(1)
背文～

1003

齊明刀 考古 1973(1)
背文～

1004

齊明刀 考古 1973(1)
背文～

1005

齊明刀 考古 1973(1)
背文～

1006
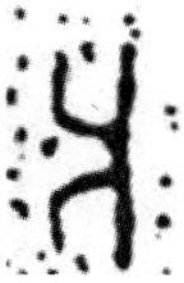
齊明刀 考古 1973(1)
背文～

1007

齊明刀 考古 1973(1)
背文～

1008

齊明刀 考古 1973(1)
背文～

1009

齊明刀 考古 1973(1)
背文～

1010

齊明刀 考古1973(1)
背文～

1011

齊明刀 考古1973(1)
背文～

1012

齊明刀 考古1973(1)
背文～

齊明刀 考古1973(1)
背文～

1013

齊明刀 考古1973(1)
背文～

1014

齊明刀 考古1973(1)
背文～

齊明刀 考古1973(1)
背文～

1015

齊明刀 考古1973(1)
背文～

1016

齊明刀 考古1973(1)
背文～

齊明刀 考古1973(1)
背文～

1017

齊明刀 考古1973(1)
背文～

1018

齊明刀 考古1973(1)
背文～

1019

齊明刀 考古1973(1)
背文～

齊明刀 考古1973(1)
背文～

1020

齊明刀 考古1973(1)
背文～

齊明刀 考古1973(1)
背文～

1021

齊明刀 考古1973(1)
背文～

1022

齊明刀 考古1973(1)
背文～

1023

齊明刀 考古1973(1)
背文～

1024

齊明刀 考古1973(1)
背文～

齊明刀 考古1973(1)
背文～

1025

齊明刀 考古1973(1)
背文～

齊明刀 考古1973(1)
背文～

齊明刀 考古1973(1)
背文～

1026

齊明刀 考古1973(1)
背文～

1027

齊明刀 考古1973(1)
背文～

1028

齊明刀 考古1973(1)
背文～

齊明刀 考古1973(1)
背文～

齊明刀 考古1973(1)
背文～

1029

齊明刀 考古1973(1)
背文～

1030

齊明刀 考古1973(1)
背文～

1031

齊明刀 考古1973(1)
背文～

1032

齊明刀 考古1973(1)
背文～

1033

齊明刀 考古1973(1)
背文～

1034

齊明刀 考古1973(1)
背文～

齊明刀 考古1973(1)
背文～

1035

齊明刀 考古1973(1)
背文～

1036

齊明刀 考古1973(1)
背文～

1037

齊明刀 考古1973(1)
背文～

1038

齊明刀 考古1973(1)
背文～

1039

齊明刀 考古1973(1)
背文～

1040

齊明刀 考古1973(1)
背文～

齊明刀 考古1973(1)
背文～

1041

齊明刀 考古1973(1)
背文～

1042

齊明刀 考古1973(1)
背文～

1043

齊明刀 考古1973(1)
背文～

1044

齊明刀 考古1973(1)
背文～

1045

齊明刀 考古1973(1)
背文～

1046

齊明刀　考古 1973(1)
背文～

齊明刀　考古 1973(1)
背文～

1047

齊明刀　考古 1973(1)
背文～

齊明刀　考古 1973(1)
背文～

1048

齊明刀　考古 1973(1)
背文～

1049

齊明刀　考古 1973(1)
背文～

1050

齊明刀　考古 1973(1)
背文～

1051

齊明刀　考古 1973(1)
背文～

1052

齊明刀　考古 1973(1)
背文～

1053

齊明刀　考古 1973(1)
背文～

1054

齊明刀　考古 1973(1)
背文～

齊明刀　考古 1973(1)
背文～

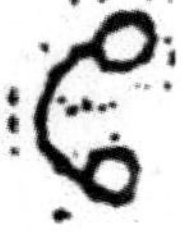
齊明刀　考古 1973(1)
背文～

1055

齊明刀　考古 1973(1)
背文～

1056

齊明刀　考古 1973(1)
背文～

1057
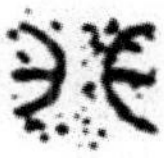
齊明刀　考古 1973(1)
背文～

齊明刀考古1973(1)
背文～

1058

齊明刀 考古1973(1)
背文～

齊明刀 考古1973(1)
背文～

齊明刀 考古1973(1)
背文～

齊明刀 考古1973(1)
背文～

齊明刀 考古1973(1)
背文～

齊明刀 考古1973(1)
背文～

1059

齊明刀 考古1973(1)
背文□～

齊明刀 考古1973(1)
背文～

1060

齊明刀 考古1973(1)
背文～

齊明刀 考古1973(1)
背文～

齊明刀 考古1973(1)
背文～

齊明刀 考古1973(1)
背文～一

1061

齊明刀 考古1973(1)
背文～

1062

齊明刀 考古1973(1)
背文～

1063

齊明刀 考古1973(1)
背文～

1064  齊明刀　考古 1973(1) 背文～

1065  齊明刀　考古 1973(1) 背文～

1066  齊明刀　考古 1973(1) 背文～

1067  齊明刀　考古 1973(1) 背文～

1068  齊明刀　考古 1973(1) 背文～一

1069  齊明刀　考古 1973(1) 背文～

1070  齊明刀　考古 1973(1) 背文～

1071  齊明刀　考古 1973(1) 背文～

 齊明刀　考古 1973(1) 背文～

1072  齊明刀　考古 1973(1) 背文～

 齊明刀　考古 1973(1) 背文～

 齊明刀　考古 1973(1) 背文～

 齊明刀　考古 1973(1) 背文～

1073  齊明刀　考古 1973(1) 背文～

1074  齊明刀　考古 1973(1) 背文～

1075  齊明刀　考古 1973(1) 背文～

1076		齊明刀 考古 1973(1) 背文～
1077		齊杏刀 先秦編 401 背文～
		齊杏刀 貨系 2645 背文～
1078	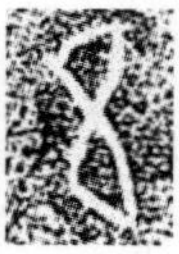	齊杏刀范刻文 中國錢幣 1987(4) 44頁～
1079		齊杏刀范刻文 中國錢幣 1987(4) 44頁～
1080		齊明刀 齊幣 369 背文～
1081		齊明刀 齊幣 384 背文～
1082		齊明刀 齊幣 386 背文～

1083		齊明刀范刻文 齊幣 450 ～
1085		齊明刀范刻文 齊幣 445 ～
1085		齊明刀范刻文 齊幣 424 ～
1086		齊明刀范刻文 齊幣 457 ～
1087		齊明刀范刻文 齊幣 423 ～

筆畫檢字表

一畫

二畫

三畫

四畫

五畫

九畫

十畫

十一畫

十二畫

十三畫

十四畫

十五畫

齊文字編材料來源表

（兵器）

〇〇一	陳戈	戰國・齊	集成 17.10816
〇〇二	陳□造戈	戰早中・齊	考古與文物 1991(2)109頁
〇〇三	齊城造戈	戰國・齊	集成 17.10989
〇〇四	亡鹽戈	戰早・齊	集成 17.10975
〇〇五	平陸戈	戰國・齊	集成 17.10925
〇〇六	平陸戈	戰國・齊	集成 17.10926
〇〇七	平陸左戟	戰國・齊	集成 17.11056
〇〇八	高密戈	春秋・齊	集成 17.10972
〇〇九	高密造戈	春秋・齊	集成 17.11023
〇一〇	平陽矛	戰國・齊	集成 18.11471
〇一一	平陽左庫戈	春秋・齊	集成 17.11017
〇一二	武城戈	春晚・齊	集成 17.10900
〇一三	武城戈	春晚・齊	集成 17.10966
〇一四	武城戈	春晚・齊	集成 17.11025
〇一五	武城戈	春晚・齊	集成 17.11024
〇一六	武城戟	春秋・齊	集成 17.10967
〇一七	武城戈	戰晚・齊	考古與文物 1999(1)96頁
〇一八	陸冢璽戈	戰中晚・齊	遺珠 圖144
〇一九	平阿左戈	戰晚・齊	集成 17.11001
〇二〇	平阿左戈	戰晚・齊	文物 1991(10) 32頁圖二
〇二一	平阿左戈	戰早・齊	集成 17.11041
〇二二	平阿右戈	戰晚・齊	周金文存 6.31
〇二三	平阿左戟	戰國・齊	集成 17.11158
〇二四	陵右戟	戰晚・齊	集成 17.11062
〇二五	陽右戈	戰晚・齊	集成 17.10945
〇二六	工城戈	戰早	集成 17.11211
〇二七	陳侯因咨戈	戰晚・齊	集成 17.11260
〇二八	陳侯因脊戈	戰晚・齊	集成 17.11129

○二九	陳侯因資戈	戰晚・齊	集成 17. 11081
○三○	陳子皮戈	戰國・齊	集成 17. 11126
○三一	陳戈	戰國・齊	集成 17. 11031
○三二	陳戈	戰晚・齊	金文總集 10. 7412
○三三	陳胎戈	戰國・齊	集成 17. 11127
○三四	陳□散戈	戰國・齊	集成 17. 11033
○三五	陳子戈	戰國・齊	集成 17. 11038
○三六	陳御寇戈	戰國・齊	集成 17. 11083
○三七	陳卿聖孟戈	戰國・齊	集成 17. 11128
○三八	陳余戈	戰國・齊	集成 17. 11035
○三九	陳麗子戈	戰國・齊	集成 17. 11082
○四○	陳子翼戈	戰國・齊	集成 17. 11086
○四一	陳子翼戈	戰國・齊	集成 17. 11087
○四二	陳子翼戈	戰國・齊	周金文存 6. 26. 1
○四三	陳散戈	春晚・齊	集成 17. 10963
○四四	陳爾徒戈	戰國・齊	文物 1993(4) 94 頁圖一 3
○四五	阿武戈	戰國・齊	集成 17. 10923
○四六	阿武戈	戰國・齊	小校 10. 16. 1
○四七	陳□散戈	戰國・齊	周金文存 6. 30
○四八	平陽散戈	戰國・齊	天津古史尋繹 63 頁
○四九	平豫散戈	戰國・齊	天津古史尋繹 63 頁
○五○	陳侯因資造陵左戟	戰晚・齊	中國歷史文物 2007(5)15 頁
○五一	城左戈		周金文存 6. 46
○五二	齊城子戈(摹本)	齊	綴遺 30. 26
○五三	左徒戈	春秋	集成 17. 10971
○五四	陳卯造戈	春晚・齊	集成 17. 11034
○五五	陳豫車戈	戰國・齊	集成 17. 11037
○五六	陳發戈	戰國・齊	文物 2001(10) 48 頁一五
○五七	高子戈	春早・齊	集成 17. 10961
○五八	子禾子左戟	戰國・齊	集成 17. 11130
○五九	子備□戈	春晚・齊	集成 17. 11021
○六○	子淵聾戟	戰國・齊	集成 17. 11105

〇六一	羊子戈	春晚・齊	集成 17.11089
〇六二	羊子戈	春晚・齊	集成 17.11090
〇六三	口子戈	春晚	集成 17.11076
〇六四	口子戈	春晚・齊	集成 17.11080
〇六五	羊角戈	戰早・齊	集成 17.11210
〇六六	闖丘為鵙造戈	春晚・齊	集成 17.11073
〇六七	鵙戈	春晚・齊	集成 17.10818
〇六八	鵙公劍	春晚・齊	集成 18.11651
〇六九	淳于公戈	春晚・淳于	集成 17.11124
〇七〇	淳于公戈	春晚・淳于	集成 17.11125
〇七一	淳于公劍	春秋・淳于	金文總集 10.7678
〇七二	鄆戈	戰晚・魯	集成 17.10828
〇七三	叔孫殺戈	戰早・魯	集成 17.11040
〇七四	垔戈	戰早・齊	集成 17.10824
〇七五	大垔公戟	戰國	集成 17.11051
〇七六	仕斤徒戈	戰早	集成 17.11049
〇七七	仕斤徒戈	戰早	集成 17.11050
〇七八	滕侯昊戈	春晚・滕	集成 17.11123
〇七九	滕司徒戈	春晚・滕	集成 17.11205
〇八〇	滕侯耆戈	春晚・滕	集成 17.11077
〇八一	滕侯耆戈	春晚・滕	集成 17.11078
〇八二	滕之不㤜劍	春秋・滕	集成 18.11608
〇八三	高口戈	戰國	金文總集 10.7372
〇八四	是立事歲戈	春晚・莒	集成 17.11259
〇八五	陳戈	戰國・齊	集成 17.11031
〇八六	陳冢邑戈	春晚・齊	集成 17.10964
〇八七	陳戈	戰晚	金文總集 10.7412
〇八八	鐘頃戈	戰國・齊	文物 1993(4) 94頁 圖一
〇八九	爀瞿戟	戰中晚	集錄 1131
〇九〇	滕侯昊戈	春晚・滕	集成 17.11018
〇九一	曹公子沱戈	春早・曹	集成 17.11120
〇九二	國楚造車戈	戰早・齊	考古 2000(10) 56頁

〇九三	郚左戟	戰早・齊	文物 1995(7) 77頁
〇九四	邾大司馬戈	春晚・邾	集成 17.11206
〇九五	郳右庭戈	春秋・郳	集成 17.10969
〇九六	滕侯昃戈	春晚・滕	集成 17.11079
〇九七	成陽辛城里戈	春晚・齊	集成 17.11154
〇九八	成陽辛城里戈	春晚・齊	集成 17.11155
〇九九	吁戈	春晚・齊	集成 17.11032
一〇〇	柴内右戈	戰晚	文物 1994(2) 52頁圖 2
一〇一	郰右戈	戰國・齊	集成 17.10997
一〇二	莪造戈	春秋	集成 17.10962
一〇三	子𢔶子戈	春秋・齊	集成 17.10958
一〇四	鄣戈	戰國	集成 17.10829
一〇五	谷(?)□造戟	戰晚	集成 17.11183
一〇六	谷(?)□造戟	戰晚	周金 6.22.2
一〇七	簹戈	春秋	集成 17.10820
一〇八	夙戈	春秋	集成 17.10822
一〇九	監戈	春秋	集成 17.10893
一一〇	監戈	春秋	集成 17.10894
一一一	中都戈	春秋・齊	集成 17.10906
一一二	建陽戈	戰國・齊	集成 17.10918
一一三	左廩戈	戰國・齊	集成 17.10930
一一四	鄆左戈	戰國・魯	集成 17.10932
一一五	昌城右戈	戰晚・齊	集成 17.10998
一一六	杲之造戈	戰晚	集成 17.11006
一一七	曹右戈	春秋・曹	集成 17.11070
一一八	豫州戈	春晚・齊	集成 17.11074
一一九	亳庭戈	春晚	集成 17.11085
一二〇	平陽高馬里戈	春晚・齊	集成 17.11156
一二一	即墨華戈	戰國・齊	集成 17.11160
一二二	滕子戈	春晚・滕	集成 17.10898
一二三	君子友造戟	春晚・齊	集成 17.11088
一二四	皇□(宛?)戈	戰早・齊	集成 17.10983

一二五	皇□(宛？)戈	戰早・齊	集成 17.10984
一二六	安平右矛	戰國・齊	集成 18.11488
一二七	安平右矛	戰國・齊	集成 18.11489
一二八	陰平劍	戰國・齊	集成 18.11609
一二九	高陽劍	戰國・齊	集成 18.11581
一三〇	齊城右造戟	戰晚・齊	集成 18.11815
一三一	右濯戈	戰早・齊	集成 17.10978
一三二	□溴□散戈	春早・齊	集成 17.11065
一三三	左戈	戰早・齊	集錄 1083
一三四	莒戈	春早・莒	集錄 1087
一三五	武羅戈	春晚・齊	集錄 1088
一三六	黃戟	戰晚・齊	集錄 1101
一三七	右建戈	戰晚・齊	集錄 1104
一三八	安平右矛	戰國・齊	集成 18.11490
一三九	公戈	戰早	集錄 1108
一四〇	侯散戈	春晚	集錄 1111
一四一	郰左冶戈	戰晚・齊	集錄 1116
一四二	亡□右戈	戰早	集錄 1121
一四三	莒戟	春早・莒	集錄 1129
一四四	淳于左造戈	春早・淳于	集錄 1130
一四五	子□徒戟	戰晚	集錄 1132
一四六	平阿左戈	戰晚・齊	集錄 1135
一四七	汶陽戟	戰早・齊	集成 1138
一四八	子備璋戈	戰早	集錄 1140
一四九	□□造戈	戰早	集錄 1141
一五〇	豥戈	戰早	集錄 1149
一五一	平阿戟	戰晚・齊	集錄 1150
一五二	平阿戈	戰早・齊	集錄 1151
一五三	膚丘子戟	戰晚・齊	集錄 1153
一五四	淳于公戈	春早・淳于	集錄 1157
一五五	郭公子戈	春早	集錄 1164
一五六	齊城左冶所洧造戈	戰國・齊	文物 2000(10) 75頁

一五七	齊城造車戟	戰中晚・齊	新收 1983
一五八	平阿左造徒戟	戰國・齊	文物 1998(11) 94-95 頁
一五九	平阿左造戟	戰國・齊	文物 2002(5) 95 頁
一六〇	平阿右散戈	戰國・齊	集成 17.11101
一六一	武城戈	戰中・齊	考古與文物 1999(1)96 頁
一六二	淳于左造戈	春秋・淳于	中國文物報 1990.3.1.
一六三	淳于右造戈	戰國・齊	文物 2005(9) 93 頁
一六四	右戈	戰晚	集成 17.10826
一六五	左戈	春秋戰國	考古 1994(9) 860 頁
一六六	右卯戈	戰晚	集成 17.10944
一六七	左之造戈	春秋	集成 17.10968
一六八	陳子山徒戟	春晚・齊	集成 17.11084
一六九	薛比戈	春早	集錄 1163
一七〇	右戈	戰國	文史 2000（1） 34 頁
一七一	後生戈	戰國	文史 2000（1） 32 頁
一七二	右庭之戈	戰國	中國歷史文物 2007（5）16 頁
一七三	□遄造戈	戰國・齊	周金文存 6.35
一七四	子□子戈	戰國・齊	周金文存 6.36.1
一七五	者兒戈	春晚・滕	古文字研究 二十三輯 98 頁
一七六	言□左戈	戰國	集成 17.10985
一七七	陳簦散戈	戰國・齊	集成 17.11036

（銅器）

簋

〇〇一	陳侯午簋	戰早・齊	集成 08.4145
〇〇二	陳逆簋	戰早・齊	集成 07.4096
〇〇三	陳助簋蓋	戰早・齊	集成 08.4190
〇〇四	禾簋	春晚	集成 07.3939
〇〇五	魯伯大父作季姬簋	春早・魯	集成 07.3974
〇〇六	魯大宰原父簋	春早・魯	集成 07.3987
〇〇七	魯伯大父作仲姬俞簋	春早・魯	集成 07.3989
〇〇八	魯伯大父作孟姬姜簋	春早・魯	集成 07.3988
〇〇九	杞伯每亡簋	春早・杞	集成 07.3897

〇一〇	杞伯每亡簋	春早・杞	集成07.3898
〇一一	杞伯每亡簋	春早・杞	集成07.3899
〇一二	杞伯每亡簋	春早・杞	集成07.3900
〇一三	杞伯每亡簋	春早・杞	集成07.3901
〇一四	杞伯每亡簋蓋	春早・杞	集成07.3902
〇一五	郜遣簋	春早・郜	集成07.4040
〇一六	曹伯狄簋	春秋・曹	集成07.4019
〇一七	鄘侯少子簋	春秋・莒	集成08.4019
〇一八	公簋	春秋・莒	集成09.4654
〇一九	公簋	春秋・莒	集成09.4656
〇二〇	公簋	春秋・莒	集成09.4657

敦

〇二一	十四年陳侯午敦	戰晚・齊	集成09.4646
〇二二	十四年陳侯午敦	戰晚・齊	集成09.4647
〇二三	十年陳侯午敦	戰晚・齊	集成09.4648
〇二四	陳侯因資敦	戰晚・齊	集成09.4649
〇二五	拍敦	春秋	集成09.4644
〇二六	齊侯敦	春秋・齊	集成09.4638
〇二七	齊侯敦	春秋・齊	集成09.4639
〇二八	齊侯作孟姜敦	春晚・齊	集成09.4645
〇二九	滕侯敦	春晚・滕	集成09.4635
〇三〇	歸父敦	春秋・魯	集成09.4640
〇三一	狲公孫敦	春秋・齊	集成09.4642

壺

〇三二	陳喜壺	戰早・齊	集成15.9700
〇三三	陳璋方壺	戰晚・齊	銘文選2.865
〇三四	陳璋圓壺	戰晚・齊	集成16.9975
〇三五	公孫竈壺	春晚・齊	集成15.9709
〇三六	洹子孟姜壺	春秋・齊	集成15.9729
〇三七	洹子孟姜壺	春秋・齊	集成15.9730
〇三八	紀侯壺	春早・紀	集成15.9632
〇三九	曩公壺	春秋・曩	集成15.9704

〇四〇	齊良壺	春秋・齊	集成 15.9659
〇四一	庚壺	春晚・齊	集成 15.9733
〇四二	公鑄壺	春秋・莒	集成 15.9513
〇四三	薛侯壺	春早・薛	考古學報 1991（4）
〇四四	邾君慶壺	春早・邾	遺珍 38 頁
〇四五	莒大叔平瓠壺	春秋・莒	山東金文集成 634 頁
〇四六	口君婦媿霝壺	春秋・邾	遺珍 65 頁
〇四七	杞伯每亡壺	春早・杞	集成 15.9687
〇四八	杞伯每亡壺	春早・杞	集成 15.9688

鉌

〇四九	左關之鉌	戰國・齊	集成 16.10368

釜

〇五〇	陳純釜	戰國・齊	集成 16.10371
〇五一	子禾子釜	戰國・齊	集成 16.10374

鐘

〇五二	邾大宰鐘	春秋・邾	集成 01.86
〇五三	邾君鐘	春晚・邾	集成 01.50
〇五四	邾叔之伯鐘	春秋・邾	集成 01.87
〇五五	邾公釛鐘	春秋・邾	集成 01.102
〇五六	邾公牼鐘	春晚・邾	集成 01.149
〇五七	邾公牼鐘	春晚・邾	集成 01.150
〇五八	邾公牼鐘	春晚・邾	集成 01.151
〇五九	邾公牼鐘	春晚・邾	集成 01.152
〇六〇	邾公華鐘	春晚・邾	集成 01.245
〇六一	𨜒叔之仲子平鐘	春晚・莒	集成 01.172
〇六二	𨜒叔之仲子平鐘	春晚・莒	集成 01.173
〇六三	𨜒叔之仲子平鐘	春晚・莒	集成 01.174
〇六四	𨜒叔之仲子平鐘	春晚・莒	集成 01.175
〇六五	𨜒叔之仲子平鐘	春晚・莒	集成 01.176
〇六六	𨜒叔之仲子平鐘	春晚・莒	集成 01.177
〇六七	𨜒叔之仲子平鐘	春晚・莒	集成 01.178
〇六八	𨜒叔之仲子平鐘	春晚・莒	集成 01.179

〇六九 鄬叔之仲子平鐘	春晚・莒	集成 01.180
〇七〇 叔夷鐘	春晚・齊	銘文選 八四八
〇七一 鑄侯求鐘	春秋・鑄	集成 01.47
〇七二 齊鮑氏鐘	春晚・齊	集成 01.142
〇七三 鄬公孫潮子鐘	戰早・莒	集錄 06
〇七四 鄬公孫潮子鐘	戰早・莒	集錄 07
〇七五 鄬公孫潮子鐘	戰早・莒	集錄 08
〇七六 鄬公孫潮子鐘	戰早・莒	集錄 09

鎛

〇七七 邾公孫班鎛	春晚・邾	集成 01.140
〇七八 叔夷鎛	春晚・齊	集成 01.285
〇七九 㽙鎛	春中晚・齊	集成 01.271
〇八〇 鄬公孫潮子鎛	戰早・莒	集錄 04
〇八一 鄬公孫潮子鎛	戰早・莒	集錄 05
〇八二 司馬楙編鎛	戰國・滕	山東金文集成 104–108 頁

鬲

〇八三 邾來隹鬲	春早・邾	集成 03.670
〇八四 邾友父鬲	春早・邾	集成 03.717
〇八五 邾友父鬲	春早・邾	遺珍 30 頁
〇八六 魯姬鬲	春早・魯	集成 03.593
〇八七 郳始鬲	春早・郳	集成 03.596
〇八八 魯伯愈父鬲	春早・魯	集成 03.690
〇八九 魯伯愈父鬲	春早・魯	集成 03.691
〇九〇 魯伯愈父鬲	春早・魯	集成 03.692
〇九一 魯伯愈父鬲	春早・魯	集成 03.693
〇九二 魯伯愈父鬲	春早・魯	集成 03.694
〇九三 魯伯愈父鬲	春早・魯	集成 03.695
〇九四 鑄子叔黑臣鬲	春早・鑄	集成 03.735
〇九五 齊趫父鬲	春早・齊	集成 03.685
〇九六 齊不𧼧鬲	春秋・齊	金文總集 02.1478
〇九七 紀侯鬲	春早・紀	集錄 134
〇九八 倪慶鬲	春早・邾	遺珍 41 頁

〇九九	邾華妊鬲	春早・邾	遺珍 109 頁
一〇〇	魯宰駟父鬲	春早・魯	集成 03.707

鼎

一〇一	邾訧鼎	春早・邾	集成 04.2426
一〇二	鄺大史申鼎	春萬・莒	集成 05.2732
一〇三	魯大左司徒元鼎	春秋・魯	集成 05.2592
一〇四	魯仲齊鼎	春早・魯	集成 05.2639
一〇五	杞伯每亡鼎	春早・杞	集成 04.2494
一〇六	杞伯每亡鼎	春早・杞	集成 04.2495
一〇七	杞伯每亡鼎	春早・杞	集成 05.2462
一〇八	鑄子叔黑叵鼎	春早・鑄	集成 05.2587
一〇九	邿造遣鼎	春早・邿	集成 04.2422
一一〇	邿伯鼎	春早・邿	集成 05.2601
一一一	邿伯祀鼎	春早・邿	集成 05.2602
一一二	費奴父鼎	春早・費	集成 05.2589
一一三	邾□伯鼎	春早・邾	集成 05.2640
一一四	邾□伯鼎	春早・邾	集成 05.2641
一一五	上曾大子鼎	春早・鄁	集成 05.2750
一一六	魯侯鼎	春早・魯	文物 1986（4）13 頁 圖三
一一七	倪慶匜鼎	春秋・倪	遺珍 69 頁
一一八	師□鼎	戰晚・齊	文物 1997（6）17 頁 圖 7.1
一一九	國子鼎	戰早・齊	集成 04.1935
一二〇	國子鼎	戰早・齊	集成 03.1348
一二一	邾伯御戎鼎	春秋・邾	集成 04.2525
一二二	魯伯稟鼎	春秋・魯	金文總集 02.1171
一二三	鑄叔作嬴氏鼎	春秋・鑄	集成 05.2568
一二四	□侯慶鼎	春早・薛	集錄 290
一二五	鑄司寇鼎	春秋・鑄	新收 1917
一二六	鮑子鼎	春晚・齊	中國歷史文物 2009（2）51 頁

罍

一二七	邳伯罍	戰早・邳	集成 16.10007

缶

一二八	邳伯缶	戰早・邳	集成16.10006

匜

一二九	薛侯匜	春秋・薛	集成16.10263
一三〇	魯伯敢匜	春早・魯	集成16.10222
一三一	魯司徒仲齊匜	春秋・魯	集成16.10275
一三二	魯大司徒子仲伯匜	春早・魯	集成16.10277
一三三	杞伯每亡匜	春秋・杞	集成16.10255
一三四	㠱伯子宾父匜	春秋・㠱	集成16.10211
一三五	㠱甫人匜	春早・㠱	集成16.10261
一三六	夆叔匜	春早・齊	集成16.10282
一三七	齊侯子行匜	春早・齊	集成16.10233
一三八	尋仲匜	春早・鄩	集成16.10266
一三九	鑄子撫匜	春秋・鑄	集成16.10210
一四〇	滕大宰得匜	春中晚・滕	集錄1011
一四一	齊侯匜	春早・齊	集成16.10272
一四二	齊侯匜	春晚・齊	集成16.10283
一四三	齊侯匜	春秋・齊	集成16.10242
一四四	郳友父匜	春秋・郳	集成16.10236
一四五	淩陵夫人匜	戰晚・齊	臨淄商王墓地42—43頁
一四六	諸僕故匜	春中・莒	文史2000（1）30頁

盤

一四七	薛侯盤	春早・薛	集成16.10133
一四八	尋仲盤	春早・鄩	集成16.10135
一四九	魯伯厚父盤	春秋・魯	集成16.10086
一五〇	魯伯厚父盤	春秋・魯	金文總集08.6717
一五一	魯伯者父盤	春秋・魯	集成16.10087
一五二	魯司徒仲齊盤	春早・魯	集成16.10116
一五三	齊侯盤	春秋・齊	集成16.10107
一五四	齊侯作孟姬盤	春秋・齊	集成16.10123
一五五	魯正叔盤	春秋・魯	集成16.10124
一五六	魯少司寇盤	春秋・魯	集成16.10154
一五七	㠱伯子宾父盤	春秋・㠱	集成16.10081

一五八	夆叔盤	春早・齊	集成 16.10163
一五九	公典盤	春晚・齊	集錄 1009
一六〇	齊縈姬盤	春秋・齊	集成 16.10147
一六一	齊大宰歸父盤	春秋・齊	集成 16.10151
一六二	齊大宰歸父盤	春秋・齊	三代 17.14.2
一六三	齊侯盤	春晚・齊	集成 16.10159
一六四	魯少司寇盤	春秋・魯	集成 16.10154
一六五	賈孫叔子屖盤	春秋・郳	山東金文集成 675 頁

鋪

一六六	魯大司徒厚氏元鋪	春秋・魯	集成 09.4689
一六七	魯大司徒厚氏元鋪	春秋・魯	集成 09.4690
一六八	魯大司徒厚氏元鋪	春秋・魯	集成 09.4691

簠

一六九	走馬薛仲赤簠	春早・薛	集成 09.4556
一七〇	薛子仲安簠	春早・薛	集成 09.4546
一七一	陳逆簠	戰早・齊	集成 09.4629
一七二	陳逆簠	戰早・齊	集成 09.4630
一七三	魯伯俞父簠	春早・魯	集成 09.4566
一七四	魯伯俞父簠	春早・魯	集成 09.4567
一七五	魯伯俞父簠	春早・魯	集成 09.4568
一七六	魯士厚父簠	春早・魯	集成 09.4517
一七七	魯士厚父簠	春早・魯	集成 09.4518
一七八	魯士厚父簠	春早・魯	集成 09.4519
一七九	魯士厚父簠	春早・魯	集成 09.4520
一八〇	鑄叔作嬴氏簠	春秋・鑄	集成 09.4560
一八一	鑄子叔黑臣簠	春早・鑄	集成 09.4570
一八二	鑄子叔黑臣簠	春早・鑄	集成 09.4571
一八三	鑄公簠蓋	春早・鑄	集成 09.4574
一八四	鑄公簠	春早・鑄	三代 10.17.3
一八五	□仲簠	春秋・魯	集成 09.4534
一八六	郳大宰簠	春早・郳	集成 09.4623
一八七	郳大宰簠	春早・郳	集成 09.4624

一八八	魯侯簋	春早·魯	文物1984（4）14頁圖六
一八九	齊陳曼簋	戰早·魯	集成09.4595
一九〇	齊陳曼簋	戰早·魯	集成09.4596
一九一	正叔之士□俞簋	春早	遺珍43—44頁
一九二	魯宰虢簋（器）	春早·魯	遺珍46頁
一九三	畢仲□簋	春早	遺珍48頁
一九四	子皇母簋	春早	遺珍50頁
一九五	郳公子害簋	春早·郳	遺珍67頁
一九六	郳慶簋	春早·郳	遺珍115頁
一九七	郳慶簋	春早·郳	遺珍116頁

鑰

一九八	國差鑰	春秋·齊	集成16.10361

盂

一九九	魯大司徒元盂	春秋·魯	集成16.10316
二〇〇	齊侯盂	春晚·齊	集成16.10318

盨

二〇一	滕侯蘇盨	春早·滕	集成09.4428
二〇二	魯司徒仲齊盨	春秋·魯	集成09.4440
二〇三	魯司徒仲齊盨	春秋·魯	集成09.4441
二〇四	曩伯子宭父盨	春秋·曩	集成09.4442
二〇五	曩伯子宭父盨	春秋·曩	集成09.4443
二〇六	曩伯子宭父盨	春秋·曩	集成09.4444
二〇七	曩伯子宭父盨	春秋·曩	集成09.4445
二〇八	鑄子叔黑叵盨	春早·鑄	集成09.4423

甗

二〇九	魯仲齊甗	春早·魯	集成03.939

盆

二一〇	杞伯每亡盆	春早·杞	集成16.10334

瓶

二一一	僉父瓶	春早	遺珍32—33頁

符節

二一二	偏將軍虎節	戰中晚·齊	歷史博物館館刊1993（2）

二一三	辟大夫虎符	戰中晚・齊	集成 18.12107
二一四	麐屃節	戰國	集成 18.12088
二一五	獵節	戰國	集成 18.12089
二一六	熊節	戰國	集成 18.12092
二一七	□節大夫馬節	戰國	集成 18.12090
二一八	乘邑虎符	戰國	集成 18.12087
二一九	節節	戰國	集成 18.12086

雜器

二二〇	陳侯因鑿	戰晚・齊	金文總集 10.7772
二二一	郥可忌豆	戰晚・齊	集錄 543
二二二	ム（私）之十杯	戰晚・齊	集錄 1047
二二三	ム（私）之十六杯	戰國	三代 18.26.3
二二四	齊（？）宮銅量	戰國・齊	集錄 1051
二二五	齊（？）宮銅量	戰國・齊	集錄 1052
二二六	右里段鎣量	戰國・齊	集成 10.10366
二二七	右里段鎣量	戰國・齊	集成 10.10367
二二八	右伯君權	春秋・齊	集成 16.10383
二二九	十四年十一月師紹銅泡	戰國・齊	考古 1985(5) 476 頁 圖 4
二四〇	祈室銅柱	戰國・齊	周金 6.132
二四一	壽元杖首	春早・薛	集錄 1053
二四二	臨淄商王墓地銅盒	戰晚・齊	文物 1997(6) 17 頁
二四三	銅杯	戰晚・齊	臨淄商王墓地 27 頁圖十七
附：	石磬	戰國	文物 2008(1) 95 頁圖二

（貨幣）

〇〇一	齊夻刀(背)	士	先秦編 402
〇〇二	齊夻刀(背)	吉	先秦編 401
〇〇三	節墨之夻刀(背)	吉	先秦編 396
〇〇四	齊之夻刀(背)	卜	先秦編 404
〇〇五	齊□邦張夻刀(背)	卜	先秦編 406
〇〇六	齊夻刀(背)	一百	先秦編 402
〇〇七	節墨之夻刀	節墨之夻 𠂢	先秦編 394
〇〇八	節墨之夻刀	節墨之夻 𠂢	先秦編 395

○○九	節墨吞刀	節墨吞⿸厂化	先秦編 391
○一○	節墨吞刀	節墨吞⿸厂化	先秦編 392
○一一	安昜之吞刀	安昜之吞⿸厂化	先秦編 390
○一二	齊之吞刀	齊之吞⿸厂化	先秦編 403
○一三	節墨之吞刀(背)	安邦	先秦編 396
○一四	齊吞刀	齊之吞⿸厂化	先秦編 398
○一五	齊吞刀	齊之吞⿸厂化	先秦編 399
○一六	齊吞刀	齊之吞⿸厂化	先秦編 400
○一七	齊吞刀(背)	齊	先秦編 401
○一八	節墨之吞刀(背)	闢封	先秦編 397
○一九	齊吞刀(背)	三十	先秦編 401
○二○	齊明刀範(背)	中	齊幣 424
○二一	齊明刀(背)	分	齊幣 359
○二二	齊明刀(背)	分	齊幣 361
○二三	齊明刀(背)	公	齊幣 381
○二四	齊明刀(背)	公	齊幣 356
○二五	齊吞刀(背)	吉	齊幣 113
○二六	齊明刀(背)	酈冶昦(得)	齊幣 346
○二七	節墨之吞刀(背)	大行	齊幣 45
○二八	安昜之吞刀(背)	十	齊幣 111
○二九	安昜之吞刀(背)	十	齊幣 362
○三○	齊明刀範(背)	十	齊幣 427
○三一	齊吞刀(背)	卜	齊幣 34
○三二	齊吞刀(背)	一百	齊幣 153
○三三	齊吞刀(背)	一百	齊幣 154
○三四	齊吞刀(背)	一百	齊幣 155
○三五	齊吞刀(背)	一百	齊幣 156
○三六	齊吞刀(背)	一百	齊幣 157
○三七	齊明刀範刻文	玄	齊幣 442
○三八	齊吞刀(背)	刀	齊幣 234
○三九	齊吞刀(背)	刀	齊幣 237
○四○	齊吞刀(背)	刀	齊幣 238

〇四一	齊合刀(背)	刀	齊幣 240
〇四二	安昜之合刀	安昜之合厇	齊幣 86
〇四三	安昜之合刀	安昜之合厇	齊幣 92
〇四四	安昜之合刀	安昜之合厇	齊幣 93
〇四五	安昜之合刀	安昜之合厇	齊幣 98
〇四六	安昜之合刀	安昜之合厇	齊幣 106
〇四七	安昜之合刀	安昜之合厇	齊幣 108
〇四八	安昜之合刀	安昜之合厇	齊幣 110
〇四九	安昜之合刀	安昜之合厇	齊幣 111
〇五〇	節墨之合刀	節墨之合厇	齊幣 40
〇五一	節墨之合刀	節墨之合厇	齊幣 43
〇五二	節墨之合刀	節墨之合厇	齊幣 48
〇五三	節墨之合刀	節墨之合厇	齊幣 49
〇五四	節墨之合刀	節墨之合厇	齊幣 54
〇五五	節墨之合刀	節墨之合厇	齊幣 56
〇五六	節墨之合刀	節墨之合厇	齊幣 58
〇五七	節墨之合刀	節墨之合厇	齊幣 60
〇五八	節墨之合刀	節墨之合厇	齊幣 62
〇五九	節墨之合刀	節墨之合厇	齊幣 69
〇六〇	節墨之合刀	節墨之合厇	齊幣 74
〇六一	節墨之合刀	節墨之合厇	齊幣 75
〇六二	節墨之合刀	節墨之合厇	齊幣 82
〇六三	齊之合刀	齊之合厇	齊幣 34
〇六四	齊之合刀	齊之合厇	齊幣 29
〇六五	齊之合刀	齊之合厇	齊幣 11
〇六六	齊之合刀	齊之合厇	齊幣 12
〇六七	齊合刀	齊合厇	齊幣 124
〇六八	齊合刀	齊合厇	齊幣 129
〇六九	齊合刀	齊合厇	齊幣 147
〇七〇	齊合刀	齊合厇	齊幣 149
〇七一	齊合刀	齊合厇	齊幣 159
〇七二	齊合刀	齊合厇	齊幣 187

〇七三	齊夻刀	齊夻氏	齊幣 207
〇七四	齊夻刀	齊夻氏	齊幣 213
〇七五	齊夻刀	齊夻氏	齊幣 215
〇七六	齊夻刀	齊夻氏	齊幣 237
〇七七	齊夻刀	齊夻氏	齊幣 239
〇七八	齊夻刀	齊夻氏	齊幣 259
〇七九	齊□邦蜄夻刀	齊□邦蜄夻氏	齊幣 286
〇八〇	齊□邦蜄夻刀	齊□邦蜄夻氏	齊幣 275
〇八一	齊□邦蜄夻刀	齊□邦蜄夻氏	齊幣 271
〇八二	齊□邦蜄夻刀	齊□邦蜄夻氏	齊幣 272
〇八三	齊□邦蜄夻刀	齊□邦蜄夻氏	齊幣 277
〇八四	齊□邦蜄夻刀	齊□邦蜄夻氏	齊幣 280
〇八五	齊□邦蜄夻刀	齊□邦蜄夻氏	齊幣 281
〇八六	齊□邦蜄夻刀	齊□邦蜄夻氏	齊幣 284
〇八七	齊□邦蜄夻刀	齊□邦蜄夻氏	齊幣 276
〇八八	齊□邦蜄夻刀	齊□邦蜄夻氏	齊幣 278
〇八九	齊□邦蜄夻刀	齊□邦蜄夻氏	齊幣 273
〇九〇	齊□邦蜄夻刀	齊□邦蜄夻氏	齊幣 274
〇九一	節墨之夻刀	節墨之夻氏	齊幣 38
〇九二	節墨之夻刀	節墨之夻氏	齊幣 39
〇九三	節墨之夻刀	節墨之夻氏	齊幣 40
〇九四	節墨之夻刀	節墨之夻氏	齊幣 48
〇九五	節墨之夻刀	節墨之夻氏	齊幣 49
〇九六	節墨之夻刀	節墨之夻氏	齊幣 54
〇九七	節墨之夻刀	節墨之夻氏	齊幣 58
〇九八	節墨之夻刀	節墨之夻氏	齊幣 60
〇九九	節墨之夻刀	節墨之夻氏	齊幣 62
一〇〇	節墨之夻刀	節墨之夻氏	齊幣 69
一〇一	節墨之夻刀	節墨之夻氏	齊幣 73
一〇二	節墨之夻刀	節墨之夻氏	齊幣 74
一〇三	節墨之夻刀	節墨之夻氏	齊幣 75
一〇四	節墨之夻刀	節墨之夻氏	齊幣 82

一〇五	節墨夻刀	節墨夻朊	齊幣 287
一〇六	節墨夻刀	節墨夻朊	齊幣 288
一〇七	齊明刀(背)	㰁□□	齊幣 347
一〇八	節墨之夻刀(背)	工	齊幣 62
一〇九	齊夻刀(背)	丂	齊幣 256
一一〇	齊夻刀(背)	本	齊幣 212
一一一	齊夻刀(背)	本	齊幣 213
一一二	齊夻刀(背)	生	齊幣 214
一一三	齊夻刀(背)	生	齊幣 215
一一四	齊夻刀(背)	生	齊幣 216
一一五	齊夻刀(背)	生	齊幣 217
一一六	齊夻刀(背)	生	齊幣 218
一一七	齊夻刀(背)	生	齊幣 219
一一八	齊夻刀(背)	生	齊幣 220
一一九	圜錢	賹六朊	齊幣 314
一二〇	節墨之夻刀(背)	安邦	齊幣 39

一二一	節墨之夻刀(背)	安邦	齊幣 40
一二二	節墨之夻刀(背)	安邦	齊幣 41
一二三	安昜之夻刀(背)	日	齊幣 93
一二四	節墨之夻刀(背)	日	齊幣 69
一二五	齊之夻刀(背)	日	齊幣 29
一二六	齊夻刀(背)	日	齊幣 207
一二七	齊明刀範(背)	日	齊幣 431
一二八	節墨之夻刀(背)	大昌	齊幣 48
一二九	齊之夻刀(背)	大昌	齊幣 9
一三〇	齊之夻刀(背)	大昌	齊幣 10
一三一	齊之夻刀(背)	大昌	齊幣 11
一三二	齊夻刀(背)	昌	齊幣 120
一三三	齊夻刀(背)	昌	齊幣 123
一三四	齊夻刀(背)	昌	齊幣 124
一三五	齊夻刀(背)	昌	齊幣 128
一三六	齊明刀	明	齊幣 418

一三七	齊夻刀(背)	禾	齊幣 209
一三八	齊夻刀(背)	禾	齊幣 210
一三九	齊夻刀(背)	禾	齊幣 211
一四〇	齊夻刀(背)	丘	齊幣 189
一四一	齊夻刀(背)	昜	齊幣 280
一四二	齊夻刀(背)	昜	齊幣 281
一四三	齊夻刀(背)	昜	齊幣 282
一四四	節墨之夻刀(背)	大行	齊幣 43
一四五	齊夻刀(背)	大	齊幣 186
一四六	齊夻刀(背)	大	齊幣 188
一四七	齊夻刀(背)	夻	齊幣 221
一四八	齊夻刀(背)	立	齊幣 158
一四九	齊夻刀(背)	立	齊幣 159
一五〇	齊夻刀(背)	立	齊幣 160
一五一	齊夻刀(背)	立	齊幣 161
一五二	齊夻刀(背)	立	齊幣 162
一五三	齊夻刀(背)	立	齊幣 185
一五四	齊明刀範刻文	水	齊幣 452
一五五	齊明刀範刻文	水	齊幣 453
一五六	節墨之夻刀(背)	闢封	齊幣 36
一五七	節墨之夻刀(背)	闢封	齊幣 37
一五八	節墨之夻刀(背)	闢封	齊幣 38
一五九	齊明刀範刻文	四	齊幣 449
一六〇	圜錢	賹四珁	齊幣 315
一六一	齊明刀範刻文	六	齊幣 451
一六二	齊明刀範刻文	乙	齊幣 435
一六三	齊明刀(背)	元	考古 1973(1)
一六四	齊明刀(背)	天	考古 1973(1)
一六五	齊明刀(背)	下	考古 1973(1)
一六六	齊明刀(背)	三	考古 1973(1)
一六七	齊明刀(背)	王	考古 1973(1)
一六八	齊明刀(背)	八	考古 1973(1)

一六九	齊明刀(背)	亻(行省)	考古 1973(1)
一七〇	齊明刀(背)	亍(行省)	考古 1973(1)
一七一	齊明刀(背)	行	考古 1973(1)
一七二	齊明刀(背)	句	考古 1973(1)
一七三	齊明刀(背)	丩	考古 1973(1)
一七四	齊明刀(背)	千丏(万)	考古 1973(1)
一七五	齊明刀(背)	千	考古 1973(1)
一七六	齊明刀(背)	卜	考古 1973(1)
一七七	齊明刀(背)	百	考古 1973(1)
一七八	齊明刀(背)	刀	考古 1973(1)
一七九	齊明刀(背)	工	考古 1973(1)
一八〇	齊明刀(背)	巨	考古 1973(1)
一八一	齊明刀(背)	曰	考古 1973(1)
一八二	齊明刀(背)	于	考古 1973(1)
一八三	齊明刀(背)	木	考古 1973(1)
一八四	齊明刀(背)	日	考古 1973(1)
一八五	齊明刀(背)	明	考古 1973(1)
一八六	齊明刀(背)	夕	考古 1973(1)
一八七	齊明刀(背)	禾	考古 1973(1)
一八八	齊明刀(背)	丏(万)	考古 1973(1)
一八九	齊明刀(背)	文	考古 1973(1)
一九〇	齊明刀(背)	大	考古 1973(1)
一九一	齊明刀(背)	立	考古 1973(1)
一九二	齊明刀(背)	泉	考古 1973(1)
一九三	齊明刀(背)	魚	考古 1973(1)
一九四	齊明刀(背)	不	考古 1973(1)
一九五	齊明刀(背)	二	考古 1973(1)
一九六	齊明刀(背)	土	考古 1973(1)
一九七	齊明刀(背)	金	考古 1973(1)
一九八	齊明刀(背)	五	考古 1973(1)
一九九	齊明刀(背)	六	考古 1973(1)
二〇〇	齊明刀(背)	乙	考古 1973(1)

二〇一	齊明刀(背)	己	考古1973(1)
二〇二	齊明刀(背)	午	考古1973(1)
二〇三	齊明刀(背)	申	考古1973(1)
二〇四	齊明刀(背)	十一	考古1973(1)
二〇五	齊明刀(背)	十二	考古1973(1)
二〇六	齊明刀(背)	二十	考古1973(1)
二〇七	齊明刀(背)	二十八	考古1973(1)
二〇八	齊明刀(背)	三十	考古1973(1)
二〇九	齊明刀(背)	三十一	考古1973(1)
二一〇	齊明刀(背)	一八一	考古1973(1)
二一一	齊明刀(背)	一刀	考古1973(1)
二一二	齊明刀(背)	二千	考古1973(1)
二一三	齊明刀(背)	二丏（万）	考古1973(1)
二一四	齊明刀(背)	三丏（万）	考古1973(1)
二一五	齊明刀(背)	五千	考古1973(1)
二一六	齊明刀(背)	五丏（万）	考古1973(1)
二一七	齊明刀(背)	七丏(万)	考古1973(1)
二一八	齊明刀(背)	八丏(万)	考古1973(1)
二一九	齊明刀(背)	六六丏(万)	考古1973(1)
二二〇	齊明刀(背)	八刀	考古1973(1)
二二一	齊明刀(背)	十丏(万)	考古1973(1)
二二二	齊明刀(背)	千丏(万)	考古1973(1)
二二三	齊明刀(背)	筬冶屯	錢典1194
二二四	節墨之杏刀	節墨之杏氐	錢典980
二二五	節墨之杏刀	節墨之杏氐	錢典984
二二六	節墨之杏刀	節墨之杏氐	錢典1010
二二七	齊杏刀(背)	本	錢典963
二二八	齊□邦莀杏刀	齊□邦莀杏氐	錢典849
二二九	齊□邦莀杏刀	齊□邦莀杏氐	錢典856
二三〇	齊□邦莀杏刀	齊□邦莀杏氐	錢典857
二三一	齊□邦莀杏刀	齊□邦莀杏氐	錢典858
二三二	齊□邦莀杏刀	齊□邦莀杏氐	錢典859

二三三	齊□邦張杏刀	齊□邦張杏𠂢	錢典 862
二三四	齊□邦張杏刀	齊□邦張杏𠂢	錢典 863
二三五	齊□邦張杏刀	齊□邦張杏𠂢	錢典 864
二三六	節墨之杏刀(背)	闢封	錢典 981
二三七	節墨之杏刀(背)	闢封	錢典 982
二三八	節墨之杏刀(背)	闢封	錢典 983
二三九	齊明刀	田	錢典 1063
二四〇	節墨杏刀	節墨杏𠂢	錢典 1013
二四一	節墨杏刀(背)	杏昌	錢典 1013
二四二	齊明刀	明	新典 106
二四三	齊杏刀(背)	牛	東亞 6・7
二四四	齊杏刀(背)	本	東亞 6・11
二四五	節墨之杏刀	闢封	東亞 6・15
二四六	齊杏刀(背)	吉	貨系 2640
二四七	齊杏刀(背)	周	貨系 2659
二四八	齊杏刀(背)	正	貨系 2647
二四九	齊杏刀(背)	乏	貨系 2649
二五〇	齊杏刀(背)	乏	貨系 2650
二五一	齊明刀(背)	鄺治㝵(得)	貨系 3790
二五二	齊明刀(背)	鄺治㝵(得)	貨系 3791
二五三	齊明刀(背)	鄺治㝵(得)	貨系 3792
二五四	齊明刀(背)	鄺治㝵(得)	貨系 3785
二五五	齊明刀(背)	鄺治㝵(得)	貨系 3790
二五六	齊明刀(背)	鄺治㝵(得)	貨系 3791
二五七	節墨之杏刀(背)	吉	貨系 2622
二五八	節墨之杏刀(背)	吉	貨系 2623
二五九	節墨之杏刀(背)	吉	貨系 2600
二六〇	齊之杏刀(背)	十	貨系 2506
二六一	節墨杏刀(背)	卜	貨系 2562
二六二	節墨杏刀(背)	卜	貨系 2563
二六三	節墨之杏刀(背)	卜	貨系 2517
二六四	安易之杏刀(背)	卜	貨系 2508

二六五	齊杏刀（背）	卜	貨系 2591
二六六	齊杏刀（背）	一百	貨系 2651
二六七	齊杏刀（背）	一百	貨系 2652
二六八	齊杏刀（背）	一百	貨系 2653
二六九	節墨之杏刀（背）	刀	貨系 2558
二七〇	節墨之杏刀（背）	刀	貨系 2560
二七一	節墨之杏刀（背）	刀	貨系 2596
二七二	節墨之杏刀（背）	一刀	貨系 2561
二七三	齊明刀（背）	鄺冶齊刀	貨系 3794
二七四	齊明刀（背）	鄺冶吝刀	貨系 3793
二七五	安昜之杏刀	安昜之杏厇	貨系 2508
二七六	安昜之杏刀	安昜之杏厇	貨系 2511
二七七	安昜之杏刀	安昜之杏厇	貨系 2512
二七八	節墨杏刀	節墨杏厇	貨系 2518
二七九	節墨杏刀	節墨杏厇	貨系 2556
二八〇	節墨杏刀	節墨杏厇	貨系 2569
二八一	齊之杏刀	齊之杏厇	貨系 2497
二八二	齊之杏刀	齊之杏厇	貨系 2628
二八三	齊杏刀（背）	厇	貨系 2598
二八四	圓錢	賹厇	貨系 4095
二八五	圓錢	賹厇	貨系 4097
二八六	圓錢	賹四厇	貨系 4098
二八七	圓錢	賹六厇	貨系 4111
二八八	節墨之杏刀	節墨之杏厇	貨系 2522
二八九	節墨之杏刀	節墨之杏厇	貨系 2523
二九〇	節墨之杏刀	節墨之杏厇	貨系 2525
二九一	節墨之杏刀	節墨之杏厇	貨系 2538
二九二	節墨之杏刀	節墨之杏厇	貨系 2548
二九三	節墨之杏刀	節墨之杏厇	貨系 2556
二九四	節墨杏刀	節墨杏厇	貨系 2569
二九五	齊明刀（背）	鄺冶□	貨系 3784
二九六	齊明刀（背）	鄺冶□	貨系 3786

二九七	齊明刀(背)	鄺冶□	貨系 3789
二九八	齊明刀(背)	節□□	貨系 3795
二九九	安昜之吞刀(背)	工	貨系 2515
三〇〇	節墨之吞刀(背)	工	貨系 2522
三〇一	節墨之吞刀(背)	工	貨系 2523
三〇二	節墨之吞刀(背)	工	貨系 2567
三〇三	齊□邦張吞刀(背)	工	貨系 2586
三〇四	齊吞刀(背)	工	貨系 2606
三〇五	齊吞刀(背)	工	貨系 2607
三〇六	齊明刀(背)	平昜冶宋	貨系 3797
三〇七	齊吞刀(背)	内	貨系 151
三〇八	齊吞刀(背)	内	貨系 152
三〇九	齊吞刀(背)	内	貨系 242
三一〇	齊吞刀(背)	生	貨系 2614
三一一	齊吞刀(背)	生	貨系 2616
三一二	圜錢	賹汇	貨系 4095

三一三	圜錢	賹汇	貨系 4097
三一四	節墨之吞刀(背)	安邦	貨系 2547
三一五	節墨之吞刀(背)	安邦	貨系 2548
三一六	齊□邦張吞刀	齊□邦張吞汇	貨系 2575
三一七	齊□邦張吞刀	齊□邦張吞汇	貨系 2577
三一八	齊□邦張吞刀	齊□邦張吞汇	貨系 2578
三一九	齊□邦張吞刀	齊□邦張吞汇	貨系 2586
三二〇	安昜之吞刀(背)	日	貨系 2514
三二一	節墨吞刀(背)	日	貨系 2569
三二二	齊吞刀(背)	日	貨系 2633
三二三	節墨之吞刀(背)	大昌	貨系 2538
三二四	齊之吞刀(背)	大昌	貨系 2504
三二五	齊吞刀(背)	昌	貨系 2637
三二六	齊吞刀(背)	昌	貨系 2639
三二七	齊吞刀(背)	昌	貨系 2643
三二八	節墨吞刀(背)	昌	貨系 2570

三二九	節墨合刀(背)	昌	貨系 2571
三三〇	節墨合刀(背)	昌	貨系 2573
三三一	齊明刀	齊明刀	貨系 3786
三三二	齊明刀	齊明刀	貨系 3800
三三三	齊明刀	齊明刀	貨系 1135
三三四	齊合刀	齊之合氏	貨系 2504
三三五	齊合刀	齊之合氏	貨系 2631
三三六	齊合刀(背)	禾	貨系 2620
三三七	齊合刀(背)	年	貨系 2621
三三八	齊合刀(背)	安	貨系 2644
三三九	齊合刀(背)	丏(万)	貨系 2626
三四〇	齊合刀(背)	丏(万)	貨系 2624
三四一	齊合刀(背)	丏(万)	貨系 2625
三四二	齊合刀(背)	昜	貨系 2658
三四三	節墨之合刀(背)	大行	貨系 2531
三四四	齊合刀(背)	大	貨系 2635
三四五	節墨合刀	節墨合氏	貨系 2569
三四六	節墨合刀	節墨合氏	貨系 2573
三四七	齊合刀	齊合氏	貨系 124
三四八	齊合刀	齊合氏	貨系 129
三四九	齊合刀	齊合氏	貨系 159
三五〇	齊合刀(背)	立	貨系 2613
三五一	齊合刀(背)	立	貨系 2654
三五二	齊合刀(背)	立	貨系 2655
三五三	齊合刀(背)	立	貨系 2657
三五四	齊明刀(背)	鄘冶□	貨系 3798
三五五	節墨之合刀(背)	闢封	貨系 2541
三五六	節墨之合刀(背)	闢封	貨系 2542
三五七	節墨之合刀(背)	闢封	貨系 2544
三五八	節墨之合刀(背)	闢封	貨系 2545
三五九	節墨合刀	六	貨系 2554
三六〇	節墨合刀	六	貨系 2589

三六一 節墨杏刀 九 貨系 2557
三六二 齊明刀(背) 箼冶□ 貨系文編 245
三六三 齊杏刀範刻文 左 中國錢幣 1987(4)
三六四 齊明刀 明 中國錢幣 1990(3)
三六五 齊杏刀範 戈 中國錢幣 1987(4)
三六六 節墨之杏刀(背) 闢封 起源圖版 26

(璽印)

官璽

〇〇一 君之信鉨 璽彙 0007
〇〇二 鋯司徒市 璽彙 0019
〇〇三 司馬之鉨 璽彙 0023
〇〇四 司馬之鉨 璽彙 0025
〇〇五 司馬之鉨 璽彙 0026
〇〇六 司馬之鉨 璽彙 0027
〇〇七 聞(門)司馬鉨 璽彙 0028
〇〇八 聞(門)司馬鉨 璽彙 0029
〇〇九 聞(門)司馬鉨 璽彙 0030
〇一〇 右聞(門)司馬 璽彙 0031
〇一一 右聞(門)司馬 璽彙 0032
〇一二 右聞(門)司馬鉨 璽彙 0033
〇一三 司馬戠鉨 璽彙 0034
〇一四 司馬戠鉨 璽彙 0035
〇一五 司馬戠鉨 璽彙 0036
〇一六 左司馬釮 璽彙 0037
〇一七 左司馬戠 璽彙 0038
〇一八 左司馬釮 璽彙 0039
〇一九 右司馬戠 璽彙 0040
〇二〇 右司馬戠 璽彙 0041
〇二一 司馬戠鉨 璽彙 0043
〇二二 左中庫司馬 璽彙 0047
〇二三 平昜(陽)信司馬鉨 璽彙 0062
〇二四 王□右司馬鉨 璽彙 0063

〇二五	右司馬鉥	璽彙 0064
〇二六	□□司辯	璽彙 0083
〇二七	痦(將)軍之鉨	璽彙 0095
〇二八	罣郱大夫鉨	璽彙 0098
〇二九	昜(唐)攻(工)帀(師)鉨	璽彙 0147
〇三〇	路右攻(工)帀(師)	璽彙 0148
〇三一	右攻(工)帀(師)鉨	璽彙 0149
〇三二	東武城攻(工)帀(師)鉨	璽彙 0150
〇三三	鄟坤(市)帀(師)鉨	璽彙 0152
〇三四	㝅(射)者帀(師)鉨	璽彙 0153
〇三五	戠(職)内帀(師)鉨	璽彙 0154
〇三六	□昜逊(遂)帀(師)鉨	璽彙 0155
〇三七	清墜(陵)柿(市)戠(職)筥帀(師)	璽彙 0156
〇三八	銯關	璽彙 0172
〇三九	左攻(工)帀(師)戠(職)桼(漆)帀(師)鉨	璽彙 0157
〇四〇	行人關	璽彙 0173
〇四一	武(武)關歔	璽彙 0174
〇四二	豕母師(司)關	璽彙 0175
〇四三	武(武)關牆(將)鉨	璽彙 0176
〇四四	醬和汶關	璽彙 0177
〇四五	鴲(髻)閘(門)段鉨	璽彙 0193
〇四六	□訙段鉨	璽彙 0194
〇四七	戰□左段	璽彙 0195
〇四八	輔□右段	璽彙 0196
〇四九	昜(陽)都邑聖遲(徙)盟之鉨	璽彙 0198
〇五〇	遲(徙)盟之鉨	璽彙 0200
〇五一	遲(徙)盟之鉨	璽彙 0201
〇五二	遲(徙)盟之鉨	璽彙 0202
〇五三	虏之鉨	璽彙 0208
〇五四	鄜夌(陵)之鉨	璽彙 0209
〇五五	□宅之鉨	璽彙 0211
〇五六	□沽之鉨	璽彙 0216
〇五七	司寇□之鉨	璽彙 0220
〇五八	維□亳之鉨	璽彙 0225
〇五九	左稟(廩)之鉨	璽彙 0227
〇六〇	璋□郙逊(遂)信鉨	璽彙 0232
〇六一	卑(裨)醬匠芻信鉨	璽彙 0234
〇六二	繧不慌鉨	璽彙 0243
〇六三	貴連吾(期)鉨	璽彙 0250
〇六四	會亓(其)倉鉨	璽彙 0253
〇六五	右盧濟□弱鉨	山東新出土古璽印 16
〇六六	右盧濟□弱鉨	璽彙 0259
〇六七	虘□舄鉨	璽彙 0260
〇六八	堯相賡鉨	璽彙 0262

○六九	鄒𡧊生𡧊鉨	璽彙 0265	○八五	鍇閭𡧊生𡧊	璽彙 0312	一○一	邗倉之鉨・倉事	璽彙 5555+5561
○七○	公石不夏鉨	璽彙 0266	○八六	平阿左稟(廩)	璽彙 0313	一○二	簷車右鉨	璽彙 5682
○七一	母箬鉨	璽彙 0271	○八七	東㝅鈛(職)管	璽彙 0314	一○三	齊𣪠(廩)	璽彙 1597
○七二	匋都坊	璽彙 0272	○八八	右稟	璽彙 0319	一○三	郟逆(遂)鉨	璽彙 3233
○七三	□□生鉨	璽彙 0273	○八九	洛□遲(徙)盟金鉨	璽彙 0322	一○四	左正鉨	璽彙 3737
○七四	𦥑丘事人鉨	璽彙 0277	○九○	□門枋	璽彙 0325	一○五	東埜(野)䢵(市)	璽彙 3992
○七五	右逆(遂)文肻信鉨	璽彙 0282	○九一	君之稟(廩)	璽彙 0327	一○六	高堂䢵(市)鉨	璽彙 3999
○七六	左閶(門)敀	璽彙 0285	○九二	尚佫(路)鉨	璽彙 0328	一○七	司馬敀鉨	璽彙 5539
○七七	□昜(陽)□鉨	璽彙 0286	○九三	始□鉨	璽彙 0330	一○八	左司馬□	璽彙 5540
○七八	陳𡨦立事歲安邑亳釜	璽彙 0289	○九四	㚤□鉨	璽彙 0331	一○九	右司馬鉨	璽彙 5542
○七九	陳榑三立事歲右稟(廩)釜	璽彙 0290	○九五	□閶(門)生𡧊	璽彙 0334	一一○	甘士敀	璽彙 1285
○八○	奠(鄭)昜(陽)陳得三	璽彙 0291	○九六	武𡨦生𡧊鉨	璽彙 0336	一一一	入(內)府	璽彙 3358
○八一	左桁正木	璽彙 0298	○九七	□□敬鉨	璽彙 0342	一一二	禾信君鉨	璽彙 5537
○八二	右桁正木	璽彙 0299	○九八	賸□陵	璽彙 0344	一一三	盧成君鉨	彙考 31 頁
○八三	左桁𣪠(廩)木	璽彙 0300	○九九	敀鉨	璽彙 0345	一一四	子夲子鎜	彙考 31 頁
○八四	左田𤵸(將)騎	璽彙 0307	一○○	鄭□坊(市)鎜	璽彙 0355	一一五	大司成鉨	彙考 32 頁

一一六	中軍鉨	彙考33頁
一一七	左掌客亳	彙考33頁
一一八	左司馬鉨	彙考35頁
一一九	右司馬鉨	彙考35頁
一二〇	平昜(陽)信司馬鉨	彙考35頁
一二一	司馬段鉨	彙考36頁
一二二	左司馬段	彙考37頁
一二三	敒陸(陵)右司馬段鉨	彙考37頁
一二四	聞(門)司馬鉨	彙考38頁
一二五	司馬聞(門)段	彙考39頁
一二六	左司徒信鉨	彙考40頁
一二七	墓昜(陽)得三	彙考41頁
一二八	左里	彙考42頁
一二九	右盧濬	彙考43頁
一三〇	左盧湑鉨	彙考43頁
一三一	王盧堉鉨	彙考44頁
一三二	左稟(廩)之鉨	彙考45頁
一三三	右稟(廩)迊宲䂮鉨	彙考45頁
一三四	平陸(陵)縣左稟(廩)鉨	彙考46頁
一三五	正木之鉨	彙考46頁
一三六	左桁正木	彙考47頁
一三七	左桁正木	彙考48頁
一三八	左桁正木	彙考49頁
一三九	左桁斆(廩)木	彙考49頁
一四〇	右桁散(措)木	彙考49頁
一四一	平昜(陽)桁	彙考49頁
一四二	齊匋(陶)正騆	彙考50頁
一四三	芉夫=(大夫)之鉨	彙考50頁
一四四	高宓(密)左□	彙考51頁
一四五	南□	彙考52頁
一四六	雎丘關鉨	彙考53頁
一四七	武(武)關䐗(將)鉨	彙考53頁
一四八	遲(徙)盟之鉨	彙考55頁
一四九	盟	彙考56頁
一五〇	戠(職)內帀(師)鉨	彙考56頁
一五一	鄙攻(工)帀(師)鉨	彙考57頁
一五二	相攻(工)帀(師)鉨	彙考57頁
一五三	不箮(其)坊(市)鑍	彙考58頁
一五四	辛□坊(市)粎	彙考59頁
一五五	齊立邦鉨	彙考67頁
一五六	齊立邦鉨	彙考67頁
一五七	十三(四)年十一月帀(師)紹	彙考60頁
一五八	平者司工	彙考61頁
一五九	□丘事正鉨	彙考63頁
一六〇	武平尘㚔	彙考64頁
一六一	稟隻□舍坊	彙考69頁
一六二	䏝戠(職)筲鉨	彙考61頁
一六三	田帀(師)尘□(㚔)	彙考64頁

一六四　蒦圆南里遙(璽)　彙考65頁
一六五　蒦圆南里盎(璽)　彙考65頁
一六六　蒦圆南里鹿　彙考65頁
一六七　蒦圆南里人狭　彙考66頁
一六八　蒦圆匋里孨　彙考66頁
一六九　蒦圆匋里䎽　彙考66頁
一七〇　蒦圆匋里者　彙考66頁
一七一　蒦圆匋里人得　彙考66頁
一七二　爻圆昜里王不□·千　彙考67頁
一七三　日里□　彙考67頁
一七四　左司馬聞釗信鉨　彙考37頁
一七五　粕和卿(鄉)鋻　彙考59頁
一七六　節墨之丌坊(市)工　彙考60頁
一七七　□□□　彙考68頁
一七八　□舍　彙考69頁
一七九　□□之鉨　彙考70頁

一八〇　食□夫＝(大夫)□鉨　彙考50頁
一八一　□縣　彙考46頁
一八二　平墜(陵)縣左稟(廪)鉨　彙考46頁
一八三　關城君夫人信鉨　彙考31頁
一八四　叒(稷)門　珍秦齋藏印戰國篇14

私璽(單姓)

一八五　子栗子信鉨　璽彙0233
一八六　宴(晏)胏(市)信鉨　璽彙0235
一八七　瘦慶信鉨　璽彙0236
一八八　鄭安信鉨　璽彙0237
一八九　郜穖信鉨　璽彙0238
一九〇　迵公子信鉨　璽彙0240
一九一　内郭□信鉨　璽彙0241
一九二　□隻信鉨　璽彙0242
一九三　□□信鉨　璽彙0244
一九四　□曖戳信鉨　璽彙0306

一九五　王慶忌　璽彙5587
一九六　畋□　璽彙5644
一九七　□郕　璽彙5646
一九八　郲□　璽彙5657
一九九　□慶　璽彙5676
二〇〇　□适　璽彙5677
二〇一　□□信鉨　璽彙0245
二〇二　喬邻信鉨　璽彙0246
二〇三　内郭□信鉨　璽彙0247
二〇四　戠昉信鉨　璽彙0248
二〇五　幾□信鉨　璽彙0249
二〇六　王瘝信鉨　璽彙0482
二〇七　王翁　璽彙0570
二〇八　王楚　璽彙0571
二〇九　王可　璽彙0572
二一〇　王賁　璽彙0573

二一一	王膜	璽彙 0575
二一二	王□	璽彙 0576
二一三	王鄙	璽彙 0577
二一四	王慎	璽彙 0578
二一五	王辰	璽彙 0579
二一六	王雁	璽彙 0580
二一七	王賓	璽彙 0581
二一八	王圂	璽彙 0582
二一九	王□	璽彙 0583
二二〇	王維	璽彙 0584
二二一	王貼	璽彙 0585
二二二	王□	璽彙 0586
二二三	王□	璽彙 0587
二二四	王郢	璽彙 0588
二二五	王悆	璽彙 0589
二二六	王佴	璽彙 0590
二二七	王疸	璽彙 0599
二二八	王□	璽彙 0603
二二九	王齊	璽彙 0608
二三〇	王亡戚	璽彙 0615
二三一	王膧	璽彙 0623
二三二	王□	璽彙 0629
二三三	王敬	璽彙 0630
二三四	王敬	璽彙 0631
二三五	王□	璽彙 0632
二三六	王鐘	中國古文字研究第一輯 141 頁
二三七	王□	璽彙 0633
二三八	王延	璽彙 0634
二三九	王瓚	璽彙 0635
二四〇	王大乘	璽彙 0636
二四一	王盤	璽彙 0640
二四二	王倚	璽彙 0641
二四三	王楚人	璽彙 0642
二四四	王敖家	璽彙 0643
二四五	王句糿	璽彙 0644
二四六	王生睇	璽彙 0645
二四七	王□□	璽彙 0648
二四八	王聑(聞)	璽彙 0649
二四九	王閒信鉨	璽彙 0650
二五〇	王倚信鉨	璽彙 0651
二五一	王減(臧)信鉨	璽彙 0653
二五二	王犁信鉨	璽彙 0654
二五三	王連旮(期)鉨	璽彙 0655
二五四	王腹信鉨	璽彙 0656
二五五	王彊生鉨	璽彙 0657
二五六	長卿	璽彙 0874
二五七	長段	璽彙 0881
二五八	長□(段？)	璽彙 0884

二五九	高墜(陵)	璽彙 1128
二六〇	高坊(市)	璽彙 1142
二六一	高鮏	璽彙 1143
二六二	高東昜(陽)	璽彙 1145
二六三	高慶忌	璽彙 1146
二六四	高郕信鉨	璽彙 1147
二六五	高吒□鉨	璽彙 1148
二六六	高巠信鉨	璽彙 1149
二六七	吳□之鉨	璽彙 1185
二六八	牛瘍	璽彙 1219
二六九	黄轇	璽彙 1254
二七〇	黄惑	璽彙 1255
二七一	卜㝵(得)信鉨	璽彙 1265
二七二	辛慶忌鉨	璽彙 1269
二七三	半眗	璽彙 1276
二七四	董矅	璽彙 1278
二七五	盛軆	璽彙 1319
二七六	武川怨信鉨	璽彙 1326
二七七	孟□	璽彙 1365
二七八	孟□信鉨	璽彙 1366
二七九	宋迲(去)疾鉨	璽彙 1433
二八〇	陳吉	璽彙 1457
二八一	陳繇(綴)	璽彙 1460
二八二	陳□	璽彙 1462
二八三	陳仕	璽彙 1463
二八四	陳臧(臧)	璽彙 1464
二八五	陳□	璽彙 1465
二八六	陳毆	璽彙 1466
二八七	陳王	璽彙 1468
二八八	陳齒	璽彙 1469
二八九	陳怛	璽彙 1472
二九〇	陳□	璽彙 1473
二九一	陳己鉨	璽彙 1475
二九二	陳□信鉨	璽彙 1478
二九三	陳高彈鉨	璽彙 1479
二九四	陳□信鉨	璽彙 1480
二九五	陳迲(去)疾信鉨	璽彙 1481
二九六	畋生睇	璽彙 1509
二九七	孫它人	璽彙 1556
二九八	孫緋	璽彙 1560
二九九	孫□信鉨	璽彙 1562
三〇〇	孫忻信鉨	璽彙 1563
三〇一	郑蓊	璽彙 1588
三〇二	郑并信鉨	璽彙 1589
三〇三	郑邦信鉨	璽彙 1590
三〇四	左老	璽彙 1646
三〇五	鄀豁信鉨	璽彙 1661
三〇六	郵賓	璽彙 1928

三〇七	郐邦	璽彙 1942
三〇八	郐賫	璽彙 1943
三〇九	郐安	璽彙 1944
三一〇	郐逑	璽彙 1945
三一一	郐攸	璽彙 1946
三一二	郐□	璽彙 1947
三一三	郐頡	璽彙 1948
三一四	郐□	璽彙 1949
三一五	郐□	璽彙 1950
三一六	郐昉	璽彙 1951
三一七	郐連吾(期)	璽彙 1952
三一八	郐□畜	璽彙 1953
三一九	郐□信鉨	璽彙 1954
三二〇	郐□信鉨	璽彙 1955
三二一	郐隮(尊)信鉨	璽彙 1956
三二二	郐□信鉨	璽彙 1958
三二三	邘癒	璽彙 2056
三二四	邘□	璽彙 2057
三二五	邿醆	璽彙 2096
三二六	邿亡朱	璽彙 2097
三二七	鄙胥	璽彙 2177
三二八	弜(強)逑	璽彙 2184
三二九	弜(強)雫	璽彙 2185
三三〇	弜(強)賜	璽彙 2187
三三一	□己	璽彙 2191
三三二	□亥	璽彙 2192
三三三	弜余	璽彙 2193
三三四	弜補	璽彙 2194
三三五	郊正里	璽彙 2195
三三六	郊蘆	璽彙 2196
三三七	邛菍	璽彙 2197
三三八	邛何	璽彙 2198
三三九	邛□	璽彙 2199
三四〇	邛安	璽彙 2200
三四一	邱賜	璽彙 2201
三四二	卲石子	璽彙 2202
三四三	卲□	璽彙 2203
三四四	郝疆	璽彙 2204
三四五	郗□	璽彙 2205
三四六	郖郄	璽彙 2206
三四七	郄冬	璽彙 2207
三四八	郉亡巳	璽彙 2209
三四九	郕豫之	璽彙 2218
三五〇	郕減(臧)	璽彙 2219
三五一	□丘	璽彙 2235
三五二	鄜齒信鉨	璽彙 2239
三五三	蒦緦(紀)不	璽彙 2301
三五四	□□	璽彙 2303

三五五 墜(陵)悳 璽彙 2330
三五六 梩□信鉨 璽彙 2414
三五七 杜春信鉨 璽彙 2415
三五八 浒郢 璽彙 2598
三五九 □戳 璽彙 2599
三六〇 紀□ 璽彙 2610
三六一 紀賞 璽彙 2611
三六二 □繹 璽彙 2654
三六三 恢安 璽彙 2673
三六四 中辛信鉨 璽彙 2709
三六五 周虎 璽彙 3028
三六六 非逺 非迪 璽彙 3080
三六七 臧(莊)迶信鉨 璽彙 3087
三六八 箕辰 璽彙 3106
三六九 箕貼 璽彙 3107
三七〇 簾□ 璽彙 3112

三七一 抜武 璽彙 3120
三七二 抜悊 璽彙 3121
三七三 敕里 璽彙 3122
三七四 御棱 璽彙 3127
三七五 喝(唐)茈 璽彙 3142
三七六 芻商 璽彙 3213
三七七 才逦 璽彙 3222
三七八 肎□ 璽彙 3225
三七九 頊郘 璽彙 3234
三八〇 壚尚 璽彙 3328
三八一 大□(復?)慶 璽彙 3427
三八二 □疆政鉨 璽彙 3479
三八三 敦(射)武 璽彙 3483
三八四 夆辰 璽彙 3499
三八五 彭暁 璽彙 3513
三八六 麋繆(綴) 璽彙 3519

三八七 □親 璽彙 3521
三八八 旟悽 璽彙 3538
三八九 鞄□ 璽彙 3544
三九〇 豨精 璽彙 3547
三九一 倴傳 璽彙 3551
三九二 党慫 璽彙 3560
三九三 熄佴 璽彙 3561=3665
三九四 羊逾 璽彙 3563
三九五 邵怂 璽彙 3570
三九六 □□ 璽彙 3575
三九七 □忳 璽彙 3576
三九八 案胥 璽彙 3587
三九九 甘事(士)賁 璽彙 3590
四〇〇 酞隱 璽彙 3598
四〇一 郙㝵(得) 璽彙 3604
四〇二 □□賁 璽彙 3609

四〇三	啞君	璽彙 3620
四〇四	敔坊(市)	璽彙 3626
四〇五	轉悆	璽彙 3634
四〇六	羊厽(叁)己	璽彙 3638
四〇七	□瀐	璽彙 3651
四〇八	□□□	璽彙 3664 =3589
四〇九	豈(岦)亡(無)鏉(數)	璽彙 3666
四一〇	臯㦞	璽彙 3667
四一一	公芯壽	璽彙 3676
四一二	卑□(復?)貼	璽彙 3677
四一三	□孫賓	璽彙 3678
四一四	金石鉨	璽彙 3681
四一五	樸鄘	璽彙 3682
四一六	□□□鉨	璽彙 3683
四一七	□圝(固)	璽彙 3685
四一八	營鏤	璽彙 3687
四一九	□膞	璽彙 3689
四二〇	僅屯賓鉨	璽彙 3690
四二一	旟胡安鉨	璽彙 3691
四二二	辛□	璽彙 1268
四二三	□生繹	璽彙 3692
四二四	麋奔隹鉨	璽彙 3693
四二五	□庚信鉨	璽彙 3695
四二六	□□信鉨	璽彙 3697
四二七	戠齊信鉨	璽彙 3698
四二八	陳□信鉨	璽彙 3699
四二九	右成信鉨	璽彙 3700
四三〇	梩□信鉨	璽彙 3701
四三一	抆□信鉨	璽彙 3702
四三二	□□信鉨	璽彙 3704
四三三	倁毀□鉨	璽彙 3705
四三四	□斀□鉨	璽彙 3706
四三五	窒中□鉨	璽彙 3707
四三六	郐(徐)癹信鉨	璽彙 3709
四三七	□□信鉨	璽彙 3711=3712
四三八	練□信鉨	璽彙 3714
四三九	敢□信鉨	璽彙 3715
四四〇	□□信鉨	璽彙 3716
四四一	□□信鉨	璽彙 3717
四四二	顏辰信鉨	璽彙 3718
四四三	□□信鉨	璽彙 3719
四四四	□登信鉨	璽彙 3722
四四五	女資信鉨	璽彙 3723
四四六	辰□信鉨	璽彙 3727
四四七	金□信鉨	璽彙 3728
四四八	慶□信鉨	璽彙 3730=3729
四四九	郐(徐)□信鉨	璽彙 3732 =1957
四五〇	□夫立鉨	璽彙 3733

四五一　□□□鉨　璽彙 3735
四五二　□緙　璽彙 3738
四五三　夆商信鉨　璽彙 3746
四五四　城圙齊　璽彙 3751
四五五　旂福信鉨　璽彙 3753
四五六　孫□信鉨　璽彙 3754
四五七　井(刑)欙蒦鉨　璽彙 3755
四五八　鑄事　璽彙 3760
四五九　孫邦　璽彙 5625
四六〇　公信　璽彙 5643
四六一　絽(紀)之□巨　彙考 70 頁
四六二　宋卲　彙考 250 頁
四六三　宋俶　彙考 250 頁
四六四　長或坏　彙考 282 頁
四六五　辛奉　彙考 295 頁
四六六　辛多　彙考 295 頁
四六七　公可(何)窯　彙考 300 頁
四六八　大□(復？)□　彙考 344 頁

私璽(複姓)

四六九　司馬棱鉨　璽彙 3813
四七〇　司馬邦　璽彙 3819
四七一　司馬頪　璽彙 3824
四七二　司馬臣　璽彙 3826
四七三　司馬縢　璽彙 3827
四七四　公孫□　璽彙 3912
四七五　公孫隻　璽彙 3914
四七六　公孫□　璽彙 3915
四七七　公孫□　璽彙 3916
四七八　公孫□　璽彙 3917
四七九　公孫□　璽彙 3918
四八〇　公孫繐鍚　璽彙 3921
四八一　公孫安信鉨　璽彙 3922
四八二　公孫坒弢　璽彙 3923
四八三　公孫相如鉨　璽彙 3924
四八四　公孫□鉨　璽彙 3925
四八五　㖞孫贅　璽彙 3931
四八六　㖞孫□　璽彙 3932
四八七　臧(臧)孫黑鉨　璽彙 3934
四八八　臧(臧)孫□鉨　璽彙 3935
四八九　室孫□　璽彙 3937
四九〇　室孫丘　璽彙 3938
四九一　正孫□鉨　璽彙 3939
四九二　正孫□鉨　璽彙 3940
四九三　吾丘卿　璽彙 4010
四九四　閭(閭)丘湯　璽彙 4012
四九五　閭(閭)丘帣　璽彙 4013
四九六　閭(閭)丘郢　璽彙 4014
四九七　公乘胥　璽彙 3554

四九八	水丘塚	璽彙 3508
四九九	馬柔(矢)緙	璽彙 3081
五〇〇	甘士吉鉨	璽彙 3235
五〇一	均閱(閭)鄙	璽彙 3239
五〇二	公上棨	璽彙 3679
五〇三	旂陸(陵)繽(縯)鉨	璽彙 3660
五〇四	公孫□信鉨	璽彙 3726
五〇五	東卿瘥鉨	璽彙 3742
五〇六	叁毋豫之	璽彙 3752
五〇七	命魚敖奓	璽彙 3725
五〇八	□丘□鉨	璽彙 3757
五〇九	敦于舒	璽彙 4025
五一〇	敦于敗	璽彙 4026
五一一	敦于□	璽彙 4027
五一二	敦于□	璽彙 4028
五一三	敦于訇	璽彙 4029
五一四	敦于畏	璽彙 4030
五一五	敦于疆	璽彙 4031
五一六	敦于貼	璽彙 4032
五一七	敦于絧信	璽彙 4033
五一八	敦于吉	珍秦齋·戰國篇 34
五一九	窒中登	璽彙 4090
五二〇	□之信鉨	璽彙 5557
五二一	䍃(胡)毋塚	璽彙 5678
五二二	卑武吉鉨	璽彙 5683
五二三	公孫侯	璽彙 5687
五二四	公石不夏鉨	彙考 301 頁
五二五	公戶惑	彙考 301 頁
五二六	公孫隻	彙考 311 頁
五二七	公孫□信鉨	彙考 311 頁
五二八	公孫邦	彙考 312 頁
五二九	公孫亳	彙考 312 頁
五三〇	公孫顏信鉨	彙考 312 頁
五三一	公孫同	彙考 312 頁
五三二	公孫㚇鉨	彙考 312 頁
五三三	吾丘軌	彙考 314 頁
五三四	臧(臧)孫□鉨	彙考 315 頁
五三五	者(胡)毋公信鉨	彙考 334 頁

成語璽

五三六	麋亡(無)	璽彙 0360

吉語璽

五三七	諲事	璽彙 2530
五三八	諲事	璽彙 2531
五三九	諲事㝵(得)志	璽彙 4889
五四〇	㝵(得)志	璽彙 4335
五四一	事鉨	璽彙 4572

單字璽

五四二	輔匕戟坿(封)	璽彙 5706

五四三　信　璽彙 3125
五四四　鉨　璽彙 5256
五四五　鉨　璽彙 5257
五四六　皿　璽彙 5275
五四七　嬰(襄)　璽彙 5294
五四八　閭　璽彙 5330
五四九　戰　璽彙 5502
五五〇　𢿎(廩)　璽彙 5526

主要參考文獻

專　著

奧平昌洪：《東亞錢志》，（日本）東京岩波書店，1938年。
陳　劍：《甲骨金文考釋論集》，綫裝書局，2007年。
丁福保：《古錢大辭典》，上海醫學書局，1938年。
馮勝君：《郭店簡與上博簡對比研究》，綫裝書局，2007年。
高　明：《古陶文彙編》，中華書局，1990年。
高明、葛英會：《古陶文字徵》，中華書局，1991年。
郭沫若：《兩周金文辭大系考釋》，科學出版社，2002年。
何琳儀：《戰國古文字典》，中華書局，1998年。
何琳儀：《戰國文字通論（訂補）》，江蘇教育出版社，2003年。
羅福頤：《古璽彙編》，文物出版社，1981年。
羅福頤：《古璽文編》，文物出版社，1981年。
羅振玉：《三代吉金文存》，中華書局，1983年。
李學勤：《東周與秦代文明》，文物出版社，1984年。
李學勤、艾蘭：《歐洲所藏中國青銅器遺珠》，文物出版社，1995年。
賴　非：《山東新出土古璽印》，齊魯書社，1998年。
李家浩：《著名中年語言學家自選集·李家浩卷》，安徽教育出版社，2002年。

李守奎：《楚文字編》，華東師範大學出版社，2003年。
劉雨、盧岩：《近出殷周金文集録》，中華書局，2006年。
李守奎等：《上海博物館藏戰國楚竹書一～五文字編》，作家出版社，2007年。
馬飛海總主編、汪慶正主編：《中國歷代貨幣大系・先秦貨幣》，上海人民出版社，1988年。
馬承源主編：《商周青銅器銘文選》，文物出版社，1990年。
裘錫圭：《古文字論集》，中華書局，1992年。
容　庚：《金文編》張振林、馬國權摹補，中華書局，1985年版。
山東省錢幣學會：《齊幣圖釋》，齊魯書社，1996年。
山東省博物館：《山東金文集成》，齊魯書社，2007年。
湯餘惠：《戰國銘文選》，吉林大學出版社，1993年。
湯餘惠主編：《戰國文字編》，福建人民出版社，2001年。
吳良寶：《先秦貨幣文字編》，福建人民出版社，2001年。
吳良寶：《中國東周時期金屬貨幣研究》，社會科學文獻出版社，2005年。
王毓銓：《我國古代貨幣的起源和發展》，科學出版社，1957年。
王恩田：《陶文圖録》，齊魯書社，2006年。
中國社會科學院考古研究所：《殷周金文集成》，中華書局，1984年。
朱活：《古錢新典》，三秦出版社，1991年。
《中國錢幣大辭典》編纂委員會：《中國錢幣大辭典・先秦編》，中華書局，1995年。
朱德熙：《朱德熙古文字論集》，中華書局，1996年。
鐘柏生等：《新收殷周青銅器銘文暨器影彙編》，藝文印書館，2006年。
棗莊市政協臺港澳僑民族宗教委員會、棗莊市博物館：《小邾國遺珍》，中國文史出版社，2006年。

論 文

陳偉武：《〈古陶文字徵〉訂補》，《中山大學學報（社會科學版）》，1995 年 1 期。
陳　劍：《釋展》，《追尋中華古代文明的蹤跡——李學勤先生學術活動五十周年紀念文集》，復旦大學出版社，2002 年。
陳　劍：《金文字詞零釋（四則）》，《古文字學論稿》，安徽大學出版社，2008 年。
陳　劍：《甲骨金文舊釋『𪊨』之字及相關諸字新釋》，《出土文獻與古文字研究》第二輯，復旦大學出版社，2008 年。
陳　劍：《試說戰國文字中寫法特殊的『亢』和从『亢』諸字》（待刊）。
董　珊：《新見戰國古璽印一一七方》，《中國古文字研究》第一輯，吉林大學出版社，1999 年。
董　珊：《戰國題銘與工官制度》，北京大學博士學位論文，2002 年。
董　珊、陳劍：《郾王職壺銘文研究》，《北京大學中國古文獻研究中心集刊》第三輯，北京大學出版社，2002 年。
董　珊：《出土文獻所見『以謚為族』的楚王族——附說《左傳》『諸侯以字為謚因以為族』的讀法》，《出土文獻與古文字研究》第二輯，復旦大學出版社，2008 年。
董　珊：《試說山東滕州莊里西村所出編鎛銘文》，復旦大學出土文獻與古文字研究中心網站，2008 年 4 月 24 日。
高　明：《說𨭚及其相關問題》，《考古》1996 年 3 期。
黃盛璋：《關於陳喜壺的幾個問題》，《文物》1961 年 10 期。又《歷史地理與考古論叢》，齊魯書社，1982 年。
黃盛璋：《燕、齊兵器研究》，《古文字研究》第十九輯，中華書局，1992 年。
何琳儀：《節可忌豆小記》，《考古》1991 年 8 期。
何琳儀：《戰國兵器銘文選釋》，《考古與文物》1999 年 5 期。
賈振國：《臨淄商王墓地出土器物銘文試析》，《臨淄商王墓地》，齊魯書社，1997 年。
李學勤：《戰國題銘概述》，《文物參考資料》1950 年第 7–9 期。

李家浩：《戰國官印考釋（兩篇）》，《文物研究》第七輯，黄山書社，1991 年。
李家浩：《庚壺銘文及其年代》，《古文字研究》第十九輯，1992 年。
李家浩：《戰國㓨刀新考》，《中國錢幣論文集》第三輯，中國金融出版社，1998 年。
李家浩：《南越王墓車馹虎節銘文考釋》，《容庚先生百年誕辰紀念文集》，廣東人民出版社，1998 年。
林　澐：《釋古璽中從『朿』的兩個字》，《古文字研究》第十九輯，1992 年。
李學勤：《論山東新出土青銅器的意義》，《文物》1983 年 12 期。又《新出土青銅器研究》。
劉　釗：《齊於陵市和節陶文考》，《管子學刊》1994 年 4 期。
裘錫圭：《戰國貨幣考》（十二篇），《北京大學學報》1978 年 2 期。又《古文字論集》。
裘錫圭：《戰國文字中的『市』》，《考古學報》1980 年 3 期。又《古文字論集》。
裘錫圭、李家浩：《戰國平陽刀幣考》，《中國錢幣》，1988 年 2 期。
裘錫圭、李家浩：《曾侯乙墓竹簡釋文與考釋》，文物出版社，1989 年。
施謝捷：《古璽雙名雜考（十則）》，《中國古文字研究》第一輯，吉林大學出版社，1999 年。
施謝捷：《古璽複姓雜考（六則）》，《中國古璽印學國際研討會論文集》，香港中文大學，2000 年。
施謝捷：《東周兵器銘文考釋（三則）》，《南京師範大學學報（社會科學版）》2002 年 2 期。
施謝捷：《古璽彙考》，安徽大學博士學位論文，2006 年。
湯餘惠：《略論戰國文字形體研究中的幾個問題》，《古文字研究》第十五輯，中華書局，1986 年。
吳振武：《戰國貨幣銘文中的『刀』》，《古文字研究》第十輯，中華書局，1983 年。
吳振武：《〈古璽彙編〉釋文訂補及分類修訂》，《古文字學論集（初編）》，香港中文大學，1983 年。
吳振武：《〈古璽文編〉校訂》，吉林大學博士學位論文，1984 年。
吳振武：《戰國『亩（廩）』字考察》，《考古與文物》1984 年 4 期。
吳振武：《談新近公佈的兩枚戰國齊莒刀》，《文物研究》第四輯，黄山書社，1988 年。

吴振武：《釋𨟭》，《文物研究》第六輯，黄山書社，1990年。
吴振武：《試説齊國陶文中的『鍾』和『溢』》，《考古與文物》1991年1期。
吴良寶：《璽陶文字零釋（三則）》，《中國古文字研究》第一輯，吉林大學出版社，1999年。
吴良寶：《古璽複姓統計及相關比較》，《古籍整理研究學刊》，2002年4期。
吴鎮烽：《鮑子鼎銘文考釋》，《中國歷史文物》，2009年2期。
汪慶正：《日本銀行及上海博物館所藏博山刀考略》，《中國錢幣》1985年3期。
肖　毅：《釋虍》，《古文字研究》第二十四輯，中華書局，2002年。
徐中舒：《陳侯四器考釋》，《歷史語言研究所集刊》第三本第四分冊，1933年。
徐在國：《論晚周齊系文字的特點》，吉林大學碩士學位論文，1992年。
徐在國：《釋齊官『祈望』》，第四届國際中國古文字學研討會論文，2003年。
于中航：《鷹蘿戟小考》，《文物》1994年4期。
楊澤生：《〈古陶文字徵〉字頭、出處、文例、説明等方面存在的問題》，《江漢考古》1996年4期。
張正烺：《庚壺釋文》，《張政烺文史論集》，中華書局，2004年。
周寶宏：《古陶文形體研究》，吉林大學博士學位論文，1994年。
曾憲通：《論齊國『遟盟之璽』及其相關問題》，《華學》第一輯，中山大學出版社，1995年。
曾憲通：《説繇》，《古文字研究》第十輯，中華書局，1983年。
朱曉雪：《陳璋壺及郾王職壺綜合研究》，吉林大學碩士學位論文，2007年。
朱德熙：《戰國匋文和璽印文字中的『者』字》，《古文字研究》第一輯，中華書局，1979年。
朱德熙：《戰國文字資料裏所見的『廄』》，《出土文獻研究》，文物出版社，1985年。

後　記

本書的前身是我提交給吉林大學的畢業論文，本次出版，遵照出版社編輯的修改意見，對原先的概述部分作了調整和精簡，對字編部分的體例、内容作了一些完善和補充。

我碩士研究生入學不久，即確定了《齊文字編》這一論文題目，2008年4月論文順利通過答辯。從最初的論文選題到本書交付出版，經歷了數個寒暑。論文能順利完成，首先要感謝我的導師馮勝君先生，論文從開題到完成的整個過程，是先生給予我重要的指導，論文的修改花費了先生很多時間和心血。答辯過程中，林澐先生、吴振武先生、張世超先生、李守奎先生、吴良寶先生對論文中存在的謬誤多有糾正，並提出了很多寶貴的修改意見；北京大學的劉洪濤先生對本文亦多有指教；本專業的諸位同學也為我提供了很多寶貴的資料；吴振武先生熱心給出版社推薦；責任編輯賴炳偉先生為本書的出版付出了許多辛勤的勞動，諸位師友的深情厚誼在此一併表示感謝。

學界有關成果和諸位師友的修改意見本書多已採納，因限於字編的體例，本書未能在行文中一一標註，只有籠統在書末附上『主要參考文獻』，希望見諒。

論文答辯後不久，吴振武先生面告，安徽大學張振謙先生的博士學位論文題為《齊系文字研究》，也包含字編部分，與我幾乎同時提交答辯。為了保證各自的研究特點，也為了不影響張振謙先生大作日後出版，吴先生和我的導師馮先生在收到張振謙先生寄送的論文後，回避了對我論文再作指導和修改，我在本書修改過程中也回避參考該論文。吴振武先生、馮勝君先生在我心目中是道德文章堪稱典範的學者、老師，先生的言行、風範也是我學習的榜樣。在此，我衷心希望張先生的大作早日出版，以便學習、交流。

父母為我的成長付出了很多心血，養育之恩此時還無以回報，但願本書的出版，能給雙親一點點欣慰。

書稿雖幾經修改和校對，但錯誤和疏漏一定還存在，希望學界前輩和同仁批評指正。

作　者

二〇〇九年九月

圖書在版編目(CIP)數據

齊文字編/孫剛編纂. —福州:福建人民出版社,2010.1
(2024.3 重印)

ISBN 978-7-211-06062-7

Ⅰ.齊...　Ⅱ.孫...　Ⅲ.漢字:古文字一齊國(前11 世紀～前 221)一字典　Ⅳ.H121-61

中國版本圖書館 CIP 數據核字(2009)第 197890 號

齊文字編

QI WENZI BIAN

作　　者：孫　剛
責任編輯：賴炳偉　江叔維
出版發行：福建人民出版社　　**電　　話**：0591-87533169(發行部)
網　　址：http://www.fjpph.com　　**電子郵箱**：fjpph7211@126.com
地　　址：福州市東水路 76 號　　**郵政編碼**：350001
印　　刷：福州德安彩色印刷有限公司
地　　址：福州金山工業區浦上標準廠房 B 區 42 幢　　**郵政編碼**：350008
開　　本：787mm×1092mm　1/16
印　　張：36
插　　頁：4
版　　次：2010 年 1 月第 1 版　　2024 年 3 月第 2 次印刷
書　　號：ISBN 978-7-211-06062-7
定　　價：198.00 元

本書如有印裝質量問題,影響閱讀,請直接向承印廠調换

版權所有,翻印必究